# TADJIQUE

## VOCABULÁRIO

PALAVRAS MAIS ÚTEIS

# PORTUGUÊS TADJIQUE

Para alargar o seu léxico e apurar as suas competências linguísticas

**9000 palavras**

**Vocabulário Português-Tadjique - 9000 palavras**
Por Andrey Taranov

Os vocabulários da T&P Books destinam-se a ajudar a aprender, a memorizar, e a rever palavras estrangeiras. O dicionário é dividido em temas, cobrindo todas as principais esferas de atividades quotidianas, negócios, ciência, cultura, etc.

O processo de aprendizagem, utilizando os dicionários baseados em temáticas da T&P Books dá-lhe as seguintes vantagens:

- Informação de origem corretamente agrupada predetermina o sucesso em fases subsequentes da memorização de palavras
- Disponibilização de palavras derivadas da mesma raiz, o que permite a memorização de unidades de texto (em vez de palavras separadas)
- Pequenas unidades de palavras facilitam o processo de estabelecimento de vínculos associativos necessários para a consolidação do vocabulário
- O nível de conhecimento da língua pode ser estimado pelo número de palavras aprendidas



T&P Books Publishing
www.tpbooks.com

ISBN: 978-1-78400-863-5

Este livro também está disponível em formato E-book.
Por favor visite www.tpbooks.com ou as principais livrarias on-line.

# VOCABULÁRIO TADJIQUE
## palavras mais úteis

Os vocabulários da T&P Books destinam-se a ajudar a aprender, a memorizar, e a rever palavras estrangeiras. O vocabulário contém mais de 9000 palavras de uso comum organizadas tematicamente.

O vocabulário contém as palavras mais comummente usadas
Recomendado como adicional para qualquer curso de línguas
Satisfaz as necessidades dos iniciados e dos alunos avançados de línguas estrangeiras
Conveniente para o uso diário, sessões de revisão e atividades de auto-teste
Permite avaliar o seu vocabulário

**Características especias do vocabulário**

- As palavras estão organizadas de acordo com o seu significado, e não por ordem alfabética
- As palavras são apresentadas em três colunas para facilitar os processos de revisão e auto-teste
- As palavras compostas são divididas em pequenos blocos para facilitar o processo de aprendizagem
- O vocabulário oferece uma transcrição simples e adequada de cada palavra estrangeira

**O vocabulário contém 256 tópicos incluindo:**

Conceitos básicos, Números, Cores, Meses, Estações do ano, Unidades de medida, Roupas & Acessórios, Alimentos & Nutrição, Restaurante, Membros da Família, Parentes, Caráter, Sentimentos, Emoções, Doenças, Cidade, Passeios, Compras, Dinheiro, Casa, Lar, Escritório, Trabalho no Escritório, Importação & Exportação, Marketing, Pesquisa de Emprego, Desportos, Educação, Computador, Internet, Ferramentas, Natureza, Países, Nacionalidades e muito mais ...

# TABELA DE CONTEÚDOS

# GUIA DE PRONUNCIAÇÃO

| Letra | Exemplo Tadjique | Alfabeto fonético T&P | Exemplo Português |
|---|---|---|---|
| А а | Раҳмат! | [a] | chamar |
| Б б | бесоҳиб | [b] | barril |
| В в | вафодорӣ | [v] | fava |
| Г г | гулмоҳӣ | [g] | gosto |
| Ғ ғ | мурғобӣ | [ʁ] | [r] vibrante |
| Д д | мадд | [d] | dentista |
| Е е | телескоп | [e:] | plateia |
| Ё ё | сайёра | [jɔ] | ioga |
| Ж ж | аждаҳо | [ʒ] | talvez |
| З з | сӯзанда | [z] | sésamo |
| И и | шифт | [i] | sinónimo |
| Ӣ ӣ | обчакорӣ | [i:] | cair |
| Й й | ҳайкал | [j] | géiser |
| К к | коргардон | [k] | kiwi |
| Қ қ | нуқта | [q] | teckel |
| Л л | пилла | [l] | libra |
| М м | мусиқачӣ | [m] | magnólia |
| Н н | нонвой | [n] | natureza |
| О о | посбон | [o:] | albatroz |
| П п | папка | [p] | presente |
| Р р | чароғак | [r] | riscar |
| С с | суръат | [s] | sanita |
| Т т | тарқиш | [t] | tulipa |
| У у | муҳаррик | [u] | bonita |
| Ӯ ӯ | кӯшк | [œ] | orgulhoso |
| Ф ф | фурӯш | [f] | safári |
| Х х | хушксолӣ | [χ] | fricativa uvular surda |
| Ҳ ҳ | чарогоҳ | [h] | [h] aspirada |
| Ч ч | чароғ | [ʧ] | Tchau! |
| Ҷ ҷ | ҷанҷол | [ʤ] | adjetivo |
| Ш ш | нашриёт | [ʃ] | mês |
| Ъ ъ [1] | таърихдон | [:], [ʹ] | letra muda |
| Э э | эҳтимолӣ | [ɛ] | mesquita |
| Ю ю | юнонӣ | [ju] | nacional |
| Я я | яхбурча | [ja] | Himalaias |

# Comentários

1 [:] - Prolonga a vogal anterior; ['] - após consoantes é usado como um 'sinal forte'

# ABREVIATURAS usadas no vocabulário

## Abreviaturas do Português

| | | |
|---|---|---|
| **adj** | - | adjetivo |
| **adv** | - | advérbio |
| **anim.** | - | animado |
| **conj.** | - | conjunção |
| **desp.** | - | desporto |
| **etc.** | - | etecetra |
| **ex.** | - | por exemplo |
| **f** | - | nome feminino |
| **f pl** | - | feminino plural |
| **fem.** | - | feminino |
| **inanim.** | - | inanimado |
| **m** | - | nome masculino |
| **m pl** | - | masculino plural |
| **m, f** | - | masculino, feminino |
| **masc.** | - | masculino |
| **mat.** | - | matemática |
| **mil.** | - | militar |
| **pl** | - | plural |
| **prep.** | - | preposição |
| **pron.** | - | pronome |
| **sb.** | - | sobre |
| **sing.** | - | singular |
| **v aux** | - | verbo auxiliar |
| **vi** | - | verbo intransitivo |
| **vi, vt** | - | verbo intransitivo, transitivo |
| **vr** | - | verbo reflexivo |
| **vt** | - | verbo transitivo |

# CONCEITOS BÁSICOS

## Conceitos básicos. Parte 1

### 1. Pronomes

| | | |
|---|---|---|
| eu | **ман** | [man] |
| tu | **ту** | [tu] |
| ele | **ӯ, вай** | [œ], [vaj] |
| ela | **ӯ, вай** | [œ], [vaj] |
| ele, ela (neutro) | **он** | [on] |
| nós | **мо** | [mo] |
| vocês | **шумо** | [ʃumo] |
| você (sing.) | **Шумо** | [ʃumo] |
| você (pl) | **Шумо** | [ʃumo] |
| eles, elas (inanim.) | **онон** | [onon] |
| eles, elas (anim.) | **онҳо, вайҳо** | [onho], [vajho] |

### 2. Cumprimentos. Saudações. Despedidas

| | | |
|---|---|---|
| Olá! | **Салом!** | [salom] |
| Bom dia! (formal) | **Ассалом!** | [assalom] |
| Bom dia! (de manhã) | **Субҳатон ба хайр!** | [subhaton ba χajr] |
| Boa tarde! | **Рӯз ба хайр!** | [rœz ba χajr] |
| Boa noite! | **Шом ба хайр!** | [ʃom ba χajr] |
| cumprimentar (vt) | **саломалейк кардан** | [salomalejk kardan] |
| Olá! | **Ассалом! Салом!** | [assalom salom] |
| saudação (f) | **вохӯрдӣ** | [voχœrdi:] |
| saudar (vt) | **вохӯрдӣ кардан** | [voχœrdi: kardan] |
| Como vai? | **Корҳоятон чӣ хел?** | [korhojaton ʧi: χel] |
| Como vais? | **Корҳоят чӣ хел?** | [korhojat ʧi: χel] |
| O que há de novo? | **Чӣ навигарӣ?** | [ʧi: navigari:] |
| Adeus! (formal) | **То дидан!** | [to didan] |
| Até à vista! (informal) | **Хайр!** | [χajr] |
| Até breve! | **То вохӯрии наздик!** | [to voχœri:i nazdik] |
| Adeus! (sing.) | **Падруд!** | [padrud] |
| Adeus! (pl) | **Хайрбод! Падруд!** | [χajrbod padrud] |
| despedir-se (vr) | **падруд гуфтан** | [padrud guftan] |
| Até logo! | **Хайр!** | [χajr] |
| Obrigado! -a! | **Раҳмат!** | [rahmat] |
| Muito obrigado! -a! | **Бисёр раҳмат!** | [bisjɔr rahmat] |

| | | |
|---|---|---|
| De nada | **Марҳамат!** | [marhamat] |
| Não tem de quê | **Намеарзад** | [namearzad] |
| De nada | **Намеарзад** | [namearzad] |
| | | |
| Desculpa! | **Бубахш!** | [bubaχʃ] |
| Desculpe! | **Бубахшед!** | [bubaχʃed] |
| desculpar (vt) | **афв кардан** | [afv kardan] |
| | | |
| desculpar-se (vr) | **узр пурсидан** | [uzr pursidan] |
| As minhas desculpas | **Маро бубахшед** | [maro bubaχʃed] |
| Desculpe! | **Бубахшед!** | [bubaχʃed] |
| perdoar (vt) | **бахшидан** | [baχʃidan] |
| Não faz mal | **Ҳеч гап не** | [hetʃ gap ne] |
| por favor | **илтимос** | [iltimos] |
| | | |
| Não se esqueça! | **Фаромӯш накунед!** | [faromœʃ nakuned] |
| Certamente! Claro! | **Албатта!** | [albatta] |
| Claro que não! | **Албатта не!** | [albatta ne] |
| Está bem! De acordo! | **Розӣ!** | [rozi:] |
| Basta! | **Бас!** | [bas] |

## 3. Como se dirigir a alguém

| | | |
|---|---|---|
| Desculpe (para chamar a atenção) | **Мебахшед!** | [mebaχʃed] |
| senhor | **ҷаноб, оқо** | [dʒanob], [oqo] |
| senhora | **хонум, бону** | [χonum], [bonu] |
| rapariga | **ҷавондухтар** | [dʒavonduχtar] |
| rapaz | **ҷавон** | [dʒavon] |
| menino | **писарбача** | [pisarbatʃa] |
| menina | **духтарча, духтарак** | [duχtartʃa], [duχtarak] |

## 4. Números cardinais. Parte 1

| | | |
|---|---|---|
| zero | **сифр** | [sifr] |
| um | **як** | [jak] |
| dois | **ду** | [du] |
| três | **се** | [se] |
| quatro | **чор, чаҳор** | [tʃor], [tʃahor] |
| | | |
| cinco | **панҷ** | [pandʒ] |
| seis | **шаш** | [ʃaʃ] |
| sete | **ҳафт** | [haft] |
| oito | **ҳашт** | [haʃt] |
| nove | **нуҳ** | [nuh] |
| | | |
| dez | **даҳ** | [dah] |
| onze | **ёздаҳ** | [jɔzdah] |
| doze | **дувоздаҳ** | [duvozdah] |
| treze | **сездаҳ** | [sezdah] |
| catorze | **чордаҳ** | [tʃordah] |
| quinze | **понздаҳ** | [ponzdah] |

| | | |
|---|---|---|
| dezasseis | **шонздаҳ** | [ʃonzdah] |
| dezassete | **ҳафдаҳ** | [hafdah] |
| dezoito | **ҳаждаҳ** | [haʒdah] |
| dezanove | **нуздаҳ** | [nuzdah] |
| vinte | **бист** | [bist] |
| vinte e um | **бисту як** | [bistu jak] |
| vinte e dois | **бисту ду** | [bistu du] |
| vinte e três | **бисту се** | [bistu se] |
| trinta | **сӣ** | [si:] |
| trinta e um | **сию як** | [siju jak] |
| trinta e dois | **сию ду** | [siju du] |
| trinta e três | **сию се** | [siju se] |
| quarenta | **чил** | [ʧil] |
| quarenta e um | **чилу як** | [ʧilu jak] |
| quarenta e dois | **чилу ду** | [ʧilu du] |
| quarenta e três | **чилу се** | [ʧilu se] |
| cinquenta | **панҷоҳ** | [panʤoh] |
| cinquenta e um | **панҷоҳу як** | [panʤohu jak] |
| cinquenta e dois | **панҷоҳу ду** | [panʤohu du] |
| cinquenta e três | **панҷоҳу се** | [panʤohu se] |
| sessenta | **шаст** | [ʃast] |
| sessenta e um | **шасту як** | [ʃastu jak] |
| sessenta e dois | **шасту ду** | [ʃastu du] |
| sessenta e três | **шасту се** | [ʃastu se] |
| setenta | **ҳафтод** | [haftod] |
| setenta e um | **ҳафтоду як** | [haftodu jak] |
| setenta e dois | **ҳафтоду ду** | [haftodu du] |
| setenta e três | **ҳафтоду се** | [haftodu se] |
| oitenta | **ҳаштод** | [haʃtod] |
| oitenta e um | **ҳаштоду як** | [haʃtodu jak] |
| oitenta e dois | **ҳаштоду ду** | [haʃtodu du] |
| oitenta e três | **ҳаштоду се** | [haʃtodu se] |
| noventa | **навад** | [navad] |
| noventa e um | **наваду як** | [navadu jak] |
| noventa e dois | **наваду ду** | [navadu du] |
| noventa e três | **наваду се** | [navadu se] |

## 5. Números cardinais. Parte 2

| | | |
|---|---|---|
| cem | **сад** | [sad] |
| duzentos | **дусад** | [dusad] |
| trezentos | **сесад** | [sesad] |
| quatrocentos | **чорсад, чаҳорсад** | [ʧorsad], [ʧahorsad] |
| quinhentos | **панҷсад** | [panʤsad] |
| seiscentos | **шашсад** | [ʃaʃsad] |
| setecentos | **ҳафтсад** | [haftsad] |

| | | |
|---|---|---|
| oitocentos | **ҳаштсад** | [haʃtsad] |
| novecentos | **нӯҳсадум** | [nœhsadum] |
| | | |
| mil | **ҳазор** | [hazor] |
| dois mil | **ду ҳазор** | [du hazor] |
| De quem são ...? | **се ҳазор** | [se hazor] |
| dez mil | **даҳ ҳазор** | [dah hazor] |
| cem mil | **сад ҳазор** | [sad hazor] |
| | | |
| um milhão | **миллион** | [million] |
| mil milhões | **миллиард** | [milliard] |

## 6. Números ordinais

| | | |
|---|---|---|
| primeiro | **якум** | [jakum] |
| segundo | **дуюм** | [dujum] |
| terceiro | **сеюм** | [sejum] |
| quarto | **чорум** | [ʧorum] |
| quinto | **панҷум** | [panʤum] |
| | | |
| sexto | **шашум** | [ʃaʃum] |
| sétimo | **ҳафтум** | [haftum] |
| oitavo | **ҳаштум** | [haʃtum] |
| nono | **нӯҳум** | [nœhum] |
| décimo | **даҳӯм** | [dahœm] |

## 7. Números. Frações

| | | |
|---|---|---|
| fração (f) | **каср** | [kasr] |
| um meio | **аз ду як ҳисса** | [az du jak hissa] |
| um terço | **аз се як ҳисса** | [az se jak hissa] |
| um quarto | **аз чор як ҳисса** | [az ʧor jak hissa] |
| | | |
| um oitavo | **аз ҳашт як ҳисса** | [az haʃt jak hissa] |
| um décimo | **аз даҳ як ҳисса** | [az dah jak hissa] |
| dois terços | **аз се ду ҳисса** | [az se du hissa] |
| três quartos | **аз чор се ҳисса** | [az ʧor se hissa] |

## 8. Números. Operações básicas

| | | |
|---|---|---|
| subtração (f) | **тарҳ** | [tarh] |
| subtrair (vi, vt) | **тарҳ кардан** | [tarh kardan] |
| divisão (f) | **тақсим** | [taqsim] |
| dividir (vt) | **тақсим кардан** | [taqsim kardan] |
| | | |
| adição (f) | **ҷамъ кардани** | [ʤam' kardani] |
| somar (vt) | **ҷамъ кардан** | [ʤam' kardan] |
| adicionar (vt) | **ҷамъ кардан** | [ʤam' kardan] |
| multiplicação (f) | **зарб, зарбзанӣ** | [zarb], [zarbzani:] |
| multiplicar (vt) | **зарб задан** | [zarb zadan] |

## 9. Números. Diversos

| | | |
|---|---|---|
| algarismo, dígito (m) | **рақам** | [raqam] |
| número (m) | **адад** | [adad] |
| numeral (m) | **шумора** | [ʃumora] |
| menos (m) | **тарҳ** | [tarh] |
| mais (m) | **ҷамъ** | [ʤam'] |
| fórmula (f) | **формула** | [formula] |
| cálculo (m) | **ҳисоб кардани** | [hisob kardani] |
| contar (vt) | **шумурдан** | [ʃumurdan] |
| calcular (vt) | **ҳисоб кардан** | [hisob kardan] |
| comparar (vt) | **муқоиса кардан** | [muqoisa kardan] |
| Quanto? | **Чӣ қадар?** | [ʧi: qadar] |
| Quantos? -as? | **Чанд-то?** | [ʧand-to] |
| soma (f) | **ҳосили ҷамъ** | [hosili ʤam'] |
| resultado (m) | **натиҷа** | [natiʤa] |
| resto (m) | **бақия** | [baqija] |
| alguns, algumas ... | **якчанд** | [jakʧand] |
| um pouco de ... | **чанд** | [ʧand] |
| resto (m) | **боқимонда** | [boqimonda] |
| um e meio | **якуним** | [jakunim] |
| ao meio | **ним** | [nim] |
| em partes iguais | **баробар** | [barobar] |
| metade (f) | **нисф** | [nisf] |
| vez (f) | **бор** | [bor] |

## 10. Os verbos mais importantes. Parte 1

| | | |
|---|---|---|
| abrir (vt) | **кушодан** | [kuʃodan] |
| acabar, terminar (vt) | **тамом кардан** | [tamom kardan] |
| aconselhar (vt) | **маслиҳат додан** | [maslihat dodan] |
| adivinhar (vt) | **ёфтан** | [jɔftan] |
| advertir (vt) | **танбеҳ додан** | [tanbeh dodan] |
| ajudar (vt) | **кумак кардан** | [kumak kardan] |
| almoçar (vi) | **хӯроки пешин хӯрдан** | [χœroki peʃin χœrdan] |
| alugar (~ um apartamento) | **ба иҷора гирифтан** | [ba iʤora giriftan] |
| amar (vt) | **дӯст доштан** | [dœst doʃtan] |
| ameaçar (vt) | **дӯғ задан** | [dœʁ zadan] |
| anotar (escrever) | **навиштан** | [naviʃtan] |
| apanhar (vt) | **доштан** | [doʃtan] |
| apressar-se (vr) | **шитоб кардан** | [ʃitob kardan] |
| arrepender-se (vr) | **таассуф хӯрдан** | [taassuf χœrdan] |
| assinar (vt) | **имзо кардан** | [imzo kardan] |
| atirar, disparar (vi) | **тир задан** | [tir zadan] |
| brincar (vi) | **шӯхӣ кардан** | [ʃœχi: kardan] |
| brincar, jogar (crianças) | **бозӣ кардан** | [bozi: kardan] |

| | | |
|---|---|---|
| buscar (vt) | **чустан** | [dʒustan] |
| caçar (vi) | **шикор кардан** | [ʃikor kardan] |
| cair (vi) | **афтодан** | [aftodan] |
| cavar (vt) | **кофтан** | [koftan] |
| cessar (vt) | **бас кардан** | [bas kardan] |
| chamar (~ por socorro) | **чеғ задан** | [dʒeʁ zadan] |
| chegar (vi) | **расидан** | [rasidan] |
| chorar (vi) | **гиря кардан** | [girja kardan] |
| começar (vt) | **сар кардан** | [sar kardan] |
| comparar (vt) | **муқоиса кардан** | [muqoisa kardan] |
| compreender (vt) | **фаҳмидан** | [fahmidan] |
| concordar (vi) | **розигӣ додан** | [rozigi: dodan] |
| confiar (vt) | **бовар кардан** | [bovar kardan] |
| confundir (equivocar-se) | **иштибоҳ кардан** | [iʃtiboh kardan] |
| conhecer (vt) | **донистан** | [donistan] |
| contar (fazer contas) | **ҳисоб кардан** | [hisob kardan] |
| contar com (esperar) | **умед бастан** | [umed bastan] |
| continuar (vt) | **давомат кардан** | [davomat kardan] |
| controlar (vt) | **назорат кардан** | [nazorat kardan] |
| convidar (vt) | **даъват кардан** | [da'vat kardan] |
| correr (vi) | **давидан** | [davidan] |
| criar (vt) | **офаридан** | [ofaridan] |
| custar (vt) | **арзидан** | [arzidan] |

## 11. Os verbos mais importantes. Parte 2

| | | |
|---|---|---|
| dar (vt) | **додан** | [dodan] |
| dar uma dica | **луқма додан** | [luqma dodan] |
| decorar (enfeitar) | **оростан** | [orostan] |
| defender (vt) | **муҳофиза кардан** | [muhofiza kardan] |
| deixar cair (vt) | **афтондан** | [aftondan] |
| descer (para baixo) | **фуромадан** | [furomadan] |
| desculpar (vt) | **афв кардан** | [afv kardan] |
| desculpar-se (vr) | **узр пурсидан** | [uzr pursidan] |
| dirigir (~ uma empresa) | **сардорӣ кардан** | [sardori: kardan] |
| discutir (notícias, etc.) | **муҳокима кардан** | [muhokima kardan] |
| dizer (vt) | **гуфтан** | [guftan] |
| duvidar (vt) | **шак доштан** | [ʃak doʃtan] |
| encontrar (achar) | **ёфтан** | [jɔftan] |
| enganar (vt) | **фирефтан** | [fireftan] |
| entrar (na sala, etc.) | **даромадан** | [daromadan] |
| enviar (uma carta) | **ирсол кардан** | [irsol kardan] |
| errar (equivocar-se) | **хато кардан** | [χato kardan] |
| escolher (vt) | **интихоб кардан** | [intiχob kardan] |
| esconder (vt) | **пинҳон кардан** | [pinhon kardan] |
| escrever (vt) | **навиштан** | [naviʃtan] |
| esperar (o autocarro, etc.) | **поидан** | [poidan] |

| | | |
|---|---|---|
| esperar (ter esperança) | **умед доштан** | [umed doʃtan] |
| esquecer (vt) | **фаромӯш кардан** | [faromœʃ kardan] |
| estudar (vt) | **омӯхтан** | [omœχtan] |
| exigir (vt) | **талаб кардан** | [talab kardan] |
| existir (vi) | **зиндагӣ кардан** | [zindagi: kardan] |
| | | |
| falar (vi) | **гап задан** | [gap zadan] |
| faltar (clases, etc.) | **набудан** | [nabudan] |
| fazer (vt) | **кардан** | [kardan] |
| ficar em silêncio | **хомӯш будан** | [χomœʃ budan] |
| gabar-se, jactar-se (vr) | **худситоӣ кардан** | [χudsitoi: kardan] |
| | | |
| gostar (apreciar) | **форидан** | [foridan] |
| gritar (vi) | **дод задан** | [dod zadan] |
| guardar (cartas, etc.) | **нигоҳ доштан** | [nigoh doʃtan] |
| informar (vt) | **ахборот додан** | [aχborot dodan] |
| insistir (vi) | **сахт истодан** | [saχt istodan] |
| insultar (vt) | **таҳқир кардан** | [tahqir kardan] |
| interessar-se (vr) | **ҳавас кардан** | [havas kardan] |
| ir (a pé) | **рафтан** | [raftan] |
| ir nadar | **оббозӣ кардан** | [obbozi: kardan] |
| jantar (vi) | **хӯроки шом хӯрдан** | [χœroki ʃom χœrdan] |

## 12. Os verbos mais importantes. Parte 3

| | | |
|---|---|---|
| ler (vt) | **хондан** | [χondan] |
| libertar (cidade, etc.) | **озод кардан** | [ozod kardan] |
| matar (vt) | **куштан** | [kuʃtan] |
| mencionar (vt) | **гуфта гузаштан** | [gufta guzaʃtan] |
| mostrar (vt) | **нишон додан** | [niʃon dodan] |
| | | |
| mudar (modificar) | **иваз кардан** | [ivaz kardan] |
| nadar (vi) | **шино кардан** | [ʃino kardan] |
| negar-se a … | **рад кардан** | [rad kardan] |
| objetar (vt) | **зид баромадан** | [zid baromadan] |
| | | |
| observar (vt) | **назорат кардан** | [nazorat kardan] |
| ordenar (mil.) | **фармон додан** | [farmon dodan] |
| ouvir (vt) | **шунидан** | [ʃunidan] |
| pagar (vt) | **пул додан** | [pul dodan] |
| parar (vi) | **истодан** | [istodan] |
| | | |
| participar (vi) | **иштирок кардан** | [iʃtirok kardan] |
| pedir (comida) | **супоридан** | [suporidan] |
| pedir (um favor, etc.) | **пурсидан** | [pursidan] |
| pegar (tomar) | **гирифтан** | [giriftan] |
| pensar (vt) | **фикр кардан** | [fikr kardan] |
| | | |
| perceber (ver) | **дида мондан** | [dida mondan] |
| perdoar (vt) | **бахшидан** | [baχʃidan] |
| perguntar (vt) | **пурсидан** | [pursidan] |
| permitir (vt) | **иҷозат додан** | [idʒozat dodan] |
| pertencer a … | **таалуқ доштан** | [taaluq doʃtan] |
| planear (vt) | **нақша кашидан** | [naqʃa kaʃidan] |

| | | |
|---|---|---|
| poder (vi) | **тавонистан** | [tavonistan] |
| possuir (vt) | **соҳиб будан** | [sohib budan] |
| preferir (vt) | **бехтар донистан** | [beχtar donistan] |
| preparar (vt) | **пухтан** | [puχtan] |
| prever (vt) | **пешбинӣ кардан** | [peʃbini: kardan] |
| prometer (vt) | **ваъда додан** | [va'da dodan] |
| pronunciar (vt) | **талаффуз кардан** | [talaffuz kardan] |
| propor (vt) | **таклиф кардан** | [taklif kardan] |
| punir (castigar) | **ҷазо додан** | [dʒazo dodan] |

## 13. Os verbos mais importantes. Parte 4

| | | |
|---|---|---|
| quebrar (vt) | **шикастан** | [ʃikastan] |
| queixar-se (vr) | **шикоят кардан** | [ʃikojat kardan] |
| querer (desejar) | **хостан** | [χostan] |
| recomendar (vt) | **маслиҳат додан** | [maslihat dodan] |
| repetir (dizer outra vez) | **такрор кардан** | [takror kardan] |
| repreender (vt) | **дашном додан** | [daʃnom dodan] |
| reservar (~ um quarto) | **нигоҳ доштан** | [nigoh doʃtan] |
| responder (vt) | **ҷавоб додан** | [dʒavob dodan] |
| rezar, orar (vi) | **намоз хондан** | [namoz χondan] |
| rir (vi) | **хандидан** | [χandidan] |
| roubar (vt) | **дуздидан** | [duzdidan] |
| saber (vt) | **донистан** | [donistan] |
| sair (~ de casa) | **баромадан** | [baromadan] |
| salvar (vt) | **наҷот додан** | [nadʒot dodan] |
| seguir ... | **рафтан** | [raftan] |
| sentar-se (vr) | **нишастан** | [niʃastan] |
| ser necessário | **даркор будан** | [darkor budan] |
| ser, estar | **будан** | [budan] |
| significar (vt) | **маъно доштан** | [ma'no doʃtan] |
| sorrir (vi) | **табассум кардан** | [tabassum kardan] |
| subestimar (vt) | **хунукназарӣ кардан** | [χunuknazari: kardan] |
| surpreender-se (vr) | **ба ҳайрат афтодан** | [ba hajrat aftodan] |
| tentar (vt) | **озмоиш кардан** | [ozmoiʃ kardan] |
| ter (vt) | **доштан** | [doʃtan] |
| ter fome | **хӯрок хостан** | [χœrok χostan] |
| ter medo | **тарсидан** | [tarsidan] |
| ter sede | **об хостан** | [ob χostan] |
| tocar (com as mãos) | **даст расондан** | [dast rasondan] |
| tomar o pequeno-almoço | **ноништа кардан** | [noniʃta kardan] |
| trabalhar (vi) | **кор кардан** | [kor kardan] |
| traduzir (vt) | **тарҷума кардан** | [tardʒuma kardan] |
| unir (vt) | **якҷоя кардан** | [jakdʒoja kardan] |
| vender (vt) | **фурӯхтан** | [furœχtan] |
| ver (vt) | **дидан** | [didan] |

| | | |
|---|---|---|
| virar (ex. ~ à direita) | **гардонидан** | [gardonidan] |
| voar (vi) | **паридан** | [paridan] |

## 14. Cores

| | | |
|---|---|---|
| cor (f) | **ранг** | [rang] |
| matiz (m) | **тобиш** | [tobiʃ] |
| tom (m) | **тобиш, лавн** | [tobiʃ], [lavn] |
| arco-íris (m) | **рангинкамон** | [ranginkamon] |
| branco | **сафед** | [safed] |
| preto | **сиёҳ** | [sijɔh] |
| cinzento | **адкан** | [adkan] |
| verde | **сабз, кабуд** | [sabz], [kabud] |
| amarelo | **зард** | [zard] |
| vermelho | **сурх, арғувонӣ** | [surχ], [arʁuvoni:] |
| azul | **кабуд** | [kabud] |
| azul claro | **осмонӣ** | [osmoni:] |
| rosa | **гулобӣ** | [gulobi:] |
| laranja | **норанҷӣ** | [norandʒi:] |
| violeta | **бунафш** | [bunafʃ] |
| castanho | **қаҳвагӣ** | [qahvagi:] |
| dourado | **тиллоранг** | [tillorang] |
| prateado | **нуқрафом** | [nuqrafom] |
| bege | **қаҳваранг** | [kahvarang] |
| creme | **зардтоб** | [zardtob] |
| turquesa | **фирӯзаранг** | [firœzarang] |
| vermelho cereja | **олуболугӣ** | [olubolugi:] |
| lilás | **бунафш, нофармон** | [bunafʃ], [nofarmon] |
| carmesim | **сурхи сиеҳтоб** | [surχi siehtob] |
| claro | **кушод** | [kuʃod] |
| escuro | **торик** | [torik] |
| vivo | **тоза** | [toza] |
| de cor | **ранга** | [ranga] |
| a cores | **ранга** | [ranga] |
| preto e branco | **сиёҳу сафед** | [sijɔhu safed] |
| unicolor | **якранга** | [jakranga] |
| multicor | **рангоранг** | [rangorang] |

## 15. Questões

| | | |
|---|---|---|
| Quem? | **Кӣ?** | [ki:] |
| Que? | **Чӣ?** | [ʧi:] |
| Onde? | **Дар куҷо?** | [dar kudʒo] |
| Para onde? | **Куҷо?** | [kudʒo] |
| De onde? | **Аз куҷо?** | [az kudʒo] |

| | | |
|---|---|---|
| Quando? | **Кай?** | [kaj] |
| Para quê? | **Барои чӣ?** | [baroi ʧi:] |
| Porquê? | **Барои чӣ?** | [baroi ʧi:] |
| Para quê? | **Барои чӣ?** | [baroi ʧi:] |
| Como? | **Чӣ хел?** | [ʧi: χel] |
| Qual? | **Кадом?** | [kadom] |
| Qual? (entre dois ou mais) | **Чанд? Чандум?** | [ʧand ʧandum] |
| A quem? | **Ба кӣ?** | [ba ki:] |
| Sobre quem? | **Дар бораи кӣ?** | [dar borai ki:] |
| Do quê? | **Дар бораи чӣ?** | [dar borai ʧi:] |
| Com quem? | **Бо кӣ?** | [bo ki:] |
| Quantos? -as? | **Чанд-то?** | [ʧand-to] |
| Quanto? | **Чӣ қадар?** | [ʧi: qadar] |
| De quem? | **Аз они кӣ?** | [az oni ki:] |

## 16. Preposições

| | | |
|---|---|---|
| com (prep.) | **бо, ҳамроҳи** | [bo], [hamrohi] |
| sem (prep.) | **бе** | [be] |
| a, para (exprime lugar) | **ба** | [ba] |
| sobre (ex. falar ~) | **дар бораи** | [dar borai] |
| antes de … | **пеш аз** | [peʃ az] |
| diante de … | **дар пеши** | [dar peʃi] |
| sob (debaixo de) | **таги** | [tagi] |
| sobre (em cima de) | **дар болои** | [dar boloi] |
| sobre (~ a mesa) | **ба болои** | [ba boloi] |
| de (vir ~ Lisboa) | **аз** | [az] |
| de (feito ~ pedra) | **аз** | [az] |
| dentro de (~ dez minutos) | **баъд аз** | [ba'd az] |
| por cima de … | **аз болои …** | [az boloi] |

## 17. Palavras funcionais. Advérbios. Parte 1

| | | |
|---|---|---|
| Onde? | **Дар куҷо?** | [dar kuʤo] |
| aqui | **ин ҷо** | [in ʤo] |
| lá, ali | **он ҷо** | [on ʤo] |
| em algum lugar | **дар куҷое** | [dar kuʤoe] |
| em lugar nenhum | **дар ҳеҷ ҷо** | [dar heʤ ʤo] |
| ao pé de … | **дар назди …** | [dar nazdi] |
| ao pé da janela | **дар назди тиреза** | [dar nazdi tireza] |
| Para onde? | **Куҷо?** | [kuʤo] |
| para cá | **ин чо** | [in ʧo] |
| para lá | **ба он ҷо** | [ba on ʤo] |
| daqui | **аз ин ҷо** | [az in ʤo] |

| | | |
|---|---|---|
| de lá, dali | **аз он ҷо** | [az on ʤo] |
| perto | **наздик** | [nazdik] |
| longe | **дур** | [dur] |
| | | |
| perto de ... | **дар бари** | [dar bari] |
| ao lado de | **бисёр наздик** | [bisjɔr nazdik] |
| perto, não fica longe | **наздик** | [nazdik] |
| | | |
| esquerdo | **чап** | [ʧap] |
| à esquerda | **аз чап** | [az ʧap] |
| para esquerda | **ба тарафи чап** | [ba tarafi ʧap] |
| | | |
| direito | **рост** | [rost] |
| à direita | **аз рост** | [az rost] |
| para direita | **ба тарафи рост** | [ba tarafi rost] |
| | | |
| à frente | **аз пеш** | [az peʃ] |
| da frente | **пешин** | [peʃin] |
| em frente (para a frente) | **ба пеш** | [ba peʃ] |
| | | |
| atrás de ... | **дар қафои** | [dar qafoi] |
| por detrás (vir ~) | **аз қафо** | [az qafo] |
| para trás | **ақиб** | [aqib] |
| | | |
| meio (m), metade (f) | **миёна** | [mijɔna] |
| no meio | **дар миёна** | [dar mijɔna] |
| | | |
| de lado | **аз паҳлу** | [az pahlu] |
| em todo lugar | **дар ҳар ҷо** | [dar har ʤo] |
| ao redor (olhar ~) | **гирду атроф** | [girdu atrof] |
| | | |
| de dentro | **аз дарун** | [az darun] |
| para algum lugar | **ба ким-куҷо** | [ba kim-kuʤo] |
| diretamente | **миёнбур карда** | [mijɔnbur karda] |
| de volta | **ба ақиб** | [ba aqib] |
| | | |
| de algum lugar | **аз ягон ҷо** | [az jagon ʤo] |
| de um lugar | **аз як ҷо** | [az jak ʤo] |
| | | |
| em primeiro lugar | **аввалан** | [avvalan] |
| em segundo lugar | **дуюм** | [dujum] |
| em terceiro lugar | **сеюм** | [sejum] |
| | | |
| de repente | **ногоҳ, баногоҳ** | [nogoh], [banogoh] |
| no início | **дар аввал** | [dar avval] |
| pela primeira vez | **якумин** | [jakumin] |
| muito antes de ... | **хеле пеш** | [χele peʃ] |
| de novo, novamente | **аз нав** | [az nav] |
| para sempre | **тамоман** | [tamoman] |
| | | |
| nunca | **ҳеҷ гоҳ** | [heʤ goh] |
| de novo | **боз, аз дигар** | [boz], [az digar] |
| agora | **акнун** | [aknun] |
| frequentemente | **тез-тез** | [tez-tez] |
| então | **он вақт** | [on vaqt] |
| urgentemente | **зуд, фавран** | [zud], [favran] |

| | | |
|---|---|---|
| usualmente | **одатан** | [odatan] |
| a propósito, … | **воқеан** | [voqean] |
| é possível | **шояд** | [ʃojad] |
| provavelmente | **эҳтимол** | [ɛhtimol] |
| talvez | **эҳтимол, шояд** | [ɛhtimol], [ʃojad] |
| além disso, … | **ғайр аз он** | [ʁajr az on] |
| por isso … | **бинобар ин** | [binobar in] |
| apesar de … | **ба ин нигоҳ накарда** | [ba in nigoh nakarda] |
| graças a … | **ба туфайли …** | [ba tufajli] |
| que (pron.) | **чӣ** | [ʧi:] |
| que (conj.) | **ки** | [ki] |
| algo | **чизе** | [ʧize] |
| alguma coisa | **ягон чиз** | [jagon ʧiz] |
| nada | **ҳеҷ чиз** | [heʤ ʧiz] |
| quem | **кӣ** | [ki:] |
| alguém (~ teve uma ideia …) | **ким-кӣ** | [kim-ki:] |
| alguém | **касе** | [kase] |
| ninguém | **ҳеҷ кас** | [heʤ kas] |
| para lugar nenhum | **ба ҳеҷ куҷо** | [ba heʤ kuʤo] |
| de ninguém | **бесоҳиб** | [besohib] |
| de alguém | **аз они касе** | [az oni kase] |
| tão | **чунон** | [ʧunon] |
| também (gostaria ~ de …) | **ҳам** | [ham] |
| também (~ eu) | **низ, ҳам** | [niz], [ham] |

## 18. Palavras funcionais. Advérbios. Parte 2

| | | |
|---|---|---|
| Porquê? | **Барои чӣ?** | [baroi ʧi:] |
| por alguma razão | **бо ким-кадом сабаб** | [bo kim-kadom sabab] |
| porque … | **зеро ки** | [zero ki] |
| por qualquer razão | **барои чизе** | [baroi ʧize] |
| e (tu ~ eu) | **ва, … у, … ю** | [va], [u], [ju] |
| ou (ser ~ não ser) | **ё** | [jɔ] |
| mas (porém) | **аммо, лекин** | [ammo], [lekin] |
| para (~ a minha mãe) | **барои** | [baroi] |
| demasiado, muito | **аз меъёр зиёд** | [az me'jɔr zijɔd] |
| só, somente | **фақат** | [faqat] |
| exatamente | **айнан** | [ajnan] |
| cerca de (~ 10 kg) | **тақрибан** | [taqriban] |
| aproximadamente | **тақрибан** | [taqriban] |
| aproximado | **тақрибӣ** | [taqribi:] |
| quase | **қариб** | [qarib] |
| resto (m) | **боқимонда** | [boqimonda] |
| o outro (segundo) | **дигар** | [digar] |
| outro | **дигар** | [digar] |
| cada | **ҳар** | [har] |

| | | |
|---|---|---|
| qualquer | **ҳар** | [har] |
| muito | **бисёр, хеле** | [bisjɔr], [χele] |
| muitas pessoas | **бисёриҳо** | [bisjɔriho] |
| todos | **ҳама** | [hama] |
| | | |
| em troca de ... | **ба ивази** | [ba ivazi] |
| em troca | **ба ивазаш** | [ba ivazaʃ] |
| à mão | **дастӣ** | [dasti:] |
| pouco provável | **ба гумон** | [ba gumon] |
| | | |
| provavelmente | **эҳтимол, шояд** | [ɛhtimol], [ʃojad] |
| de propósito | **барқасд** | [barqasd] |
| por acidente | **тасодуфан** | [tasodufan] |
| | | |
| muito | **хеле** | [χele] |
| por exemplo | **масалан, чунончи** | [masalan], [ʧunonʧi] |
| entre | **дар байни** | [dar bajni] |
| entre (no meio de) | **дар байни ...** | [dar bajni] |
| tanto | **ин қадар** | [in qadar] |
| especialmente | **хусусан** | [χususan] |

# Conceitos básicos. Parte 2

## 19. Opostos

| | | |
|---|---|---|
| rico | **бой, давлатманд** | [boj], [davlatmand] |
| pobre | **камбағал** | [kambaʁal] |
| doente | **касал, бемор** | [kasal], [bemor] |
| são | **тандуруст** | [tandurust] |
| grande | **калон, бузург** | [kalon], [buzurg] |
| pequeno | **хурд** | [χurd] |
| rapidamente | **босуръат** | [bosur'at] |
| lentamente | **оҳиста** | [ohista] |
| rápido | **босуръат** | [bosur'at] |
| lento | **оҳиста** | [ohista] |
| alegre | **хушҳол** | [χuʃhol] |
| triste | **ғамгинона** | [ʁamginona] |
| juntos | **дар як ҷо** | [dar jak ʤo] |
| separadamente | **алоҳида** | [alohida] |
| em voz alta (ler ~) | **бо овози баланд** | [bo ovozi baland] |
| para si (em silêncio) | **ба дили худ** | [ba dili χud] |
| alto | **баланд** | [baland] |
| baixo | **паст** | [past] |
| profundo | **чуқур** | [ʧuqur] |
| pouco fundo | **пастоб** | [pastob] |
| sim | **ҳа** | [ha] |
| não | **не** | [ne] |
| distante (no espaço) | **дур** | [dur] |
| próximo | **наздик** | [nazdik] |
| longe | **дур** | [dur] |
| perto | **бисёр наздик** | [bisjɔr nazdik] |
| longo | **дароз, дур** | [daroz], [dur] |
| curto | **кӯтоҳ** | [kœtoh] |
| bom, bondoso | **нек** | [nek] |
| mau | **бад** | [bad] |
| casado | **зандор** | [zandor] |

| | | |
|---|---|---|
| solteiro | **муҷаррад** | [muʤarrad] |
| proibir (vt) | **манъ кардан** | [man' kardan] |
| permitir (vt) | **иҷозат додан** | [iʤozat dodan] |
| fim (m) | **охир** | [oχir] |
| começo (m) | **сар** | [sar] |
| esquerdo | **чап** | [ʧap] |
| direito | **рост** | [rost] |
| primeiro | **якум** | [jakum] |
| último | **охирин** | [oχirin] |
| crime (m) | **ҷиноят** | [ʤinojat] |
| castigo (m) | **ҷазо** | [ʤazo] |
| ordenar (vt) | **фармон додан** | [farmon dodan] |
| obedecer (vt) | **зердаст шудан** | [zerdast ʃudan] |
| reto | **рост** | [rost] |
| curvo | **кач** | [kaʤ] |
| paraíso (m) | **биҳишт** | [bihiʃt] |
| inferno (m) | **дӯзах, ҷаҳаннам** | [dœzaχ], [ʤahannam] |
| nascer (vi) | **таваллуд шудан** | [tavallud ʃudan] |
| morrer (vi) | **мурдан** | [murdan] |
| forte | **зӯр** | [zœr] |
| fraco, débil | **заиф** | [zaif] |
| idoso | **пир** | [pir] |
| jovem | **ҷавон** | [ʤavon] |
| velho | **кӯҳна** | [kœhna] |
| novo | **нав** | [nav] |
| duro | **сахт** | [saχt] |
| mole | **нарм, мулоим** | [narm], [muloim] |
| tépido | **гарм** | [garm] |
| frio | **хунук** | [χunuk] |
| gordo | **фарбеҳ** | [farbeh] |
| magro | **лоғар** | [loʁar] |
| estreito | **танг** | [tang] |
| largo | **васеъ** | [vase'] |
| bom | **хуб** | [χub] |
| mau | **бад** | [bad] |
| valente | **нотарс** | [notars] |
| cobarde | **тарсончак** | [tarsonʧak] |

## 20. Dias da semana

| | | |
|---|---|---|
| segunda-feira (f) | **душанбе** | [duʃanbe] |
| terça-feira (f) | **сешанбе** | [seʃanbe] |
| quarta-feira (f) | **чоршанбе** | [ʧorʃanbe] |
| quinta-feira (f) | **панҷшанбе** | [panʤʃanbe] |
| sexta-feira (f) | **ҷумъа** | [ʤum'a] |
| sábado (m) | **шанбе** | [ʃanbe] |
| domingo (m) | **якшанбе** | [jakʃanbe] |
| hoje | **имрӯз** | [imrœz] |
| amanhã | **пагоҳ, фардо** | [pagoh], [fardo] |
| depois de amanhã | **пасфардо** | [pasfardo] |
| ontem | **дирӯз, дина** | [dirœz], [dina] |
| anteontem | **парирӯз** | [parirœz] |
| dia (m) | **рӯз** | [rœz] |
| dia (m) de trabalho | **рӯзи кор** | [rœzi kor] |
| feriado (m) | **рӯзи ид** | [rœzi id] |
| dia (m) de folga | **рӯзи истироҳат** | [rœzi istirohat] |
| fim (m) de semana | **рӯзҳои истироҳат** | [rœzhoi istirohat] |
| o dia todo | **тамоми рӯз** | [tamomi rœz] |
| no dia seguinte | **рӯзи дигар** | [rœzi digar] |
| há dois dias | **ду рӯз пеш** | [du rœz peʃ] |
| na véspera | **як рӯз пеш** | [jak rœz peʃ] |
| diário | **ҳаррӯза** | [harrœza] |
| todos os dias | **ҳар рӯз** | [har rœz] |
| semana (f) | **ҳафта** | [hafta] |
| na semana passada | **ҳафтаи гузашта** | [haftai guzaʃta] |
| na próxima semana | **ҳафтаи оянда** | [haftai ojanda] |
| semanal | **ҳафтаина** | [haftaina] |
| cada semana | **ҳар ҳафта** | [har hafta] |
| duas vezes por semana | **ҳафтае ду маротиба** | [haftae du marotiba] |
| cada terça-feira | **ҳар сешанбе** | [har seʃanbe] |

## 21. Horas. Dia e noite

| | | |
|---|---|---|
| manhã (f) | **пагоҳӣ** | [pagohi:] |
| de manhã | **пагоҳирӯзӣ** | [pagohirœzi:] |
| meio-dia (m) | **нисфи рӯз** | [nisfi rœz] |
| à tarde | **баъди пешин** | [ba'di peʃin] |
| noite (f) | **бегоҳ, бегоҳирӯз** | [begoh], [begohirœz] |
| à noite (noitinha) | **бегоҳӣ, бегоҳирӯзӣ** | [begohi:], [begohirœzi:] |
| noite (f) | **шаб** | [ʃab] |
| à noite | **шабона** | [ʃabona] |
| meia-noite (f) | **нисфи шаб** | [nisfi ʃab] |
| segundo (m) | **сония** | [sonija] |
| minuto (m) | **дақиқа** | [daqiqa] |
| hora (f) | **соат** | [soat] |

| | | |
|---|---|---|
| meia hora (f) | **нимсоат** | [nimsoat] |
| quarto (m) de hora | **чоряки соат** | [ʧorjaki soat] |
| quinze minutos | **понздаҳ дақиқа** | [ponzdah daqiqa] |
| vinte e quatro horas | **шабонарӯз** | [ʃabonarœz] |
| nascer (m) do sol | **тулӯъ** | [tulœ'] |
| amanhecer (m) | **субҳидам** | [subhidam] |
| madrugada (f) | **субҳи барвақт** | [subhi barvaqt] |
| pôr do sol (m) | **ғуруби офтоб** | [ʁurubi oftob] |
| de madrugada | **субҳи барвақт** | [subhi barvaqt] |
| hoje de manhã | **имрӯз пагоҳӣ** | [imrœz pagohi:] |
| amanhã de manhã | **пагоҳ саҳарӣ** | [pagoh sahari:] |
| hoje à tarde | **имрӯз** | [imrœz] |
| à tarde | **баъди пешин** | [ba'di peʃin] |
| amanhã à tarde | **пагоҳ баъди пешин** | [pagoh ba'di peʃin] |
| hoje à noite | **ҳамин бегоҳ** | [hamin begoh] |
| amanhã à noite | **фардо бегоҳӣ** | [fardo begohi:] |
| às três horas em ponto | **расо соати се** | [raso soati se] |
| por volta das quatro | **наздикии соати чор** | [nazdiki:i soati ʧor] |
| às doze | **соатҳои дувоздаҳ** | [soathoi duvozdah] |
| dentro de vinte minutos | **баъд аз бист дақиқа** | [ba'd az bist daqiqa] |
| dentro duma hora | **баъд аз як соат** | [ba'd az jak soat] |
| a tempo | **дар вақташ** | [dar vaqtaʃ] |
| menos um quarto | **понздаҳто кам** | [ponzdahto kam] |
| durante uma hora | **дар давоми як соат** | [dar davomi jak soat] |
| a cada quinze minutos | **ҳар понздаҳ дақиқа** | [har ponzdah daqiqa] |
| as vinte e quatro horas | **шабу рӯз** | [ʃabu rœz] |

## 22. Meses. Estações

| | | |
|---|---|---|
| janeiro (m) | **январ** | [janvar] |
| fevereiro (m) | **феврал** | [fevral] |
| março (m) | **март** | [mart] |
| abril (m) | **апрел** | [aprel] |
| maio (m) | **май** | [maj] |
| junho (m) | **июн** | [ijun] |
| julho (m) | **июл** | [ijul] |
| agosto (m) | **август** | [avgust] |
| setembro (m) | **сентябр** | [sentjabr] |
| outubro (m) | **октябр** | [oktjabr] |
| novembro (m) | **ноябр** | [nojabr] |
| dezembro (m) | **декабр** | [dekabr] |
| primavera (f) | **баҳор, баҳорон** | [bahor], [bahoron] |
| na primavera | **дар фасли баҳор** | [dar fasli bahor] |
| primaveril | **баҳорӣ** | [bahori:] |
| verão (m) | **тобистон** | [tobiston] |

| | | |
|---|---|---|
| no verão | **дар тобистон** | [dar tobiston] |
| de verão | **тобистона** | [tobistona] |
| | | |
| outono (m) | **тирамоҳ** | [tiramoh] |
| no outono | **дар тирамоҳ** | [dar tiramoh] |
| outonal | **... и тирамоҳ** | [i tiramoh] |
| | | |
| inverno (m) | **зимистон** | [zimiston] |
| no inverno | **дар зимистон** | [dar zimiston] |
| de inverno | **зимистонӣ, ... и зимистон** | [zimistoni:], [i zimiston] |
| mês (m) | **моҳ** | [moh] |
| este mês | **ҳамин моҳ** | [hamin moh] |
| no próximo mês | **дар моҳи оянда** | [dar mohi ojanda] |
| no mês passado | **дар моҳи гузашта** | [dar mohi guzaʃta] |
| | | |
| há um mês | **як моҳ пеш** | [jak moh peʃ] |
| dentro de um mês | **баъд аз як моҳ** | [ba'd az jak moh] |
| dentro de dois meses | **баъд аз ду моҳ** | [ba'd az du moh] |
| todo o mês | **тамоми моҳ** | [tamomi moh] |
| um mês inteiro | **тамоми моҳ** | [tamomi moh] |
| | | |
| mensal | **ҳармоҳа** | [harmoha] |
| mensalmente | **ҳар моҳ** | [har moh] |
| cada mês | **ҳар моҳ** | [har moh] |
| duas vezes por mês | **ду маротиба дар як моҳ** | [du marotiba dar jak moh] |
| | | |
| ano (m) | **сол** | [sol] |
| este ano | **ҳамин сол** | [hamin sol] |
| no próximo ano | **соли оянда** | [soli ojanda] |
| no ano passado | **соли гузашта** | [soli guzaʃta] |
| há um ano | **як сол пеш** | [jak sol peʃ] |
| dentro dum ano | **баъд аз як сол** | [ba'd az jak sol] |
| dentro de 2 anos | **баъд аз ду сол** | [ba'd az du sol] |
| todo o ano | **тамоми сол** | [tamomi sol] |
| um ano inteiro | **як соли пурра** | [jak soli purra] |
| | | |
| cada ano | **ҳар сол** | [har sol] |
| anual | **ҳарсола** | [harsola] |
| anualmente | **ҳар сол** | [har sol] |
| quatro vezes por ano | **чор маротиба дар як сол** | [ʧor marotiba dar jak sol] |
| | | |
| data (~ de hoje) | **таърих, рӯз** | [ta'riχ], [rœz] |
| data (ex. ~ de nascimento) | **сана** | [sana] |
| calendário (m) | **тақвим, солнома** | [taqvim], [solnoma] |
| | | |
| meio ano | **ним сол** | [nim sol] |
| seis meses | **нимсола** | [nimsola] |
| estação (f) | **фасл** | [fasl] |
| século (m) | **аср** | [asr] |

## 23. Tempo. Diversos

| | | |
|---|---|---|
| tempo (m) | **вақт** | [vaqt] |
| momento (m) | **лаҳза, дам** | [lahza], [dam] |

| | | |
|---|---|---|
| instante (m) | **лаҳза** | [lahza] |
| instantâneo | **яклаҳзаӣ** | [jaklahzai:] |
| lapso (m) de tempo | **муддати муайян** | [muddati muajjan] |
| vida (f) | **ҳаёт** | [hajɔt] |
| eternidade (f) | **абад, абадият** | [abad], [abadijat] |
| | | |
| época (f) | **давр, давра** | [davr], [davra] |
| era (f) | **эра, давра** | [ɛra], [davra] |
| ciclo (m) | **доира** | [doira] |
| período (m) | **давр** | [davr] |
| prazo (m) | **муддат** | [muddat] |
| | | |
| futuro (m) | **оянда** | [ojanda] |
| futuro | **оянда** | [ojanda] |
| da próxima vez | **бори дигар** | [bori digar] |
| passado (m) | **гузашта** | [guzaʃta] |
| passado | **гузашта** | [guzaʃta] |
| na vez passada | **бори гузашта** | [bori guzaʃta] |
| mais tarde | **баъдтар** | [ba'dtar] |
| depois | **баъди** | [ba'di] |
| atualmente | **ҳамин замон** | [hamin zamon] |
| agora | **ҳозир** | [hozir] |
| imediatamente | **фавран** | [favran] |
| em breve, brevemente | **ба зудӣ ... мешавад** | [ba zudi: meʃavad] |
| de antemão | **пешакӣ** | [peʃaki:] |
| | | |
| há muito tempo | **кайҳо** | [kajho] |
| há pouco tempo | **ба наздикӣ** | [ba nazdiki:] |
| destino (m) | **тақдир** | [taqdir] |
| recordações (f pl) | **хотира** | [χotira] |
| arquivo (m) | **архив** | [arχiv] |
| durante ... | **дар вақти ...** | [dar vaqti] |
| durante muito tempo | **дуру дароз** | [duru daroz] |
| pouco tempo | **кӯтоҳ** | [kœtoh] |
| cedo (levantar-se ~) | **барвақт** | [barvaqt] |
| tarde (deitar-se ~) | **дер** | [der] |
| | | |
| para sempre | **ҳамешагӣ** | [hameʃagi:] |
| começar (vt) | **сар кардан** | [sar kardan] |
| adiar (vt) | **ба вақти дигар мондан** | [ba vaqti digar mondan] |
| | | |
| simultaneamente | **дар як вақт** | [dar jak vaqt] |
| permanentemente | **доимо, ҳамеша** | [doimo], [hameʃa] |
| constante (ruído, etc.) | **доимӣ, ҳамешагӣ** | [doimi:], [hameʃagi:] |
| temporário | **муваққатӣ** | [muvaqqati:] |
| | | |
| às vezes | **баъзан** | [ba'zan] |
| raramente | **кам, аҳёнан** | [kam], [ahjɔnan] |
| frequentemente | **тез-тез** | [tez-tez] |

## 24. Linhas e formas

| | | |
|---|---|---|
| quadrado (m) | **квадрат, мурабба'** | [kvadrat], [murabba'] |
| quadrado | **... и квадрат** | [i kvadrat] |

| | | |
|---|---|---|
| círculo (m) | **давра** | [davra] |
| redondo | **даврашакл** | [davraʃakl] |
| triângulo (m) | **сегӯша, секунҷа** | [segœʃa], [sekunʤa] |
| triangular | **сегӯша, секунҷа** | [segœʃa], [sekunʤa] |
| | | |
| oval (f) | **байзӣ** | [bajzi:] |
| oval | **байзӣ** | [bajzi:] |
| retângulo (m) | **росткунҷа** | [rostkunʤa] |
| retangular | **росткунҷа** | [rostkunʤa] |
| | | |
| pirâmide (f) | **пирамида** | [piramida] |
| rombo, losango (m) | **ромб** | [romb] |
| trapézio (m) | **трапетсия** | [trapetsija] |
| cubo (m) | **мукааб** | [mukaab] |
| prisma (m) | **призма** | [prizma] |
| | | |
| circunferência (f) | **давра** | [davra] |
| esfera (f) | **кура** | [kura] |
| globo (m) | **кура** | [kura] |
| diâmetro (m) | **диаметр, қутр** | [diametr], [qutr] |
| raio (m) | **радиус** | [radius] |
| perímetro (m) | **периметр** | [perimetr] |
| centro (m) | **марказ** | [markaz] |
| | | |
| horizontal | **уфуқӣ** | [ufuqi:] |
| vertical | **амуди, шоқулӣ** | [amudi], [ʃoquli:] |
| paralela (f) | **параллел** | [parallel] |
| paralelo | **мувозӣ** | [muvozi:] |
| | | |
| linha (f) | **хат** | [χat] |
| traço (m) | **хат, рах** | [χat], [raχ] |
| reta (f) | **хати рост** | [χati rost] |
| curva (f) | **хати кач** | [χati kaʤ] |
| fino (linha ~a) | **борик** | [borik] |
| contorno (m) | **контур, суроб** | [kontur], [surob] |
| | | |
| interseção (f) | **бурида гузаштан** | [burida guzaʃtan] |
| ângulo (m) reto | **кунҷи рост** | [kunʤi rost] |
| segmento (m) | **сегмент** | [segment] |
| setor (m) | **сектор** | [sektor] |
| lado (de um triângulo, etc.) | **пахлу** | [paχlu] |
| ângulo (m) | **кунҷ** | [kunʤ] |

## 25. Unidades de medida

| | | |
|---|---|---|
| peso (m) | **вазн** | [vazn] |
| comprimento (m) | **дарозӣ** | [darozi:] |
| largura (f) | **арз** | [arz] |
| altura (f) | **баландӣ** | [balandi:] |
| profundidade (f) | **чуқурӣ** | [ʧuquri:] |
| volume (m) | **ҳаҷм** | [haʤm] |
| área (f) | **масоҳат** | [masohat] |
| grama (m) | **грам** | [gram] |
| miligrama (m) | **миллиграмм** | [milligramm] |

| | | |
|---|---|---|
| quilograma (m) | **килограмм** | [kilogramm] |
| tonelada (f) | **тонна** | [tonna] |
| libra (453,6 gramas) | **қадоқ** | [qadoq] |
| onça (f) | **вақия** | [vaqija] |
| | | |
| metro (m) | **метр** | [metr] |
| milímetro (m) | **миллиметр** | [millimetr] |
| centímetro (m) | **сантиметр** | [santimetr] |
| quilómetro (m) | **километр** | [kilometr] |
| milha (f) | **мил** | [mil] |
| | | |
| pé (304,74 mm) | **фут** | [fut] |
| jarda (914,383 mm) | **ярд** | [jard] |
| | | |
| metro (m) quadrado | **метри квадратӣ** | [metri kvadrati:] |
| hectare (m) | **гектар** | [gektar] |
| | | |
| litro (m) | **литр** | [litr] |
| grau (m) | **дараҷа** | [daradʒa] |
| volt (m) | **волт** | [volt] |
| ampere (m) | **ампер** | [amper] |
| cavalo-vapor (m) | **қувваи асп** | [quvvai asp] |
| | | |
| quantidade (f) | **миқдор** | [miqdor] |
| um pouco de ... | **камтар** | [kamtar] |
| metade (f) | **нисф** | [nisf] |
| peça (f) | **дона** | [dona] |
| | | |
| dimensão (f) | **ҳаҷм** | [hadʒm] |
| escala (f) | **масштаб** | [masʃtab] |
| | | |
| mínimo | **камтарин** | [kamtarin] |
| menor, mais pequeno | **хурдтарин** | [χurdtarin] |
| médio | **миёна** | [mijɔna] |
| máximo | **ниҳоят калон** | [nihojat kalon] |
| maior, mais grande | **калонтарин** | [kalontarin] |

## 26. Recipientes

| | | |
|---|---|---|
| boião (m) de vidro | **банкаи шишагӣ** | [bankai ʃiʃagi:] |
| lata (~ de cerveja) | **банкаи тунукагӣ** | [bankai tunukagi:] |
| balde (m) | **сатил** | [satil] |
| barril (m) | **бочка, чалак** | [botʃka], [tʃalak] |
| | | |
| bacia (~ de plástico) | **тағора** | [taʁora] |
| tanque (m) | **бак, чалак** | [bak], [tʃalak] |
| cantil (m) de bolso | **обдон** | [obdon] |
| bidão (m) de gasolina | **канистра** | [kanistra] |
| cisterna (f) | **систерна** | [sisterna] |
| | | |
| caneca (f) | **кружка, дӯлча** | [kruʒka], [dœltʃa] |
| chávena (f) | **косача** | [kosatʃa] |
| pires (m) | **тақсимӣ, тақсимича** | [taqsimi:], [taqsimitʃa] |
| copo (m) | **стакан** | [stakan] |

| | | |
|---|---|---|
| taça (f) de vinho | **бокал** | [bokal] |
| panela, caçarola (f) | **дегча** | [degʧa] |
| garrafa (f) | **шиша, сурохӣ** | [ʃiʃa], [surohi:] |
| gargalo (m) | **даҳани шиша** | [dahani ʃiʃa] |
| jarro, garrafa (f) | **сурохӣ** | [surohi:] |
| jarro (m) de barro | **кӯза** | [kœza] |
| recipiente (m) | **зарф** | [zarf] |
| pote (m) | **хурмача** | [χurmaʧa] |
| vaso (m) | **гулдон** | [guldon] |
| frasco (~ de perfume) | **шиша** | [ʃiʃa] |
| frasquinho (ex. ~ de iodo) | **ҳубобча** | [hubobʧa] |
| tubo (~ de pasta dentífrica) | **лӯлача** | [lœlaʧa] |
| saca (ex. ~ de açúcar) | **халта** | [χalta] |
| saco (~ de plástico) | **халта** | [χalta] |
| maço (m) | **қуттӣ** | [qutti:] |
| caixa (~ de sapatos, etc.) | **қуттӣ** | [qutti:] |
| caixa (~ de madeira) | **қуттӣ** | [qutti:] |
| cesta (f) | **сабад** | [sabad] |

## 27. Materiais

| | | |
|---|---|---|
| material (m) | **материал, масолеҳ** | [material], [masoleh] |
| madeira (f) | **дарахт** | [daraχt] |
| de madeira | **чӯбин** | [ʧœbin] |
| vidro (m) | **шиша** | [ʃiʃa] |
| de vidro | **шишагӣ** | [ʃiʃagi:] |
| pedra (f) | **санг** | [sang] |
| de pedra | **сангин** | [sangin] |
| plástico (m) | **плассмас** | [plassmas] |
| de plástico | **плассмасӣ** | [plassmasi:] |
| borracha (f) | **резин** | [rezin] |
| de borracha | **резинӣ** | [rezini:] |
| tecido, pano (m) | **матоъ** | [mato'] |
| de tecido | **аз матоъ** | [az mato'] |
| papel (m) | **қоғаз** | [qoʁaz] |
| de papel | **қоғазӣ** | [qoʁazi:] |
| cartão (m) | **картон** | [karton] |
| de cartão | **картони, ... и картон** | [kartoni], [i karton] |
| polietileno (m) | **полуэтилен** | [poluɛtilen] |
| celofane (m) | **селлофан** | [sellofan] |
| linóleo (m) | **линолеум** | [linoleum] |

| | | |
|---|---|---|
| contraplacado (m) | **фанер** | [faner] |
| porcelana (f) | **фахфур** | [faχfur] |
| de porcelana | **фахфурӣ** | [faχfuri:] |
| barro (f) | **гил** | [gil] |
| de barro | **гилӣ, сафолӣ** | [gili:], [safoli:] |
| cerâmica (f) | **сафолот** | [safolot] |
| de cerâmica | **сафолӣ, ... и сафол** | [safoli:], [i safol] |

## 28. Metais

| | | |
|---|---|---|
| metal (m) | **металл, фулуз** | [metall], [fuluz] |
| metálico | **металлӣ, ... и металл** | [metalli:], [i metall] |
| liga (f) | **хӯла** | [χœla] |
| ouro (m) | **зар, тилло** | [zar], [tillo] |
| de ouro | **... и тилло** | [i tillo] |
| prata (f) | **нуқра** | [nuqra] |
| de prata | **нуқрагин** | [nuqragin] |
| ferro (m) | **оҳан** | [ohan] |
| de ferro | **оҳанин, ... и оҳан** | [ohanin], [i ohan] |
| aço (m) | **пӯлод** | [pœlod] |
| de aço | **пӯлодин** | [pœlodin] |
| cobre (m) | **мис** | [mis] |
| de cobre | **мисин** | [misin] |
| alumínio (m) | **алюминий** | [aljuminij] |
| de alumínio | **алюминӣ** | [aljumini:] |
| bronze (m) | **биринҷӣ, хӯла** | [birindʒi:], [χœla] |
| de bronze | **биринҷӣ, хӯлагӣ** | [birindʒi:], [χœlagi:] |
| latão (m) | **латун, биринҷӣ** | [latun], [birindʒi:] |
| níquel (m) | **никел** | [nikel] |
| platina (f) | **платина** | [platina] |
| mercúrio (m) | **симоб** | [simob] |
| estanho (m) | **қалъагӣ** | [qal'agi:] |
| chumbo (m) | **сурб** | [surb] |
| zinco (m) | **руҳ** | [ruh] |

# O SER HUMANO

## O ser humano. O corpo

### 29. Humanos. Conceitos básicos

| | | |
|---|---|---|
| ser (m) humano | **одам, инсон** | [odam], [inson] |
| homem (m) | **мард** | [mard] |
| mulher (f) | **зан, занак** | [zan], [zanak] |
| criança (f) | **кӯдак** | [kœdak] |
| menina (f) | **духтарча, духтарак** | [duχtartʃa], [duχtarak] |
| menino (m) | **писарбача** | [pisarbatʃa] |
| adolescente (m) | **наврас** | [navras] |
| velho (m) | **пир** | [pir] |
| velha, anciã (f) | **пиразан** | [pirazan] |

### 30. Anatomia humana

| | | |
|---|---|---|
| organismo (m) | **организм** | [organizm] |
| coração (m) | **дил** | [dil] |
| sangue (m) | **хун** | [χun] |
| artéria (f) | **рағ** | [rag] |
| veia (f) | **раги варид** | [ragi varid] |
| cérebro (m) | **мағз** | [maʁz] |
| nervo (m) | **асаб** | [asab] |
| nervos (m pl) | **асабҳо** | [asabχo] |
| vértebra (f) | **мӯҳра** | [mœhra] |
| coluna (f) vertebral | **сутунмӯҳра** | [sutunmœhra] |
| estômago (m) | **меъда** | [me'da] |
| intestinos (m pl) | **рӯдаҳо** | [rœdaho] |
| intestino (m) | **рӯда** | [rœda] |
| fígado (m) | **ҷигар** | [dʒigar] |
| rim (m) | **гурда** | [gurda] |
| osso (m) | **устухон** | [ustuχon] |
| esqueleto (m) | **устухонбандӣ** | [ustuχonbandi:] |
| costela (f) | **кабурға** | [kaburʁa] |
| crânio (m) | **косаи сар** | [kosai sar] |
| músculo (m) | **мушак** | [muʃak] |
| bíceps (m) | **битсепс** | [bitseps] |
| tríceps (m) | **тритсепс** | [tritseps] |
| tendão (m) | **пай** | [paj] |
| articulação (f) | **банду буғум** | [bandu buʁum] |

| | | |
|---|---|---|
| pulmões (m pl) | **шуш** | [ʃuʃ] |
| órgãos (m pl) genitais | **узвҳои таносул** | [uzvhoi tanosul] |
| pele (f) | **пӯст** | [pœst] |

## 31. Cabeça

| | | |
|---|---|---|
| cabeça (f) | **сар** | [sar] |
| cara (f) | **рӯй** | [rœj] |
| nariz (m) | **бинӣ** | [bini:] |
| boca (f) | **даҳон** | [dahon] |
| olho (m) | **чашм, дида** | [ʧaʃm], [dida] |
| olhos (m pl) | **чашмон** | [ʧaʃmon] |
| pupila (f) | **гавҳараки чашм** | [gavharaki ʧaʃm] |
| sobrancelha (f) | **абрӯ, қош** | [abrœ], [qoʃ] |
| pestana (f) | **мижа** | [miʒa] |
| pálpebra (f) | **пилкҳои чашм** | [pilkhoi ʧaʃm] |
| língua (f) | **забон** | [zabon] |
| dente (m) | **дандон** | [dandon] |
| lábios (m pl) | **лабҳо** | [labho] |
| maçãs (f pl) do rosto | **устухони рухсора** | [ustuχoni ruχsora] |
| gengiva (f) | **зираи дандон** | [zirai dandon] |
| palato (m) | **ком** | [kom] |
| narinas (f pl) | **сурохии бинӣ** | [suroχi:i bini:] |
| queixo (m) | **манаҳ** | [manah] |
| mandíbula (f) | **ҷоғ** | [ʤoʁ] |
| bochecha (f) | **рухсор** | [ruχsor] |
| testa (f) | **пешона** | [peʃona] |
| têmpora (f) | **чакка** | [ʧakka] |
| orelha (f) | **гӯш** | [gœʃ] |
| nuca (f) | **пушти сар** | [puʃti sar] |
| pescoço (m) | **гардан** | [gardan] |
| garganta (f) | **гулӯ** | [gulœ] |
| cabelos (m pl) | **мӯйи сар** | [mœji sar] |
| penteado (m) | **ороиши мӯйсар** | [oroiʃi mœjsar] |
| corte (m) de cabelo | **ороиши мӯйсар** | [oroiʃi mœjsar] |
| peruca (f) | **мӯи ориятӣ** | [mœi orijati:] |
| bigode (m) | **муйлаб, бурут** | [mujlab], [burut] |
| barba (f) | **риш** | [riʃ] |
| usar, ter (~ barba, etc.) | **мондан, доштан** | [mondan], [doʃtan] |
| trança (f) | **кокул** | [kokul] |
| suíças (f pl) | **риши бари рӯй** | [riʃi bari rœj] |
| ruivo | **сурхмуй** | [surχmuj] |
| grisalho | **сафед** | [safed] |
| calvo | **одамсар** | [odamsar] |
| calva (f) | **тосии сар** | [tosi:i sar] |
| rabo-de-cavalo (m) | **думча** | [dumʧa] |
| franja (f) | **пича** | [piʧa] |

## 32. Corpo humano

| | | |
|---|---|---|
| mão (f) | **панҷаи даст** | [pandʒai dast] |
| braço (m) | **даст** | [dast] |
| | | |
| dedo (m) | **ангушт** | [anguʃt] |
| dedo (m) do pé | **чилик, ангушт** | [ʧilik], [anguʃt] |
| polegar (m) | **нарангушт** | [naranguʃt] |
| dedo (m) mindinho | **ангушти хурд** | [anguʃti χurd] |
| unha (f) | **нохун** | [noχun] |
| | | |
| punho (m) | **кулак, мушт** | [kulak], [muʃt] |
| palma (f) da mão | **каф** | [kaf] |
| pulso (m) | **банди даст** | [bandi dast] |
| antebraço (m) | **бозу** | [bozu] |
| cotovelo (m) | **оринҷ** | [orindʒ] |
| ombro (m) | **китф** | [kitf] |
| | | |
| perna (f) | **по** | [po] |
| pé (m) | **панҷаи пой** | [pandʒai poj] |
| joelho (m) | **зону** | [zonu] |
| barriga (f) da perna | **соқи по** | [soqi po] |
| anca (f) | **миён** | [mijɔn] |
| calcanhar (m) | **пошна** | [poʃna] |
| | | |
| corpo (m) | **бадан** | [badan] |
| barriga (f) | **шикам** | [ʃikam] |
| peito (m) | **сина** | [sina] |
| seio (m) | **сина, пистон** | [sina], [piston] |
| lado (m) | **паҳлу** | [pahlu] |
| costas (f pl) | **пушт** | [puʃt] |
| região (f) lombar | **камаргоҳ** | [kamargoh] |
| cintura (f) | **миён** | [mijɔn] |
| | | |
| umbigo (m) | **ноф** | [nof] |
| nádegas (f pl) | **сурин** | [surin] |
| traseiro (m) | **сурин** | [surin] |
| | | |
| sinal (m) | **хол** | [χol] |
| sinal (m) de nascença | **хол** | [χol] |
| tatuagem (f) | **вашм** | [vaʃm] |
| cicatriz (f) | **доғи захм** | [doʁi zaχm] |

# Vestuário & Acessórios

## 33. Roupa exterior. Casacos

| | | |
|---|---|---|
| roupa (f) | **либос** | [libos] |
| roupa (f) exterior | **либоси боло** | [libosi bolo] |
| roupa (f) de inverno | **либоси зимистонӣ** | [libosi zimistoni:] |
| sobretudo (m) | **палто** | [palto] |
| casaco (m) de peles | **пӯстин** | [pœstin] |
| casaco curto (m) de peles | **нимпӯстин** | [nimpœstin] |
| casaco (m) acolchoado | **пуховик** | [puχovik] |
| casaco, blusão (m) | **куртка** | [kurtka] |
| impermeável (m) | **боронӣ** | [boroni:] |
| impermeável | **обногузар** | [obnoguzar] |

## 34. Vestuário de homem & mulher

| | | |
|---|---|---|
| camisa (f) | **курта** | [kurta] |
| calças (f pl) | **шим, шалвор** | [ʃim], [ʃalvor] |
| calças (f pl) de ganga | **шими ҷинс** | [ʃimi ʤins] |
| casaco (m) de fato | **пиҷак** | [piʤak] |
| fato (m) | **костюм** | [kostjum] |
| vestido (ex. ~ vermelho) | **куртаи заннона** | [kurtai zannona] |
| saia (f) | **юбка** | [jubka] |
| blusa (f) | **блузка** | [bluzka] |
| casaco (m) de malha | **кофтаи бофта** | [koftai bofta] |
| casaco, blazer (m) | **жакет** | [ʒaket] |
| T-shirt, camiseta (f) | **футболка** | [futbolka] |
| calções (Bermudas, etc.) | **шортик** | [ʃortik] |
| fato (m) de treino | **либоси варзишӣ** | [libosi varziʃi:] |
| roupão (m) de banho | **халат** | [χalat] |
| pijama (m) | **пижама** | [piʒama] |
| suéter (m) | **свитер** | [sviter] |
| pulôver (m) | **пуловер** | [pulover] |
| colete (m) | **камзӯл** | [kamzœl] |
| fraque (m) | **фрак** | [frak] |
| smoking (m) | **смокинг** | [smoking] |
| uniforme (m) | **либоси расмӣ** | [libosi rasmi:] |
| roupa (f) de trabalho | **либоси корӣ** | [libosi kori:] |
| fato-macaco (m) | **комбинезон** | [kombinezon] |
| bata (~ branca, etc.) | **халат** | [χalat] |

## 35. Vestuário. Roupa interior

| | | |
|---|---|---|
| roupa (f) interior | **либоси таг** | [libosi tag] |
| cuecas boxer (f pl) | **турсуки мардона** | [tursuki mardona] |
| cuecas (f pl) | **турсуки занона** | [tursuki zanona] |
| camisola (f) interior | **майка** | [majka] |
| peúgas (f pl) | **пайпоқ** | [pajpoq] |
| camisa (f) de noite | **куртаи хоб** | [kurtai χob] |
| sutiã (m) | **синабанд** | [sinaband] |
| meias longas (f pl) | **ҷуроби кутоҳ** | [ʤurobi kutoh] |
| meia-calça (f) | **колготка** | [kolgotka] |
| meias (f pl) | **чуроби дароз** | [ʧurobi daroz] |
| fato (m) de banho | **либоси оббозӣ** | [libosi obbozi:] |

## 36. Adereços de cabeça

| | | |
|---|---|---|
| chapéu (m) | **кулоҳ, телпак** | [kuloh], [telpak] |
| chapéu (m) de feltro | **шляпаи моҳутӣ** | [ʃljapai mohuti:] |
| boné (m) de beisebol | **бейсболка** | [bejsbolka] |
| boné (m) | **кепка** | [kepka] |
| boina (f) | **берет** | [beret] |
| capuz (m) | **либоси кулоҳдор** | [libosi kulohdor] |
| panamá (m) | **панамка** | [panamka] |
| gorro (m) de malha | **шапкаи бофтагӣ** | [ʃapkai boftagi:] |
| lenço (m) | **рӯймол** | [rœjmol] |
| chapéu (m) de mulher | **кулоҳча** | [kulohʧa] |
| capacete (m) de proteção | **тоскулоҳ** | [toskuloh] |
| bibico (m) | **пилотка** | [pilotka] |
| capacete (m) | **хӯд** | [χœd] |
| chapéu-coco (m) | **дегчакулох** | [degʧakuloχ] |
| chapéu (m) alto | **силиндр** | [silindr] |

## 37. Calçado

| | | |
|---|---|---|
| calçado (m) | **пойафзол** | [pojafzol] |
| botinas (f pl) | **патинка** | [patinka] |
| sapatos (de salto alto, etc.) | **кафш, туфли** | [kafʃ], [tufli] |
| botas (f pl) | **мӯза** | [mœza] |
| pantufas (f pl) | **шиппак** | [ʃippak] |
| ténis (m pl) | **крассовка** | [krassovka] |
| sapatilhas (f pl) | **кетӣ** | [keti:] |
| sandálias (f pl) | **сандал** | [sandal] |
| sapateiro (m) | **мӯзадӯз** | [mœzadœz] |
| salto (m) | **пошна** | [poʃna] |

| | | |
|---|---|---|
| par (m) | **чуфт** | [ʤuft] |
| atacador (m) | **бандак** | [bandak] |
| apertar os atacadores | **бандак гузарондан** | [bandak guzarondan] |
| calçadeira (f) | **кафчаи кафшпӯшӣ** | [kaftʃai kafʃpœʃi:] |
| graxa (f) para calçado | **креми пойафзол** | [kremi pojafzol] |

## 38. Têxtil. Tecidos

| | | |
|---|---|---|
| algodão (m) | **пахта** | [paχta] |
| de algodão | **пахтагин** | [paχtagin] |
| linho (m) | **катон** | [katon] |
| de linho | **аз зағирпоя** | [az zaʁirpoja] |
| seda (f) | **абрешим** | [abreʃim] |
| de seda | **абрешимин** | [abreʃimin] |
| lã (f) | **пашм** | [paʃm] |
| de lã | **пашмин** | [paʃmin] |
| veludo (m) | **бахмал, махмал** | [baχmal], [maχmal] |
| camurça (f) | **замша, ҷир** | [zamʃa], [ʤir] |
| bombazina (f) | **пилтабахмал** | [piltabaχmal] |
| náilon (m) | **нейлон** | [nejlon] |
| de náilon | **аз нейлон** | [az nejlon] |
| poliéster (m) | **полиэстер** | [poliɛster] |
| de poliéster | **полуэстерӣ** | [poluɛsteri:] |
| couro (m) | **чарм** | [ʧarm] |
| de couro | **чармин** | [ʧarmin] |
| pele (f) | **мӯина, пӯст** | [mœina], [pœst] |
| de peles, de pele | **мӯинагӣ** | [mœinagi:] |

## 39. Acessórios pessoais

| | | |
|---|---|---|
| luvas (f pl) | **дастпӯшак** | [dastpœʃak] |
| mitenes (f pl) | **дастпӯшаки бепанҷа** | [dastpœʃaki bepanʤa] |
| cachecol (m) | **гарданпеч** | [gardanpeʧ] |
| óculos (m pl) | **айнак** | [ajnak] |
| armação (f) de óculos | **чанбарак** | [ʧanbarak] |
| guarda-chuva (m) | **соябон, чатр** | [sojabon], [ʧatr] |
| bengala (f) | **чӯб** | [ʧœb] |
| escova (f) para o cabelo | **чӯткаи мӯйсар** | [ʧœtkai mœjsar] |
| leque (m) | **бодбезак** | [bodbezak] |
| gravata (f) | **галстук** | [galstuk] |
| gravata-borboleta (f) | **галстук-шапарак** | [galstuk-ʃaparak] |
| suspensórios (m pl) | **шалворбанди китфӣ** | [ʃalvorbandi kitfi:] |
| lenço (m) | **даструймол** | [dastrœjmol] |
| pente (m) | **шона** | [ʃona] |
| travessão (m) | **сарсӯзан, бандак** | [sarsœzan], [bandak] |

gancho (m) de cabelo | **санҷак** | [sandʒak]
fivela (f) | **сагаки тасма** | [sagaki tasma]

cinto (m) | **тасма** | [tasma]
correia (f) | **тасма** | [tasma]

mala (f) | **сумка** | [sumka]
mala (f) de senhora | **сумка** | [sumka]
mochila (f) | **борхалта** | [borχalta]

## 40. Vestuário. Diversos

moda (f) | **мод** | [mod]
na moda | **модшуда** | [modʃuda]
estilista (m) | **тарҳсоз** | [tarhsoz]

colarinho (m), gola (f) | **гиребон, ёқа** | [girebon], [jɔqa]
bolso (m) | **киса** | [kisa]
de bolso | **... и киса** | [i kisa]
manga (f) | **остин** | [ostin]
alcinha (f) | **банди либос** | [bandi libos]
braguilha (f) | **чоки пеши шим** | [ʧoki peʃi ʃim]

fecho (m) de correr | **занҷирак** | [zandʒirak]
fecho (m), colchete (m) | **гиреҳбанд** | [girehband]
botão (m) | **тугма** | [tugma]
casa (f) de botão | **банди тугма** | [bandi tugma]
soltar-se (vr) | **канда шудан** | [kanda ʃudan]

coser, costurar (vi) | **дӯхтан** | [dœχtan]
bordar (vt) | **гулдӯзӣ кардан** | [guldœzi: kardan]
bordado (m) | **гулдӯзӣ** | [guldœzi:]
agulha (f) | **сӯзани чокдӯзи** | [sœzani ʧokdœzi]
fio (m) | **ресмон** | [resmon]
costura (f) | **чок** | [ʧok]

sujar-se (vr) | **олуда шудан** | [oluda ʃudan]
mancha (f) | **доғ, лакка** | [doʁ], [lakka]
engelhar-se (vr) | **ғиҷим шудан** | [ʁidʒim ʃudan]
rasgar (vt) | **даррондан** | [darrondan]
traça (f) | **куя** | [kuja]

## 41. Cuidados pessoais. Cosméticos

pasta (f) de dentes | **хамираи дандон** | [χamirai dandon]
escova (f) de dentes | **чӯткаи дандоншӯӣ** | [ʧœtkai dandonʃœi:]
escovar os dentes | **дандон шустан** | [dandon ʃustan]

máquina (f) de barbear | **ришгирак** | [riʃgirak]
creme (m) de barbear | **креми ришгирӣ** | [kremi riʃgiri:]
barbear-se (vr) | **риш гирифтан** | [riʃ giriftan]
sabonete (m) | **собун** | [sobun]

| | | |
|---|---|---|
| champô (m) | **шампун** | [ʃampun] |
| tesoura (f) | **кайчӣ** | [kajʧi:] |
| lima (f) de unhas | **тарошаи нохунҳо** | [taroʃai noχunho] |
| corta-unhas (m) | **анбӯрча барои нохунҳо** | [anbœrʧa baroi noχunho] |
| pinça (f) | **мӯйчинак** | [mœjʧinak] |
| cosméticos (m pl) | **косметика** | [kosmetika] |
| máscara (f) facial | **ниқоби косметикӣ** | [niqobi kosmetiki:] |
| manicura (f) | **нохунорой** | [noχunoroi:] |
| fazer a manicura | **нохун оростан** | [noχun orostan] |
| pedicure (f) | **оройиши нохунҳои пой** | [oroiʃi noχunhoi poj] |
| mala (f) de maquilhagem | **косметичка** | [kosmetiʧka] |
| pó (m) | **сафеда** | [safeda] |
| caixa (f) de pó | **қуттии упо** | [qutti:i upo] |
| blush (m) | **сурхӣ** | [surχi:] |
| água (f) de toilette | **атр** | [atr] |
| loção (f) | **оби мушкин** | [obi muʃkin] |
| água-de-colónia (f) | **атр** | [atr] |
| sombra (f) de olhos | **тен барои пилкҳои чашм** | [ten baroi pilkhoi ʧaʃm] |
| lápis (m) delineador | **қалами чашм** | [qalami ʧaʃm] |
| máscara (f), rímel (m) | **туш барои мижаҳо** | [tuʃ baroi miʒaho] |
| batom (m) | **лабсурхкунак** | [labsurχkunak] |
| verniz (m) de unhas | **лаки нохун** | [laki noχun] |
| laca (f) para cabelos | **лаки мӯйсар** | [laki mœjsar] |
| desodorizante (m) | **дезодорант** | [dezodorant] |
| creme (m) | **крем, равғани рӯй** | [krem], [ravʁani rœj] |
| creme (m) de rosto | **креми рӯй** | [kremi rœj] |
| creme (m) de mãos | **креми даст** | [kremi dast] |
| creme (m) antirrugas | **креми зиддиожанг** | [kremi ziddioʒang] |
| creme (m) de dia | **креми рӯзона** | [kremi rœzona] |
| creme (m) de noite | **креми шабона** | [kremi ʃabona] |
| de dia | **рӯзона, ~и рӯз** | [rœzona], [~i rœz] |
| da noite | **шабона, ... и шаб** | [ʃabona], [i ʃab] |
| tampão (m) | **тампон** | [tampon] |
| papel (m) higiénico | **коғази хоҷатхона** | [koʁazi χoʤatχona] |
| secador (m) elétrico | **мӯхушккунак** | [mœχuʃkkunak] |

## 42. Joalheria

| | | |
|---|---|---|
| joias (f pl) | **ҷавоҳирот** | [ʤavohirot] |
| precioso | **қиматбаҳо** | [qimatbaho] |
| marca (f) de contraste | **иёр** | [ijɔr] |
| anel (m) | **ангуштарин** | [anguʃtarin] |
| aliança (f) | **ангуштарини никоҳ** | [anguʃtarini nikoh] |
| pulseira (f) | **дастпона** | [dastpona] |
| brincos (m pl) | **гӯшвора** | [gœʃvora] |
| colar (m) | **гарданбанд** | [gardanband] |

| | | |
|---|---|---|
| coroa (f) | **тоҷ** | [todʒ] |
| colar (m) de contas | **шадда** | [ʃadda] |
| | | |
| diamante (m) | **бриллиант** | [brilliant] |
| esmeralda (f) | **зумуррад** | [zumurrad] |
| rubi (m) | **лаъл** | [la'l] |
| safira (f) | **ёқути кабуд** | [jɔquti kabud] |
| pérola (f) | **марворид** | [marvorid] |
| âmbar (m) | **каҳрабо** | [kahrabo] |

## 43. Relógios de pulso. Relógios

| | | |
|---|---|---|
| relógio (m) de pulso | **соати дастӣ** | [soati dasti:] |
| mostrador (m) | **лавҳаи соат** | [lavhai soat] |
| ponteiro (m) | **акрабак** | [akrabak] |
| bracelete (f) em aço | **дастпона** | [dastpona] |
| bracelete (f) em couro | **банди соат** | [bandi soat] |
| | | |
| pilha (f) | **батареяча, батарейка** | [batarejatʃa], [batarejka] |
| descarregar-se | **холӣ шудааст** | [χoli: ʃudaast] |
| trocar a pilha | **иваз кардани батаре** | [ivaz kardani batare] |
| estar adiantado | **пеш меравад** | [peʃ meravad] |
| estar atrasado | **ақиб мондан** | [aqib mondan] |
| | | |
| relógio (m) de parede | **соати деворӣ** | [soati devori:] |
| ampulheta (f) | **соати регӣ** | [soati regi:] |
| relógio (m) de sol | **соати офтобӣ** | [soati oftobi:] |
| despertador (m) | **соати рӯимизии зангдор** | [soati rœimizi:i zangdor] |
| relojoeiro (m) | **соатсоз** | [soatsoz] |
| reparar (vt) | **таъмир кардан** | [ta'mir kardan] |

# Alimentação. Nutrição

## 44. Comida

| | | |
|---|---|---|
| carne (f) | **гӯшт** | [gœʃt] |
| galinha (f) | **мурғ** | [murʁ] |
| frango (m) | **чӯҷа** | [tʃœdʒa] |
| pato (m) | **мурғобӣ** | [murʁobi:] |
| ganso (m) | **қоз, ғоз** | [qoz], [ʁoz] |
| caça (f) | **сайди шикор** | [sajdi ʃikor] |
| peru (m) | **мурғи марҷон** | [murʁi mardʒon] |
| | | |
| carne (f) de porco | **гӯшти хук** | [gœʃti χuk] |
| carne (f) de vitela | **гӯшти гӯсола** | [gœʃti gœsola] |
| carne (f) de carneiro | **гӯшти гӯсфанд** | [gœʃti gœsfand] |
| carne (f) de vaca | **гӯшти гов** | [gœʃti gov] |
| carne (f) de coelho | **харгӯш** | [χargœʃ] |
| | | |
| chouriço, salsichão (m) | **ҳасиб** | [hasib] |
| salsicha (f) | **ҳасибча** | [hasibtʃa] |
| bacon (m) | **бекон** | [bekon] |
| fiambre (f) | **ветчина** | [vettʃina] |
| presunto (m) | **рон** | [ron] |
| | | |
| patê (m) | **паштет** | [paʃtet] |
| fígado (m) | **ҷигар** | [dʒigar] |
| carne (f) moída | **гӯшти кӯфта** | [gœʃti kœfta] |
| língua (f) | **забон** | [zabon] |
| | | |
| ovo (m) | **тухм** | [tuχm] |
| ovos (m pl) | **тухм** | [tuχm] |
| clara (f) do ovo | **сафедии тухм** | [safedi:i tuχm] |
| gema (f) do ovo | **зардии тухм** | [zardi:i tuχm] |
| | | |
| peixe (m) | **моҳӣ** | [mohi:] |
| mariscos (m pl) | **маҳсулоти баҳрӣ** | [mahsuloti bahri:] |
| crustáceos (m pl) | **буғумпойҳо** | [buʁumpojho] |
| caviar (m) | **тухми моҳӣ** | [tuχmi mohi:] |
| | | |
| caranguejo (m) | **харчанг** | [χartʃang] |
| camarão (m) | **креветка** | [krevetka] |
| ostra (f) | **садафак** | [sadafak] |
| lagosta (f) | **лангуст** | [langust] |
| polvo (m) | **ҳаштпо** | [haʃtpo] |
| lula (f) | **калмар** | [kalmar] |
| | | |
| esturjão (m) | **гӯшти тосмоҳӣ** | [gœʃti tosmohi:] |
| salmão (m) | **озодмоҳӣ** | [ozodmohi:] |
| halibute (m) | **палтус** | [paltus] |
| bacalhau (m) | **равғанмоҳӣ** | [ravʁanmohi:] |

| | | |
|---|---|---|
| cavala, sarda (f) | **зағутамоҳӣ** | [zaʁœtamohi:] |
| atum (m) | **самак** | [samak] |
| enguia (f) | **мормоҳӣ** | [mormohi:] |
| | | |
| truta (f) | **гулмоҳӣ** | [gulmohi:] |
| sardinha (f) | **саморис** | [samoris] |
| lúcio (m) | **шӯртан** | [ʃœrtan] |
| arenque (m) | **шӯрмоҳӣ** | [ʃœrmohi:] |
| | | |
| pão (m) | **нон** | [non] |
| queijo (m) | **панир** | [panir] |
| açúcar (m) | **шакар** | [ʃakar] |
| sal (m) | **намак** | [namak] |
| | | |
| arroz (m) | **биринҷ** | [birinʤ] |
| massas (f pl) | **макарон** | [makaron] |
| talharim (m) | **угро** | [ugro] |
| | | |
| manteiga (f) | **равғани маска** | [ravʁani maska] |
| óleo (m) vegetal | **равғани пок** | [ravʁani pok] |
| óleo (m) de girassol | **равғани офтобпараст** | [ravʁani oftobparast] |
| margarina (f) | **маргарин** | [margarin] |
| | | |
| azeitonas (f pl) | **зайтун** | [zajtun] |
| azeite (m) | **равғани зайтун** | [ravʁani zajtun] |
| | | |
| leite (m) | **шир** | [ʃir] |
| leite (m) condensado | **ширқиём** | [ʃirqijɔm] |
| iogurte (m) | **йогурт** | [jɔgurt] |
| nata (f) azeda | **қаймок** | [qajmok] |
| nata (f) do leite | **қаймоқ** | [qajmoq] |
| | | |
| maionese (f) | **майонез** | [majɔnez] |
| creme (m) | **крем** | [krem] |
| | | |
| grãos (m pl) de cereais | **ярма** | [jarma] |
| farinha (f) | **орд** | [ord] |
| enlatados (m pl) | **консерв** | [konserv] |
| | | |
| flocos (m pl) de milho | **бадроқи ҷуворимакка** | [badroqi ʤuvorimakka] |
| mel (m) | **асал** | [asal] |
| doce (m) | **ҷем** | [ʤem] |
| pastilha (f) elástica | **сақич, илқ** | [saqiʧ], [ilq] |

## 45. Bebidas

| | | |
|---|---|---|
| água (f) | **об** | [ob] |
| água (f) potável | **оби нӯшиданӣ** | [obi nœʃidani:] |
| água (f) mineral | **оби минералӣ** | [obi minerali:] |
| | | |
| sem gás | **бе газ** | [be gaz] |
| gaseificada | **газнок** | [gaznok] |
| com gás | **газдор** | [gazdor] |
| gelo (m) | **ях** | [jaχ] |

| | | |
|---|---|---|
| com gelo | **бо ях, яхдор** | [bo jaχ], [jaχdor] |
| sem álcool | **беалкогол** | [bealkogol] |
| bebida (f) sem álcool | **нӯшокии беалкогол** | [nœʃoki:i bealkogol] |
| refresco (m) | **нӯшокии хунук** | [nœʃoki:i χunuk] |
| limonada (f) | **лимонад** | [limonad] |
| | | |
| bebidas (f pl) alcoólicas | **нӯшокиҳои спиртӣ** | [nœʃokihoi spirti:] |
| vinho (m) | **шароб, май** | [ʃarob], [maj] |
| vinho (m) branco | **маи ангури сафед** | [mai anguri safed] |
| vinho (m) tinto | **маи арғувонӣ** | [mai arʁuvoni:] |
| | | |
| licor (m) | **ликёр** | [likjɔr] |
| champanhe (m) | **шампан** | [ʃampan] |
| vermute (m) | **вермут** | [vermut] |
| | | |
| uísque (m) | **виски** | [viski] |
| vodka (f) | **арақ, водка** | [araq], [vodka] |
| gim (m) | **ҷин** | [ʤin] |
| conhaque (m) | **коняк** | [konjak] |
| rum (m) | **ром** | [rom] |
| | | |
| café (m) | **қаҳва** | [qahva] |
| café (m) puro | **қаҳваи сиёҳ** | [qahvai sijɔh] |
| café (m) com leite | **ширқаҳва** | [ʃirqahva] |
| cappuccino (m) | **капучино** | [kaputʃino] |
| café (m) solúvel | **қаҳваи кӯфта** | [qahvai kœfta] |
| | | |
| leite (m) | **шир** | [ʃir] |
| coquetel (m) | **коктейл** | [koktejl] |
| batido (m) de leite | **коктейли ширӣ** | [koktejli ʃiri:] |
| | | |
| sumo (m) | **шарбат** | [ʃarbat] |
| sumo (m) de tomate | **шираи помидор** | [ʃirai pomidor] |
| sumo (m) de laranja | **афшураи афлесун** | [afʃurai aflesun] |
| sumo (m) fresco | **афшураи тоза тайёршуда** | [afʃurai toza tajjɔrʃuda] |
| | | |
| cerveja (f) | **пиво** | [pivo] |
| cerveja (f) clara | **оби ҷави шафоф** | [obi ʤavi ʃafof] |
| cerveja (f) preta | **оби ҷави торик** | [obi ʤavi torik] |
| | | |
| chá (m) | **чой** | [ʧoj] |
| chá (m) preto | **чойи сиёҳ** | [ʧoji sijɔh] |
| chá (m) verde | **чои кабуд** | [ʧoi kabud] |

## 46. Vegetais

| | | |
|---|---|---|
| legumes (m pl) | **сабзавот** | [sabzavot] |
| verduras (f pl) | **сабзавот** | [sabzavot] |
| | | |
| tomate (m) | **помидор** | [pomidor] |
| pepino (m) | **бодиринг** | [bodiring] |
| cenoura (f) | **сабзӣ** | [sabzi:] |
| batata (f) | **картошка** | [kartoʃka] |
| cebola (f) | **пиёз** | [pijɔz] |

alho (m) **сир** [sir]
couve (f) **карам** [karam]
couve-flor (f) **гулкарам** [gulkaram]
couve-de-bruxelas (f) **карами брусселӣ** [karami brusseli:]
brócolos (m pl) **карами брокколӣ** [karami brokkoli:]

beterraba (f) **лаблабу** [lablabu]
beringela (f) **бодинҷон** [bodindʒon]
curgete (f) **таррак** [tarrak]
abóbora (f) **каду** [kadu]
nabo (m) **шалғам** [ʃalʁam]

salsa (f) **ҷаъфарӣ** [dʒa'fari:]
funcho, endro (m) **шибит** [ʃibit]
alface (f) **коҳу** [kohu]
aipo (m) **карафс** [karafs]
espargo (m) **морчӯба** [mortʃœba]
espinafre (m) **испаноқ** [ispanoq]

ervilha (f) **нахӯд** [naχœd]
fava (f) **лӯбиё** [lœbijɔ]
milho (m) **ҷуворимакка** [dʒuvorimakka]
feijão (m) **лӯбиё** [lœbijɔ]

pimentão (m) **қаламфур** [qalamfur]
rabanete (m) **шалғамча** [ʃalʁamtʃa]
alcachofra (f) **анганор** [anganor]

## 47. Frutos. Nozes

fruta (f) **мева** [meva]
maçã (f) **себ** [seb]
pera (f) **мурӯд, нок** [murœd], [nok]
limão (m) **лиму** [limu]
laranja (f) **афлесун, пӯртахол** [aflesun], [pœrtaχol]
morango (m) **қулфинай** [qulfinaj]

tangerina (f) **норанг** [norang]
ameixa (f) **олу** [olu]
pêssego (m) **шафтолу** [ʃaftolu]
damasco (m) **дарахти зардолу** [daraχti zardolu]
framboesa (f) **тамашк** [tamaʃk]
ananás (m) **ананас** [ananas]

banana (f) **банан** [banan]
melancia (f) **тарбуз** [tarbuz]
uva (f) **ангур** [angur]
ginja (f) **олуболу** [olubolu]
cereja (f) **гелос** [gelos]

toranja (f) **норинҷ** [norindʒ]
abacate (m) **авокадо** [avokado]
papaia (f) **папайя** [papajja]
manga (f) **анбаҳ** [anbah]

| | | |
|---|---|---|
| romã (f) | **анор** | [anor] |
| groselha (f) vermelha | **коти сурх** | [koti surχ] |
| groselha (f) preta | **қоти сиёҳ** | [qoti sijɔh] |
| groselha (f) espinhosa | **бектошӣ** | [bektoʃi:] |
| mirtilo (m) | **черника** | [ʧernika] |
| amora silvestre (f) | **марминҷон** | [marminʤon] |
| | | |
| uvas (f pl) passas | **мавиз** | [maviz] |
| figo (m) | **анҷир** | [anʤir] |
| tâmara (f) | **хурмо** | [χurmo] |
| | | |
| amendoim (m) | **финдуки заминӣ** | [finduki zamini:] |
| amêndoa (f) | **бодом** | [bodom] |
| noz (f) | **чормағз** | [ʧormaʁz] |
| avelã (f) | **финдиқ** | [findiq] |
| coco (m) | **норгил** | [norgil] |
| pistáchios (m pl) | **писта** | [pista] |

## 48. Pão. Bolaria

| | | |
|---|---|---|
| pastelaria (f) | **маҳсулоти қаннодӣ** | [mahsuloti qannodi] |
| pão (m) | **нон** | [non] |
| bolacha (f) | **кулчақанд** | [kulʧaqand] |
| | | |
| chocolate (m) | **шоколад** | [ʃokolad] |
| de chocolate | **... и шоколад, шоколадӣ** | [i ʃokolad], [ʃokoladi:] |
| rebuçado (m) | **конфет** | [konfet] |
| bolo (cupcake, etc.) | **пирожни** | [piroʒni] |
| bolo (m) de aniversário | **торт** | [tort] |
| | | |
| tarte (~ de maçã) | **пирог** | [pirog] |
| recheio (m) | **пур кардани, андохтани** | [pur kardani], [andoχtani] |
| | | |
| doce (m) | **мураббо** | [murabbo] |
| geleia (f) de frutas | **мармалод** | [marmalod] |
| waffle (m) | **вафлӣ** | [vafli:] |
| gelado (m) | **яхмос** | [jaχmos] |
| pudim (m) | **пудинг** | [puding] |

## 49. Pratos cozinhados

| | | |
|---|---|---|
| prato (m) | **таом** | [taom] |
| cozinha (~ portuguesa) | **таомҳо** | [taomho] |
| receita (f) | **ретсепт** | [retsept] |
| porção (f) | **навола** | [navola] |
| | | |
| salada (f) | **салат** | [salat] |
| sopa (f) | **шӯрбо** | [ʃœrbo] |
| | | |
| caldo (m) | **булён** | [buljɔn] |
| sandes (f) | **бутерброд** | [buterbrod] |
| ovos (m pl) estrelados | **тухмбирён** | [tuχmbirjɔn] |

| | | |
|---|---|---|
| hambúrguer (m) | **гамбургер** | [gamburger] |
| bife (m) | **бифштекс** | [bifʃteks] |
| | | |
| conduto (m) | **хӯриши таом** | [χœriʃi taom] |
| espaguete (m) | **спагеттӣ** | [spagetti:] |
| puré (m) de batata | **пюре** | [pjure] |
| pizza (f) | **питса** | [pitsa] |
| papa (f) | **шӯла** | [ʃœla] |
| omelete (f) | **омлет, тухмбирён** | [omlet], [tuχmbirjɔn] |
| | | |
| cozido em água | **ҷӯшондашуда** | [ʤœʃondaʃuda] |
| fumado | **дудхӯрда** | [dudχœrda] |
| frito | **бирён** | [birjɔn] |
| seco | **хушк** | [χuʃk] |
| congelado | **яхкарда** | [jaχkarda] |
| em conserva | **дар сирко хобондашуда** | [dar sirko χobondaʃuda] |
| | | |
| doce (açucarado) | **ширин** | [ʃirin] |
| salgado | **шӯр** | [ʃœr] |
| frio | **хунук** | [χunuk] |
| quente | **гарм** | [garm] |
| amargo | **талх** | [talχ] |
| gostoso | **бомаза** | [bomaza] |
| | | |
| cozinhar (em água a ferver) | **пухтан, ҷӯшондан** | [puχtan], [ʤœʃondan] |
| fazer, preparar (vt) | **пухтан** | [puχtan] |
| fritar (vt) | **бирён кардан** | [birjɔn kardan] |
| aquecer (vt) | **гарм кардан** | [garm kardan] |
| | | |
| salgar (vt) | **намак андохтан** | [namak andoχtan] |
| apimentar (vt) | **қаламфур андохтан** | [qalamfur andoχtan] |
| ralar (vt) | **тарошидан** | [taroʃidan] |
| casca (f) | **пӯст** | [pœst] |
| descascar (vt) | **пӯст кандан** | [pœst kandan] |

## 50. Especiarias

| | | |
|---|---|---|
| sal (m) | **намак** | [namak] |
| salgado | **шӯр** | [ʃœr] |
| salgar (vt) | **намак андохтан** | [namak andoχtan] |
| | | |
| pimenta (f) preta | **мурчи сиёҳ** | [murʧi sijɔh] |
| pimenta (f) vermelha | **мурчи сурх** | [murʧi surχ] |
| mostarda (f) | **хардал** | [χardal] |
| raiz-forte (f) | **қаҳзак** | [qahzak] |
| | | |
| condimento (m) | **хӯриш** | [χœriʃ] |
| especiaria (f) | **дорувор** | [doruvor] |
| molho (m) | **қайла** | [qajla] |
| vinagre (m) | **сирко** | [sirko] |
| | | |
| anis (m) | **тухми бодиён** | [tuχmi bodijɔn] |
| manjericão (m) | **нозбӯй, райҳон** | [nozbœj], [rajhon] |
| cravo (m) | **қаланфури гардан** | [qalanfuri gardan] |

| | | |
|---|---|---|
| gengibre (m) | **занҷабил** | [zandʒabil] |
| coentro (m) | **кашниҷ** | [kaʃnidʒ] |
| canela (f) | **дорчин, долчин** | [dortʃin], [doltʃin] |
| sésamo (m) | **кунҷид** | [kundʒid] |
| folhas (f pl) de louro | **барги ғор** | [bargi ʁor] |
| páprica (f) | **қаламфур** | [qalamfur] |
| cominho (m) | **зира** | [zira] |
| açafrão (m) | **заъфарон** | [za'faron] |

## 51. Refeições

| | | |
|---|---|---|
| comida (f) | **хӯрок, таом** | [χœrok], [taom] |
| comer (vt) | **хӯрдан** | [χœrdan] |
| pequeno-almoço (m) | **ноништа** | [noniʃta] |
| tomar o pequeno-almoço | **ноништа кардан** | [noniʃta kardan] |
| almoço (m) | **хӯроки пешин** | [χœroki peʃin] |
| almoçar (vi) | **хӯроки пешин хӯрдан** | [χœroki peʃin χœrdan] |
| jantar (m) | **шом** | [ʃom] |
| jantar (vi) | **хӯроки шом хӯрдан** | [χœroki ʃom χœrdan] |
| apetite (m) | **иштиҳо** | [iʃtiho] |
| Bom apetite! | **ош шавад!** | [oʃ ʃavad] |
| abrir (~ uma lata, etc.) | **кушодан** | [kuʃodan] |
| derramar (vt) | **резондан** | [rezondan] |
| derramar-se (vr) | **рехтан** | [reχtan] |
| ferver (vi) | **ҷӯшидан** | [dʒœʃidan] |
| ferver (vt) | **ҷӯшондан** | [dʒœʃondan] |
| fervido | **ҷӯшомада** | [dʒœʃomada] |
| arrefecer (vt) | **хунук кардан** | [χunuk kardan] |
| arrefecer-se (vr) | **хунук шудан** | [χunuk ʃudan] |
| sabor, gosto (m) | **маза, таъм** | [maza], [ta'm] |
| gostinho (m) | **таъм** | [ta'm] |
| fazer dieta | **хароб шудан** | [χarob ʃudan] |
| dieta (f) | **диета** | [dieta] |
| vitamina (f) | **витамин** | [vitamin] |
| caloria (f) | **калория** | [kalorija] |
| vegetariano (m) | **гӯштнахӯранда** | [gœʃtnaχœranda] |
| vegetariano | **бегӯшт** | [begœʃt] |
| gorduras (f pl) | **равған** | [ravʁan] |
| proteínas (f pl) | **сафедаҳо** | [safedaho] |
| carboidratos (m pl) | **карбогидратҳо** | [karbogidratho] |
| fatia (~ de limão, etc.) | **тилим, порча** | [tilim], [portʃa] |
| pedaço (~ de bolo) | **порча** | [portʃa] |
| migalha (f) | **резгӣ** | [rezgi:] |

## 52. Por a mesa

| | | |
|---|---|---|
| colher (f) | **қошуқ** | [qoʃuq] |
| faca (f) | **корд** | [kord] |
| garfo (m) | **чангча, чангол** | [ʧangʧa], [ʧangol] |
| chávena (f) | **косача** | [kosaʧa] |
| prato (m) | **тақсимча** | [taqsimʧa] |
| pires (m) | **тақсимӣ, тақсимича** | [taqsimi:], [taqsimiʧa] |
| guardanapo (m) | **салфетка** | [salfetka] |
| palito (m) | **дандонковак** | [dandonkovak] |

## 53. Restaurante

| | | |
|---|---|---|
| restaurante (m) | **тарабхона** | [tarabχona] |
| café (m) | **қаҳвахона** | [qahvaχona] |
| bar (m), cervejaria (f) | **бар** | [bar] |
| salão (m) de chá | **чойхона** | [ʧojχona] |
| empregado (m) de mesa | **пешхизмат** | [peʃχizmat] |
| empregada (f) de mesa | **пешхизмат** | [peʃχizmat] |
| barman (m) | **бармен** | [barmen] |
| ementa (f) | **меню** | [menju] |
| lista (f) de vinhos | **рӯйхати шаробҳо** | [rœjχati ʃarobho] |
| reservar uma mesa | **банд кардани миз** | [band kardani miz] |
| prato (m) | **таом** | [taom] |
| pedir (vt) | **супориш додан** | [suporiʃ dodan] |
| fazer o pedido | **фармоиш додан** | [farmoiʃ dodan] |
| aperitivo (m) | **аперитив** | [aperitiv] |
| entrada (f) | **хӯриш, газак** | [χœriʃ], [gazak] |
| sobremesa (f) | **десерт** | [desert] |
| conta (f) | **ҳисоб** | [hisob] |
| pagar a conta | **пардохт кардан** | [pardoχt kardan] |
| dar o troco | **бақия додан** | [baqija dodan] |
| gorjeta (f) | **чойпулӣ** | [ʧojpuli:] |

# Família, parentes e amigos

## 54. Informação pessoal. Formulários

| | | |
|---|---|---|
| nome (m) | **ном** | [nom] |
| apelido (m) | **фамилия** | [familija] |
| data (f) de nascimento | **рӯзи таваллуд** | [rœzi tavallud] |
| local (m) de nascimento | **ҷойи таваллуд** | [ʤoji tavallud] |
| | | |
| nacionalidade (f) | **миллият** | [millijat] |
| lugar (m) de residência | **ҷои истиқомат** | [ʤoi istiqomat] |
| país (m) | **кишвар** | [kiʃvar] |
| profissão (f) | **касб** | [kasb] |
| | | |
| sexo (m) | **ҷинс** | [ʤins] |
| estatura (f) | **қад** | [qad] |
| peso (m) | **вазн** | [vazn] |

## 55. Membros da família. Parentes

| | | |
|---|---|---|
| mãe (f) | **модар** | [modar] |
| pai (m) | **падар** | [padar] |
| filho (m) | **писар** | [pisar] |
| filha (f) | **духтар** | [duχtar] |
| | | |
| filha (f) mais nova | **духтари хурдӣ** | [duχtari χurdi:] |
| filho (m) mais novo | **писари хурдӣ** | [pisari χurdi:] |
| filha (f) mais velha | **духтари калонӣ** | [duχtari kaloni:] |
| filho (m) mais velho | **писари калонӣ** | [pisari kaloni:] |
| | | |
| irmão (m) | **бародар** | [barodar] |
| irmão (m) mais velho | **ака** | [aka] |
| irmão (m) mais novo | **додар** | [dodar] |
| irmã (f) | **хоҳар** | [χohar] |
| irmã (f) mais velha | **апа** | [apa] |
| irmã (f) mais nova | **хоҳари хурд** | [χohari χurd] |
| | | |
| primo (m) | **амакписар (ама-, тағо-, хола-)** | [amakpisar] ([ama], [taʁo], [χola]) |
| prima (f) | **амакдухтар (ама-, тағо-, хола-)** | [amakduχtar] ([ama], [taʁo], [χola]) |
| | | |
| mamã (f) | **модар, оча** | [modar], [otʃa] |
| papá (m) | **дада** | [dada] |
| pais (pl) | **волидайн** | [volidajn] |
| criança (f) | **кӯдак** | [kœdak] |
| crianças (f pl) | **бачагон, кӯдакон** | [batʃagon], [kœdakon] |
| avó (f) | **модаркалон, онакалон** | [modarkalon], [onakalon] |

| | | |
|---|---|---|
| avô (m) | **бобо** | [bobo] |
| neto (m) | **набера** | [nabera] |
| neta (f) | **набера** | [nabera] |
| netos (pl) | **набераҳо** | [naberaho] |
| | | |
| tio (m) | **тағо, амак** | [taʁo], [amak] |
| tia (f) | **хола, амма** | [χola], [amma] |
| sobrinho (m) | **ҷиян** | [ʤijan] |
| sobrinha (f) | **ҷиян** | [ʤijan] |
| | | |
| sogra (f) | **модарарӯс** | [modararœs] |
| sogro (m) | **падаршӯй** | [padarʃœj] |
| genro (m) | **почо, язна** | [poʧo], [jazna] |
| madrasta (f) | **модарандар** | [modarandar] |
| padrasto (m) | **падарандар** | [padarandar] |
| | | |
| criança (f) de colo | **бачаи ширмак** | [baʧai ʃirmak] |
| bebé (m) | **кӯдаки ширмак** | [kœdaki ʃirmak] |
| menino (m) | **писарча, кӯдак** | [pisarʧa], [kœdak] |
| | | |
| mulher (f) | **зан** | [zan] |
| marido (m) | **шавҳар, шӯй** | [ʃavhar], [ʃœj] |
| esposo (m) | **завҷ** | [zavʤ] |
| esposa (f) | **завҷа** | [zavʤa] |
| | | |
| casado | **зандор** | [zandor] |
| casada | **шавҳардор** | [ʃavhardor] |
| solteiro | **безан** | [bezan] |
| solteirão (m) | **безан** | [bezan] |
| divorciado | **ҷудошудагӣ** | [ʤudoʃudagi:] |
| viúva (f) | **бева, бевазан** | [beva], [bevazan] |
| viúvo (m) | **бева, занмурда** | [beva], [zanmurda] |
| | | |
| parente (m) | **хеш** | [χeʃ] |
| parente (m) próximo | **хеши наздик** | [χeʃi nazdik] |
| parente (m) distante | **хеши дур** | [χeʃi dur] |
| parentes (m pl) | **хешу табор** | [χeʃu tabor] |
| | | |
| órfão (m) | **ятимбача** | [jatimbaʧa] |
| órfã (f) | **ятимдухтар** | [jatimduχtar] |
| tutor (m) | **васӣ** | [vasi:] |
| adotar (um filho) | **писар хондан** | [pisar χondan] |
| adotar (uma filha) | **духтархонд кардан** | [duχtarχond kardan] |

## 56. Amigos. Colegas de trabalho

| | | |
|---|---|---|
| amigo (m) | **дӯст, ҷӯра** | [dœst], [ʤœra] |
| amiga (f) | **дугона** | [dugona] |
| amizade (f) | **дӯстӣ, ҷӯрагӣ** | [dœsti:], [ʤœragi:] |
| ser amigos | **дӯстӣ кардан** | [dœsti: kardan] |
| | | |
| amigo (m) | **дуст, рафик** | [dust], [rafik] |
| amiga (f) | **шинос** | [ʃinos] |
| parceiro (m) | **шарик** | [ʃarik] |

| | | |
|---|---|---|
| chefe (m) | **сардор** | [sardor] |
| superior (m) | **сардор** | [sardor] |
| proprietário (m) | **соҳиб** | [sohib] |
| subordinado (m) | **зердаст** | [zerdast] |
| colega (m) | **ҳамкор** | [hamkor] |
| | | |
| conhecido (m) | **шинос, ошно** | [ʃinos], [oʃno] |
| companheiro (m) de viagem | **ҳамроҳ** | [hamroh] |
| colega (m) de classe | **ҳамсинф** | [hamsinf] |
| | | |
| vizinho (m) | **ҳамсоя** | [hamsoja] |
| vizinha (f) | **ҳамсоязан** | [hamsojazan] |
| vizinhos (pl) | **ҳамсояҳо** | [hamsojaho] |

## 57. Homem. Mulher

| | | |
|---|---|---|
| mulher (f) | **зан, занак** | [zan], [zanak] |
| rapariga (f) | **ҷавондухтар** | [ʤavonduχtar] |
| noiva (f) | **арӯс** | [arœs] |
| | | |
| bonita | **зебо** | [zebo] |
| alta | **зани қадбаланд** | [zani qadbaland] |
| esbelta | **мавзун** | [mavzun] |
| de estatura média | **начандон баланд** | [naʧandon baland] |
| | | |
| loura (f) | **духтари малламӯй** | [duχtari mallamœj] |
| morena (f) | **зани сиёҳмӯй** | [zani sijɔhmœj] |
| | | |
| de senhora | **занона** | [zanona] |
| virgem (f) | **бокира, афифа** | [bokira], [afifa] |
| grávida | **ҳомила** | [homila] |
| homem (m) | **мард** | [mard] |
| louro (m) | **марди малламӯй** | [mardi mallamœj] |
| moreno (m) | **марди сиёҳмӯй** | [mardi sijɔhmœj] |
| alto | **қадбаланд** | [qadbaland] |
| de estatura média | **начандон баланд** | [naʧandon baland] |
| | | |
| rude | **дағал** | [daʁal] |
| atarracado | **ғалча** | [ʁalʧa] |
| robusto | **боқувват** | [boquvvat] |
| forte | **зӯр** | [zœr] |
| força (f) | **зӯр, қувва** | [zœr], [quvva] |
| | | |
| gordo | **фарбеҳ, пурра** | [farbeh], [purra] |
| moreno | **сабзина** | [sabzina] |
| esbelto | **мавзун** | [mavzun] |
| elegante | **босалиқа** | [bosaliqa] |

## 58. Idade

| | | |
|---|---|---|
| idade (f) | **син** | [sin] |
| juventude (f) | **ҷавонӣ** | [ʤavoni:] |

| | | |
|---|---|---|
| jovem | **ҷавон** | [dʒavon] |
| mais novo | **хурд, хурдӣ** | [χurd], [χurdi:] |
| mais velho | **калон** | [kalon] |
| | | |
| jovem (m) | **ҷавон** | [dʒavon] |
| adolescente (m) | **наврас** | [navras] |
| rapaz (m) | **ҷавон** | [dʒavon] |
| | | |
| velho (m) | **пир** | [pir] |
| velhota (f) | **пиразан** | [pirazan] |
| | | |
| adulto | **калонсол** | [kalonsol] |
| de meia-idade | **солдида** | [soldida] |
| idoso, de idade | **пир, солхӯрда** | [pir], [solχœrda] |
| velho | **пир** | [pir] |
| | | |
| reforma (f) | **нафақа** | [nafaqa] |
| reformar-se (vr) | **ба нафақа баромадан** | [ba nafaqa baromadan] |
| reformado (m) | **нафақахӯр** | [nafaqaχœr] |

## 59. Crianças

| | | |
|---|---|---|
| criança (f) | **кӯдак** | [kœdak] |
| crianças (f pl) | **бачагон, кӯдакон** | [batʃagon], [kœdakon] |
| gémeos (m pl) | **дугоник** | [dugonik] |
| | | |
| berço (m) | **гаҳвора** | [gahvora] |
| guizo (m) | **шақилдоқ** | [ʃaqildoq] |
| fralda (f) | **уребча** | [urebtʃa] |
| | | |
| chupeta (f) | **чочак** | [tʃotʃak] |
| carrinho (m) de bebé | **аробачаи бачагона** | [arobatʃai batʃagona] |
| jardim (m) de infância | **боғчаи бачагон** | [boʁtʃai batʃagon] |
| babysitter (f) | **бачабардор** | [batʃabardor] |
| | | |
| infância (f) | **бачагӣ, кӯдакӣ** | [batʃagi:], [kœdaki:] |
| boneca (f) | **лӯхтак** | [lœχtak] |
| brinquedo (m) | **бозича** | [bozitʃa] |
| jogo (m) de armar | **конструктор** | [konstruktor] |
| bem-educado | **тарбиядида** | [tarbijadida] |
| mal-educado | **беодоб** | [beodob] |
| mimado | **эрка** | [ɛrka] |
| | | |
| ser travesso | **шӯхӣ кардан** | [ʃœχi: kardan] |
| travesso, traquinas | **шӯх** | [ʃœχ] |
| travessura (f) | **шӯхӣ** | [ʃœχi:] |
| criança (f) travessa | **шӯх** | [ʃœχ] |
| | | |
| obediente | **ҳалим** | [halim] |
| desobediente | **саркаш** | [sarkaʃ] |
| | | |
| dócil | **ҳалим** | [halim] |
| inteligente | **оқил** | [oqil] |
| menino (m) prodígio | **вундеркинд** | [vunderkind] |

## 60. Casais. Vida de família

| | | |
|---|---|---|
| beijar (vt) | **бӯсидан** | [bœsidan] |
| beijar-se (vr) | **бӯсобӯсӣ кардан** | [bœsobœsi: kardan] |
| família (f) | **оила** | [oila] |
| familiar | **оилавӣ** | [oilavi:] |
| casal (m) | **ҷуфт, зану шавҳар** | [ʤuft], [zanu ʃavhar] |
| matrimónio (m) | **никоҳ** | [nikoh] |
| lar (m) | **хонавода** | [χonavoda] |
| dinastia (f) | **сулола** | [sulola] |
| | | |
| encontro (m) | **вохӯрӣ** | [voχœri:] |
| beijo (m) | **бӯса** | [bœsa] |
| | | |
| amor (m) | **муҳаббат, ишқ** | [muhabbat], [iʃq] |
| amar (vt) | **дӯст доштан** | [dœst doʃtan] |
| amado, querido | **азиз, маҳбуб** | [aziz], [mahbub] |
| | | |
| ternura (f) | **меҳрубонӣ** | [mehruboni:] |
| terno, afetuoso | **меҳрубон** | [mehrubon] |
| fidelidade (f) | **вафодорӣ** | [vafodori:] |
| fiel | **вафодор** | [vafodor] |
| cuidado (m) | **ғамхорӣ** | [ʁamχori:] |
| carinhoso | **ғамхор** | [ʁamχor] |
| | | |
| recém-casados (m pl) | **навхонадор** | [navχonador] |
| lua de mel (f) | **моҳи асал** | [mohi asal] |
| casar-se (com um homem) | **шавҳар кардан** | [ʃavhar kardan] |
| casar-se (com uma mulher) | **зан гирифтан** | [zan giriftan] |
| | | |
| boda (f) | **тӯй, тӯйи арӯсӣ** | [tœj], [tœji arœsi:] |
| bodas (f pl) de ouro | **панҷоҳсолагии тӯйи арӯсӣ** | [pandʒohsolagi:i tœji arœsi:] |
| aniversário (m) | **солгард, солагӣ** | [solgard], [solagi:] |
| | | |
| amante (m) | **ошиқ** | [oʃiq] |
| amante (f) | **маъшуқа** | [ma'ʃuqa] |
| | | |
| adultério (m) | **бевафоӣ** | [bevafoi:] |
| cometer adultério | **бевафоӣ кардан** | [bevafoi: kardan] |
| ciumento | **бадрашк** | [badraʃk] |
| ser ciumento | **рашк кардан** | [raʃk kardan] |
| divórcio (m) | **талоқ** | [taloq] |
| divorciar-se (vr) | **талоқ гирифтан** | [taloq giriftan] |
| | | |
| brigar (discutir) | **ҷанҷол кардан** | [ʤandʒol kardan] |
| fazer as pazes | **оштӣ шудан** | [oʃti: ʃudan] |
| | | |
| juntos | **дар як ҷо** | [dar jak ʤo] |
| sexo (m) | **шаҳват** | [ʃahvat] |
| | | |
| felicidade (f) | **бахт** | [baχt] |
| feliz | **хушбахт** | [χuʃbaχt] |
| infelicidade (f) | **бадбахтӣ** | [badbaχti:] |
| infeliz | **бадбахт** | [badbaχt] |

# Caráter. Sentimentos. Emoções

## 61. Sentimentos. Emoções

| | | |
|---|---|---|
| sentimento (m) | **ҳис** | [his] |
| sentimentos (m pl) | **ҳиссиёт** | [hissijɔt] |
| sentir (vt) | **ҳис кардан** | [his kardan] |
| | | |
| fome (f) | **гуруснагӣ** | [gurusnagi:] |
| ter fome | **хӯрок хостан** | [χœrok χostan] |
| sede (f) | **ташнагӣ** | [taʃnagi:] |
| ter sede | **об хостан** | [ob χostan] |
| sonolência (f) | **хоболудӣ** | [χoboludi:] |
| estar sonolento | **хоб рафтан хостан** | [χob raftan χostan] |
| | | |
| cansaço (m) | **мондашавӣ** | [mondaʃavi:] |
| cansado | **мондашуда** | [mondaʃuda] |
| ficar cansado | **монда шудан** | [monda ʃudan] |
| | | |
| humor (m) | **рӯҳия, кайфият** | [rœhija], [kajfijat] |
| tédio (m) | **дилтангӣ, зиқӣ** | [diltangi:], [ziqi:] |
| aborrecer-se (vr) | **дилтанг шудан** | [diltang ʃudan] |
| isolamento (m) | **танҳоӣ** | [tanhoi:] |
| isolar-se | **танҳо мондан** | [tanho mondan] |
| | | |
| preocupar (vt) | **ташвиш додан** | [taʃviʃ dodan] |
| preocupar-se (vr) | **нороҳат шудан** | [norohat ʃudan] |
| preocupação (f) | **нороҳатӣ** | [norohati:] |
| ansiedade (f) | **ҳаяҷон** | [hajadʒon] |
| preocupado | **мушавваш** | [muʃavvaʃ] |
| estar nervoso | **асабони шудан** | [asaboni ʃudan] |
| entrar em pânico | **воҳима кардан** | [vohima kardan] |
| | | |
| esperança (f) | **умед** | [umed] |
| esperar (vt) | **умед доштан** | [umed doʃtan] |
| | | |
| certeza (f) | **дилпурӣ** | [dilpuri:] |
| certo | **дилпур** | [dilpur] |
| indecisão (f) | **эътимод надоштани** | [ɛ'timod nadoʃtani] |
| indeciso | **эътимоднадошта** | [ɛ'timodnadoʃta] |
| | | |
| ébrio, bêbado | **маст** | [mast] |
| sóbrio | **ҳушёр** | [huʃjɔr] |
| fraco | **заиф** | [zaif] |
| feliz | **хушбахт** | [χuʃbaχt] |
| assustar (vt) | **тарсондан** | [tarsondan] |
| fúria (f) | **ғазабнокӣ** | [ʁazabnoki:] |
| ira, raiva (f) | **бадхашмӣ** | [badχaʃmi:] |
| depressão (f) | **рӯҳафтодагӣ** | [rœhaftodagi:] |
| desconforto (m) | **нороҳат** | [norohat] |

| | | |
|---|---|---|
| conforto (m) | **ҳузуру ҳаловат** | [huzuru halovat] |
| arrepender-se (vr) | **таассуф хӯрдан** | [taassuf χœrdan] |
| arrependimento (m) | **таассуф** | [taassuf] |
| azar (m), má sorte (f) | **нобарорӣ, нокомӣ** | [nobarori:], [nokomi:] |
| vergonha (f) | **шарм** | [ʃarm] |
| alegria (f) | **шодӣ, хурсандӣ** | [ʃodi:], [χursandi:] |
| entusiasmo (m) | **ғайрат** | [ʁajrat] |
| entusiasta (m) | **одами боғаират** | [odami boʁairat] |
| mostrar entusiasmo | **ғайрат кардан** | [ʁajrat kardan] |

## 62. Caráter. Personalidade

| | | |
|---|---|---|
| caráter (m) | **феъл, табиат** | [fe'l], [tabiat] |
| falha (f) de caráter | **камбудӣ** | [kambudi:] |
| mente (f) | **ақл** | [aql] |
| razão (f) | **фаҳм** | [fahm] |
| | | |
| consciência (f) | **виҷдон** | [vidʒdon] |
| hábito (m) | **одат** | [odat] |
| habilidade (f) | **қобилият** | [qobilijat] |
| saber (~ nadar, etc.) | **тавонистан** | [tavonistan] |
| | | |
| paciente | **бурдбор** | [burdbor] |
| impaciente | **бетоқат** | [betoqat] |
| curioso | **кунҷков** | [kundʒkov] |
| curiosidade (f) | **кунҷковӣ** | [kundʒkovi:] |
| | | |
| modéstia (f) | **хоксорӣ** | [χoksori:] |
| modesto | **хоксор** | [χoksor] |
| imodesto | **густохона** | [gustoχona] |
| | | |
| preguiça (f) | **танбалӣ** | [tanbali:] |
| preguiçoso | **танбал** | [tanbal] |
| preguiçoso (m) | **танбал** | [tanbal] |
| | | |
| astúcia (f) | **ҳилагарӣ** | [hilagari:] |
| astuto | **ҳилагар** | [hilagar] |
| desconfiança (f) | **нобоварӣ** | [nobovari:] |
| desconfiado | **нобовар** | [nobovar] |
| | | |
| generosidade (f) | **саховат** | [saχovat] |
| generoso | **сахӣ** | [saχi:] |
| talentoso | **боистеъдод** | [boiste'dod] |
| talento (m) | **истеъдод** | [iste'dod] |
| | | |
| corajoso | **нотарс, ҷасур** | [notars], [dʒasur] |
| coragem (f) | **нотарсӣ, ҷасурӣ** | [notarsi:], [dʒasuri:] |
| honesto | **бовиҷдон** | [bovidʒdon] |
| honestidade (f) | **бовиҷдонӣ** | [bovidʒdoni:] |
| | | |
| prudente | **эҳтиёткор** | [ɛhtijɔtkor] |
| valente | **диловар** | [dilovar] |
| sério | **мулоҳизакор** | [mulohizakor] |
| severo | **сахтгир** | [saχtgir] |

| | | |
|---|---|---|
| decidido | **собитқадам** | [sobitqadam] |
| indeciso | **сабукмизоҷ** | [sabukmizodʒ] |
| tímido | **беҷуръат** | [bedʒur'at] |
| timidez (f) | **беҷуръатӣ** | [bedʒur'ati:] |
| confiança (f) | **бовар** | [bovar] |
| confiar (vt) | **бовар кардан** | [bovar kardan] |
| crédulo | **зудбовар** | [zudbovar] |
| sinceramente | **самимона** | [samimona] |
| sincero | **самимӣ** | [samimi:] |
| sinceridade (f) | **самимият** | [samimijat] |
| aberto | **кушод** | [kuʃod] |
| calmo | **ором** | [orom] |
| franco | **фошофош** | [foʃofoʃ] |
| ingénuo | **соддадил** | [soddadil] |
| distraído | **хаёлпарешон** | [χajolpareʃon] |
| engraçado | **хандаовар** | [χandaovar] |
| ganância (f) | **хасисӣ** | [χasisi:] |
| ganancioso | **хасис** | [χasis] |
| avarento | **хасис** | [χasis] |
| mau | **бад, шарир** | [bad], [ʃarir] |
| teimoso | **якрав** | [jakrav] |
| desagradável | **дилнокаш** | [dilnokaʃ] |
| egoísta (m) | **худпараст** | [χudparast] |
| egoísta | **худпарастона** | [χudparastona] |
| cobarde (m) | **тарсончак** | [tarsontʃak] |
| cobarde | **тарсончак** | [tarsontʃak] |

## 63. O sono. Sonhos

| | | |
|---|---|---|
| dormir (vi) | **хобидан** | [χobidan] |
| sono (m) | **хоб** | [χob] |
| sonho (m) | **хоб** | [χob] |
| sonhar (vi) | **хоб дидан** | [χob didan] |
| sonolento | **хоболуд** | [χobolud] |
| cama (f) | **кат** | [kat] |
| colchão (m) | **матрас, бистар** | [matras], [bistar] |
| cobertor (m) | **кӯрпа** | [kœrpa] |
| almofada (f) | **болишт** | [boliʃt] |
| lençol (m) | **ҷойпӯш** | [dʒojpœʃ] |
| insónia (f) | **бехобӣ** | [beχobi:] |
| insone | **бехоб** | [beχob] |
| sonífero (m) | **доруи хоб** | [dorui χob] |
| tomar um sonífero | **доруи хоб нӯшидан** | [dorui χob nœʃidan] |
| estar sonolento | **хоб рафтан хостан** | [χob raftan χostan] |
| bocejar (vi) | **хамёза кашидан** | [χamjoza kaʃidan] |
| ir para a cama | **хобравӣ рафтан** | [χobravi: raftan] |

| | | |
|---|---|---|
| fazer a cama | **чогаҳ андохтан** | [ʤogah andoχtan] |
| adormecer (vi) | **хоб рафтан** | [χob raftan] |
| | | |
| pesadelo (m) | **сиёҳӣ** | [sijɔhi:] |
| ronco (m) | **хуррок** | [χurrok] |
| roncar (vi) | **хуррок кашидан** | [χurrok kaʃidan] |
| | | |
| despertador (m) | **соати рӯимизии зангдор** | [soati rœimizi:i zangdor] |
| acordar, despertar (vt) | **бедор кардан** | [bedor kardan] |
| acordar (vi) | **аз хоб бедор шудан** | [az χob bedor ʃudan] |
| levantar-se (vr) | **саҳар хестан** | [sahar χestan] |
| lavar-se (vr) | **дасту рӯй шустан** | [dastu rœj ʃustan] |

## 64. Humor. Riso. Alegria

| | | |
|---|---|---|
| humor (m) | **ҳаҷв** | [haʤv] |
| sentido (m) de humor | **шӯхтабъӣ** | [ʃœχtab'i:] |
| divertir-se (vr) | **хурсандӣ кардан** | [χursandi: kardan] |
| alegre | **хушҳол** | [χuʃhol] |
| alegria (f) | **шодӣ, хурсандӣ** | [ʃodi:], [χursandi:] |
| | | |
| sorriso (m) | **табассум** | [tabassum] |
| sorrir (vi) | **табассум кардан** | [tabassum kardan] |
| começar a rir | **хандидан** | [χandidan] |
| rir (vi) | **хандидан** | [χandidan] |
| riso (m) | **ханда** | [χanda] |
| | | |
| anedota (f) | **латифа,<br>ҳикояти мазҳакавӣ** | [latifa],<br>[hikojati mazhakavi:] |
| engraçado | **хандаовар** | [χandaovar] |
| ridículo | **хандаовар** | [χandaovar] |
| | | |
| brincar, fazer piadas | **шӯхӣ кардан** | [ʃœχi: kardan] |
| piada (f) | **шӯхӣ** | [ʃœχi:] |
| alegria (f) | **шодӣ** | [ʃodi:] |
| regozijar-se (vr) | **шодӣ кардан** | [ʃodi: kardan] |
| alegre | **хурсанд** | [χursand] |

## 65. Discussão, conversação. Parte 1

| | | |
|---|---|---|
| comunicação (f) | **алоқа, робита** | [aloqa], [robita] |
| comunicar-se (vr) | **алоқа доштан** | [aloqa doʃtan] |
| | | |
| conversa (f) | **сӯҳбат** | [sœhbat] |
| diálogo (m) | **муколима** | [mukolima] |
| discussão (f) | **мубоҳиса** | [mubohisa] |
| debate (m) | **баҳс** | [bahs] |
| debater (vt) | **баҳс кардан** | [bahs kardan] |
| | | |
| interlocutor (m) | **ҳамсӯҳбат** | [hamsœhbat] |
| tema (m) | **мавзӯъ** | [mavzœ'] |
| ponto (m) de vista | **нуқтаи назар** | [nuqtai nazar] |

| | | |
|---|---|---|
| opinião (f) | **фикр** | [fikr] |
| discurso (m) | **нутқ** | [nutq] |
| | | |
| discussão (f) | **муҳокима** | [muhokima] |
| discutir (vt) | **муҳокима кардан** | [muhokima kardan] |
| conversa (f) | **сӯҳбат** | [sœhbat] |
| conversar (vi) | **сӯҳбат кардан** | [sœhbat kardan] |
| encontro (m) | **мулоқот** | [muloqot] |
| encontrar-se (vr) | **мулоқот кардан** | [muloqot kardan] |
| | | |
| provérbio (m) | **зарбулмасал** | [zarbulmasal] |
| ditado (m) | **мақол** | [maqol] |
| adivinha (f) | **чистон** | [ʧiston] |
| dizer uma adivinha | **чистон гуфтан** | [ʧiston guftan] |
| senha (f) | **рамз** | [ramz] |
| segredo (m) | **сир, роз** | [sir], [roz] |
| | | |
| juramento (m) | **қасам** | [qasam] |
| jurar (vi) | **қасам хурдан** | [qasam χurdan] |
| promessa (f) | **ваъда** | [va'da] |
| prometer (vt) | **ваъда додан** | [va'da dodan] |
| | | |
| conselho (m) | **маслиҳат** | [maslihat] |
| aconselhar (vt) | **маслиҳат додан** | [maslihat dodan] |
| seguir o conselho | **аз рӯи маслиҳат рафтор кардан** | [az rœi maslihat raftor kardan] |
| escutar (~ os conselhos) | **ба маслиҳат гӯш додан** | [ba maslihat gœʃ dodan] |
| | | |
| novidade, notícia (f) | **навӣ, навигарӣ** | [navi:], [navigari:] |
| sensação (f) | **ҳангома** | [hangoma] |
| informação (f) | **маълумот** | [ma'lumot] |
| conclusão (f) | **хулоса** | [χulosa] |
| voz (f) | **овоз** | [ovoz] |
| elogio (m) | **таъриф** | [ta'rif] |
| amável | **меҳрубон** | [mehrubon] |
| | | |
| palavra (f) | **калима** | [kalima] |
| frase (f) | **ибора** | [ibora] |
| resposta (f) | **ҷавоб** | [ʤavob] |
| | | |
| verdade (f) | **ҳақиқат** | [haqiqat] |
| mentira (f) | **дурӯғ** | [durœʁ] |
| | | |
| pensamento (m) | **фикр, ақл** | [fikr], [aql] |
| ideia (f) | **фикр** | [fikr] |
| fantasia (f) | **сайри хаёлот** | [sajri χajɔlot] |

## 66. Discussão, conversação. Parte 2

| | | |
|---|---|---|
| estimado | **мӯҳтарам** | [mœhtaram] |
| respeitar (vt) | **ҳурмат кардан** | [hurmat kardan] |
| respeito (m) | **ҳурмат** | [hurmat] |
| Estimado ..., Caro ... | **Мӯҳтарам ...** | [mœhtaram] |
| apresentar (vt) | **ошно кардан** | [oʃno kardan] |

| | | |
|---|---|---|
| travar conhecimento | **ошно шудан** | [oʃno ʃudan] |
| intenção (f) | **ният** | [nijat] |
| tencionar (vt) | **ният доштан** | [nijat doʃtan] |
| desejo (m) | **орзу, хоҳиш** | [orzu], [χohiʃ] |
| desejar (ex. ~ boa sorte) | **орзу кардан** | [orzu kardan] |
| | | |
| surpresa (f) | **тааҷҷуб, ҳайрат** | [taadʒdʒub], [hajrat] |
| surpreender (vt) | **ба ҳайрат андохтан** | [ba hajrat andoχtan] |
| surpreender-se (vr) | **ба ҳайрат афтодан** | [ba hajrat aftodan] |
| | | |
| dar (vt) | **додан** | [dodan] |
| pegar (tomar) | **гирифтан** | [giriftan] |
| devolver (vt) | **баргардондан** | [bargardondan] |
| retornar (vt) | **баргардондан** | [bargardondan] |
| | | |
| desculpar-se (vr) | **узр пурсидан** | [uzr pursidan] |
| desculpa (f) | **узр, афв** | [uzr], [afv] |
| perdoar (vt) | **бахшидан** | [baχʃidan] |
| | | |
| falar (vi) | **гап задан** | [gap zadan] |
| escutar (vt) | **гӯш кардан** | [gœʃ kardan] |
| ouvir até o fim | **гӯш кардан** | [gœʃ kardan] |
| compreender (vt) | **фаҳмидан** | [fahmidan] |
| | | |
| mostrar (vt) | **нишон додан** | [niʃon dodan] |
| olhar para ... | **нигоҳ кардан ба ...** | [nigoh kardan ba] |
| chamar (dizer em voz alta o nome) | **ҷеғ задан** | [dʒeʁ zadan] |
| distrair (vt) | **халал расондан** | [χalal rasondan] |
| perturbar (vt) | **халал расондан** | [χalal rasondan] |
| entregar (~ em mãos) | **расонидан** | [rasonidan] |
| | | |
| pedido (m) | **пурсиш** | [pursiʃ] |
| pedir (ex. ~ ajuda) | **пурсидан** | [pursidan] |
| exigência (f) | **талаб** | [talab] |
| exigir (vt) | **талаб кардан** | [talab kardan] |
| | | |
| chamar nomes (vt) | **шӯронидан** | [ʃœronidan] |
| zombar (vt) | **масхара кардан** | [masχara kardan] |
| zombaria (f) | **масхара** | [masχara] |
| alcunha (f) | **лақаб** | [laqab] |
| | | |
| insinuação (f) | **ишора** | [iʃora] |
| insinuar (vt) | **ишора кардан** | [iʃora kardan] |
| subentender (vt) | **тахмин кардан** | [taχmin kardan] |
| | | |
| descrição (f) | **тасвир** | [tasvir] |
| descrever (vt) | **тасвир кардан** | [tasvir kardan] |
| elogio (m) | **таъриф** | [ta'rif] |
| elogiar (vt) | **таъриф кардан** | [ta'rif kardan] |
| | | |
| desapontamento (m) | **ноумедӣ** | [noumedi:] |
| desapontar (vt) | **ноумед кардан** | [noumed kardan] |
| desapontar-se (vr) | **ноумед шудан** | [noumed ʃudan] |
| suposição (f) | **гумон** | [gumon] |
| supor (vt) | **гумон доштан** | [gumon doʃtan] |

| | | |
|---|---|---|
| advertência (f) | **огоҳӣ** | [ogohi:] |
| advertir (vt) | **огоҳонидан** | [ogohonidan] |

## 67. Discussão, conversação. Parte 3

| | | |
|---|---|---|
| convencer (vt) | **розӣ кардан** | [rozi: kardan] |
| acalmar (vt) | **ором кардан** | [orom kardan] |
| | | |
| silêncio (o ~ é de ouro) | **хомӯшӣ** | [χomœʃi:] |
| ficar em silêncio | **хомӯш будан** | [χomœʃ budan] |
| sussurrar (vt) | **пичиррос задан** | [pitʃirros zadan] |
| sussurro (m) | **пичиррос** | [pitʃirros] |
| | | |
| francamente | **фошофош** | [foʃofoʃ] |
| a meu ver … | **ба фикри ман …** | [ba fikri man] |
| | | |
| detalhe (~ da história) | **муфассалӣ** | [mufassali:] |
| detalhado | **муфассал** | [mufassal] |
| detalhadamente | **муфассал** | [mufassal] |
| | | |
| dica (f) | **луқма додан** | [luqma dodan] |
| dar uma dica | **луқма додан** | [luqma dodan] |
| | | |
| olhar (m) | **нигоҳ** | [nigoh] |
| dar uma vista de olhos | **нигоҳ кардан** | [nigoh kardan] |
| fixo (olhar ~) | **карахт** | [karaχt] |
| piscar (vi) | **мижа задан** | [miʒa zadan] |
| pestanejar (vt) | **чашмакӣ задан** | [tʃaʃmaki: zadan] |
| acenar (com a cabeça) | **сар ҷунбондан** | [sar dʒunbondan] |
| | | |
| suspiro (m) | **нафас** | [nafas] |
| suspirar (vi) | **нафас рост кардан** | [nafas rost kardan] |
| estremecer (vi) | **як қад паридан** | [jak qad laridan] |
| gesto (m) | **имову ишора** | [imovu iʃora] |
| tocar (com as mãos) | **даст задан** | [dast zadan] |
| agarrar (~ pelo braço) | **гирифтан** | [giriftan] |
| bater de leve | **тап-тап задан** | [tap-tap zadan] |
| | | |
| Cuidado! | **Эҳтиёт шавед!** | [ɛhtijɔt ʃaved] |
| A sério? | **Наход?** | [naχod] |
| Tem certeza? | **Ту дилпурӣ?** | [tu dilpuri:] |
| Boa sorte! | **Барори кор!** | [barori kor] |
| Compreendi! | **Фаҳмо!** | [fahmo] |
| Que pena! | **Афсӯс!** | [afsœs] |

## 68. Acordo. Recusa

| | | |
|---|---|---|
| consentimento (~ mútuo) | **розигӣ** | [rozigi:] |
| consentir (vi) | **розигӣ додан** | [rozigi: dodan] |
| aprovação (f) | **розигӣ** | [rozigi:] |
| aprovar (vt) | **розигӣ додан** | [rozigi: dodan] |
| recusa (f) | **рад** | [rad] |

| | | |
|---|---|---|
| negar-se (vt) | **рад кардан** | [rad kardan] |
| Está ótimo! | **Олӣ!** | [oli:] |
| Muito bem! | **Хуб!** | [χub] |
| Está bem! De acordo! | **Майлаш!** | [majlaʃ] |
| | | |
| proibido | **мамнӯъ** | [mamnœ'] |
| é proibido | **мумкин нест** | [mumkin nest] |
| é impossível | **номумкин** | [nomumkin] |
| incorreto | **нодуруст** | [nodurust] |
| | | |
| rejeitar (~ um pedido) | **рад кардан** | [rad kardan] |
| apoiar (vt) | **тарафдорӣ кардан** | [tarafdori: kardan] |
| aceitar (desculpas, etc.) | **баргирифтан** | [bargiriftan] |
| | | |
| confirmar (vt) | **тасдиқ кардан** | [tasdiq kardan] |
| confirmação (f) | **тасдиқ** | [tasdiq] |
| permissão (f) | **иҷозат** | [idʒozat] |
| permitir (vt) | **иҷозат додан** | [idʒozat dodan] |
| decisão (f) | **қарор** | [qaror] |
| não dizer nada | **хомӯш мондан** | [χomœʃ mondan] |
| | | |
| condição (com uma ~) | **шарт** | [ʃart] |
| pretexto (m) | **баҳона** | [bahona] |
| elogio (m) | **таъриф** | [ta'rif] |
| elogiar (vt) | **таъриф кардан** | [ta'rif kardan] |

## 69. Sucesso. Boa sorte. Insucesso

| | | |
|---|---|---|
| êxito, sucesso (m) | **муваффақият** | [muvaffaqijat] |
| com êxito | **бо муваффақият** | [bo muvaffaqijat] |
| bem sucedido | **бомуваффақият** | [bomuvaffaqijat] |
| | | |
| sorte (fortuna) | **барор** | [baror] |
| Boa sorte! | **Барори кор!** | [barori kor] |
| de sorte | **бобарор** | [bobaror] |
| sortudo, felizardo | **бахтбедор** | [baχtbedor] |
| | | |
| fracasso (m) | **бемуваффақиятӣ** | [bemuvaffaqijati:] |
| pouca sorte (f) | **нобарорӣ** | [nobarori:] |
| azar (m), má sorte (f) | **нобарорӣ, нокомӣ** | [nobarori:], [nokomi:] |
| | | |
| mal sucedido | **бемуваффақият** | [bemuvaffaqijat] |
| catástrofe (f) | **шикаст** | [ʃikast] |
| | | |
| orgulho (m) | **ифтихор** | [iftiχor] |
| orgulhoso | **боифтихор** | [boiftiχor] |
| estar orgulhoso | **ифтихор доштан** | [iftiχor doʃtan] |
| | | |
| vencedor (m) | **ғолиб** | [ʁolib] |
| vencer (vi) | **ғалаба кардан** | [ʁalaba kardan] |
| perder (vt) | **бохтан** | [boχtan] |
| tentativa (f) | **кӯшиш** | [kœʃiʃ] |
| tentar (vt) | **кӯшидан** | [kœʃidan] |
| chance (m) | **имконият** | [imkonijat] |

## 70. Conflitos. Emoções negativas

| | | |
|---|---|---|
| grito (m) | **дод, фарёд** | [dod], [farjɔd] |
| gritar (vi) | **дод задан** | [dod zadan] |
| começar a gritar | **фарёд кардан** | [farjɔd kardan] |
| | | |
| discussão (f) | **ҷанҷол** | [dʒandʒol] |
| discutir (vt) | **ҷанҷол кардан** | [dʒandʒol kardan] |
| escândalo (m) | **ғавғо** | [ʁavʁo] |
| criar escândalo | **ғавғо бардоштан** | [ʁavʁo bardoʃtan] |
| conflito (m) | **ҷанҷол, низоъ** | [dʒandʒol], [nizo'] |
| mal-entendido (m) | **нофаҳмӣ** | [nofahmi:] |
| | | |
| insulto (m) | **таҳқир** | [tahqir] |
| insultar (vt) | **таҳқир кардан** | [tahqir kardan] |
| insultado | **ранҷида, озурда** | [randʒida], [ozurda] |
| ofensa (f) | **озор, озурдаги** | [ozor], [ozurdagi] |
| ofender (vt) | **озурда кардан** | [ozurda kardan] |
| ofender-se (vr) | **озурда шудан** | [ozurda ʃudan] |
| | | |
| indignação (f) | **ғазаб** | [ʁazab] |
| indignar-se (vr) | **ба ғазаб омадан** | [ba ʁazab omadan] |
| queixa (f) | **шикоят** | [ʃikojat] |
| queixar-se (vr) | **шикоят кардан** | [ʃikojat kardan] |
| | | |
| desculpa (f) | **узр, афв** | [uzr], [afv] |
| desculpar-se (vr) | **узр пурсидан** | [uzr pursidan] |
| pedir perdão | **узр пурсидан** | [uzr pursidan] |
| | | |
| crítica (f) | **танқид** | [tanqid] |
| criticar (vt) | **танқид кардан** | [tanqid kardan] |
| acusação (f) | **айбдоркунӣ** | [ajbdorkuni:] |
| acusar (vt) | **айбдор кардан** | [ajbdor kardan] |
| | | |
| vingança (f) | **интиқом** | [intiqom] |
| vingar (vt) | **интиқом гирифтан** | [intiqom giriftan] |
| vingar-se (vr) | **қасос гирифтан** | [qasos giriftan] |
| | | |
| desprezo (m) | **ҳақорат** | [haqorat] |
| desprezar (vt) | **ҳақорат кардан** | [haqorat kardan] |
| ódio (m) | **нафрат** | [nafrat] |
| odiar (vt) | **нафрат кардан** | [nafrat kardan] |
| | | |
| nervoso | **асабонӣ** | [asaboni:] |
| estar nervoso | **асабони шудан** | [asaboni ʃudan] |
| zangado | **бадқаҳр** | [badqahr] |
| zangar (vt) | **ранҷондан** | [randʒondan] |
| | | |
| humilhação (f) | **таҳқиркунӣ** | [tahqirkuni:] |
| humilhar (vt) | **таҳқир кардан** | [tahqir kardan] |
| humilhar-se (vr) | **таҳқир шудан** | [tahqir ʃudan] |
| | | |
| choque (m) | **садама, садамот** | [sadama], [sadamot] |
| chocar (vt) | **хиҷил кардан** | [χidʒil kardan] |
| aborrecimento (m) | **нохушӣ** | [noχuʃi:] |

| | | |
|---|---|---|
| desagradável | **дилнокаш** | [dilnokaʃ] |
| medo (m) | **тарс** | [tars] |
| terrível (tempestade, etc.) | **сахт** | [saχt] |
| assustador (ex. história ~a) | **даҳшатангез** | [dahʃatangez] |
| horror (m) | **даҳшат** | [dahʃat] |
| horrível (crime, etc.) | **даҳшатнок** | [dahʃatnok] |
| | | |
| começar a tremer | **ба ларзиш омадан** | [ba larziʃ omadan] |
| chorar (vi) | **гиря кардан** | [girja kardan] |
| começar a chorar | **гиря сар кардан** | [girja sar kardan] |
| lágrima (f) | **ашк** | [aʃk] |
| | | |
| falta (f) | **гуноҳ** | [gunoh] |
| culpa (f) | **айб** | [ajb] |
| desonra (f) | **беобрӯӣ** | [beobrœi:] |
| protesto (m) | **эътироз** | [ɛ'tiroz] |
| stresse (m) | **стресс** | [stress] |
| | | |
| perturbar (vt) | **ташвиш додан** | [taʃviʃ dodan] |
| zangar-se com … | **ғазабнок шудан** | [ʁazabnok ʃudan] |
| zangado | **ғазаболуд** | [ʁazabolud] |
| terminar (vt) | **бас кардан** | [bas kardan] |
| praguejar | **дашном додан** | [daʃnom dodan] |
| | | |
| assustar-se | **тарс хӯрдан** | [tars χœrdan] |
| golpear (vt) | **задан** | [zadan] |
| brigar (na rua, etc.) | **занозанӣ кардан** | [zanozani: kardan] |
| | | |
| resolver (o conflito) | **ба роҳ мондан** | [ba roh mondan] |
| descontente | **норозӣ** | [norozi:] |
| furioso | **пурхашм** | [purχaʃm] |
| | | |
| Não está bem! | **Ин хуб не!** | [in χub ne] |
| É mau! | **Ин бад!** | [in bad] |

# Medicina

## 71. Doenças

| | | |
|---|---|---|
| doença (f) | **касалӣ, беморӣ** | [kasali:], [bemori:] |
| estar doente | **бемор будан** | [bemor budan] |
| saúde (f) | **тандурустӣ, саломатӣ** | [tandurusti:], [salomati:] |
| | | |
| nariz (m) a escorrer | **зуком** | [zukom] |
| amigdalite (f) | **дарди гулӯ** | [dardi gulœ] |
| constipação (f) | **шамол хӯрдани** | [ʃamol χœrdani] |
| constipar-se (vr) | **шамол хӯрдан** | [ʃamol χœrdan] |
| | | |
| bronquite (f) | **бронхит** | [bronχit] |
| pneumonia (f) | **варами шуш** | [varami ʃuʃ] |
| gripe (f) | **грипп** | [gripp] |
| | | |
| míope | **наздикбин** | [nazdikbin] |
| presbita | **дурбин** | [durbin] |
| estrabismo (m) | **олусӣ** | [olusi:] |
| estrábico | **олус** | [olus] |
| catarata (f) | **катаракта** | [katarakta] |
| glaucoma (m) | **глаукома** | [glaukoma] |
| | | |
| AVC (m), apoplexia (f) | **сактаи майна** | [saktai majna] |
| ataque (m) cardíaco | **инфаркт, сактаи дил** | [infarkt], [saktai dil] |
| enfarte (m) do miocárdio | **инфаркти миокард** | [infarkti miokard] |
| paralisia (f) | **фалаҷ** | [faladʒ] |
| paralisar (vt) | **фалаҷ шудан** | [faladʒ ʃudan] |
| | | |
| alergia (f) | **аллергия** | [allergija] |
| asma (f) | **астма, зиққи нафас** | [astma], [ziqqi nafas] |
| diabetes (f) | **диабет** | [diabet] |
| | | |
| dor (f) de dentes | **дарди дандон** | [dardi dandon] |
| cárie (f) | **кариес** | [karies] |
| | | |
| diarreia (f) | **шикамрав** | [ʃikamrav] |
| prisão (f) de ventre | **қабзият** | [qabzijat] |
| desarranjo (m) intestinal | **вайроншавии меъда** | [vajronʃavi:i me'da] |
| intoxicação (f) alimentar | **заҳролудшавӣ** | [zahroludʃavi:] |
| intoxicar-se | **заҳролуд шудан** | [zahrolud ʃudan] |
| | | |
| artrite (f) | **артрит** | [artrit] |
| raquitismo (m) | **рахит, чиллаашӯр** | [raχit], [ʧillaaʃœr] |
| reumatismo (m) | **тарбод** | [tarbod] |
| arteriosclerose (f) | **атеросклероз** | [ateroskleroz] |
| | | |
| gastrite (f) | **гастрит** | [gastrit] |
| apendicite (f) | **варами кӯррӯда** | [varami kœrrœda] |

| | | |
|---|---|---|
| colecistite (f) | **холетсистит** | [χoletsistit] |
| úlcera (f) | **захм** | [zaχm] |
| | | |
| sarampo (m) | **сурхча, сурхак** | [surχʧa], [surχak] |
| rubéola (f) | **сурхакон** | [surχakon] |
| iterícia (f) | **зардча, заъфарма** | [zardʧa], [za'farma] |
| hepatite (f) | **гепатит, қубод** | [gepatit], [qubod] |
| | | |
| esquizofrenia (f) | **маҷзубият** | [madʒzubijat] |
| raiva (f) | **ҳорӣ** | [hori:] |
| neurose (f) | **невроз, чунун** | [nevroz], [ʧunun] |
| comoção (f) cerebral | **зарб хӯрдани майна** | [zarb χœrdani majna] |
| | | |
| cancro (m) | **саратон** | [saraton] |
| esclerose (f) | **склероз** | [skleroz] |
| esclerose (f) múltipla | **склерози густаришёфта** | [sklerozi gustariʃʃɔfta] |
| | | |
| alcoolismo (m) | **майзадагӣ** | [majzadagi:] |
| alcoólico (m) | **майзада** | [majzada] |
| sífilis (f) | **оташак** | [otaʃak] |
| SIDA (f) | **СПИД** | [spid] |
| | | |
| tumor (m) | **варам** | [varam] |
| maligno | **ганда** | [ganda] |
| benigno | **безарар** | [bezarar] |
| | | |
| febre (f) | **табларза, вараҷа** | [tablarza], [varadʒa] |
| malária (f) | **вараҷа** | [varadʒa] |
| gangrena (f) | **гангрена** | [gangrena] |
| enjoo (m) | **касалии баҳр** | [kasali:i bahr] |
| epilepsia (f) | **саръ** | [sar'] |
| | | |
| epidemia (f) | **эпидемия** | [ɛpidemija] |
| tifo (m) | **арақа, домана** | [araqa], [domana] |
| tuberculose (f) | **сил** | [sil] |
| cólera (f) | **вабо** | [vabo] |
| peste (f) | **тоун** | [toun] |

## 72. Sintomas. Tratamentos. Parte 1

| | | |
|---|---|---|
| sintoma (m) | **аломат** | [alomat] |
| temperatura (f) | **ҳарорат, таб** | [harorat], [tab] |
| febre (f) | **ҳарорати баланд** | [harorati baland] |
| pulso (m) | **набз** | [nabz] |
| | | |
| vertigem (f) | **саргардӣ** | [sargardi:] |
| quente (testa, etc.) | **гарм** | [garm] |
| calafrio (m) | **ларза, вараҷа** | [larza], [varadʒa] |
| pálido | **рангпарида** | [rangparida] |
| | | |
| tosse (f) | **сулфа** | [sulfa] |
| tossir (vi) | **сулфидан** | [sulfidan] |
| espirrar (vi) | **атса задан** | [atsa zadan] |
| desmaio (m) | **беҳушӣ** | [behuʃi:] |

| | | |
|---|---|---|
| desmaiar (vi) | **беҳуш шудан** | [behuʃ ʃudan] |
| nódoa (f) negra | **доғи кабуд, кабудӣ** | [doʁi kabud], [kabudi:] |
| galo (m) | **ғуррӣ** | [ʁurri:] |
| magoar-se (vr) | **зада шудан** | [zada ʃudan] |
| pisadura (f) | **лат** | [lat] |
| aleijar-se (vr) | **лату кӯб хӯрдан** | [latu kœb χœrdan] |
| | | |
| coxear (vi) | **лангидан** | [langidan] |
| deslocação (f) | **баромадан** | [baromadan] |
| deslocar (vt) | **баровардан** | [barovardan] |
| fratura (f) | **шикасти устухон** | [ʃikasti ustuχon] |
| fraturar (vt) | **устухон шикастан** | [ustuχon ʃikastan] |
| | | |
| corte (m) | **буриш** | [buriʃ] |
| cortar-se (vr) | **буридан** | [buridan] |
| hemorragia (f) | **хунравӣ** | [χunravi:] |
| | | |
| queimadura (f) | **сӯхта** | [sœχta] |
| queimar-se (vr) | **сӯзондан** | [sœzondan] |
| | | |
| picar (vt) | **халондан** | [χalondan] |
| picar-se (vr) | **халидан** | [χalidan] |
| lesionar (vt) | **осеб дидан** | [oseb didan] |
| lesão (m) | **захм** | [zaχm] |
| ferida (f), ferimento (m) | **захм, реш** | [zaχm], [reʃ] |
| trauma (m) | **захм** | [zaχm] |
| | | |
| delirar (vi) | **алой гуфтан** | [aloi: guftan] |
| gaguejar (vi) | **тутила шудан** | [tutila ʃudan] |
| insolação (f) | **офтобзанӣ** | [oftobzani:] |

## 73. Sintomas. Tratamentos. Parte 2

| | | |
|---|---|---|
| dor (f) | **дард** | [dard] |
| farpa (no dedo) | **хор, зиреба** | [χor], [zireba] |
| | | |
| suor (m) | **арақ** | [araq] |
| suar (vi) | **арақ кардан** | [araq kardan] |
| vómito (m) | **қайкунӣ** | [qajkuni:] |
| convulsões (f pl) | **рагкашӣ** | [ragkaʃi:] |
| | | |
| grávida | **ҳомила** | [homila] |
| nascer (vi) | **таваллуд шудан** | [tavallud ʃudan] |
| parto (m) | **зоиш** | [zoiʃ] |
| dar à luz | **зоидан** | [zoidan] |
| aborto (m) | **аборт, бачапартой** | [abort], [batʃapartoi:] |
| | | |
| inspiração (f) | **нафасгирӣ** | [nafasgiri:] |
| expiração (f) | **нафасбарорӣ** | [nafasbarori:] |
| expirar (vi) | **нафас баровардаи** | [nafas barovardai] |
| inspirar (vi) | **нафас кашидан** | [nafas kaʃidan] |
| | | |
| inválido (m) | **инвалид** | [invalid] |
| aleijado (m) | **маъюб** | [ma'jub] |

| | | |
|---|---|---|
| toxicodependente (m) | **нашъаманд** | [naʃ'amand] |
| surdo | **кар, гӯшкар** | [kar], [gœʃkar] |
| mudo | **гунг** | [gung] |
| surdo-mudo | **кару гунг** | [karu gung] |
| louco (adj.) | **девона** | [devona] |
| louco (m) | **девона** | [devona] |
| louca (f) | **девона** | [devona] |
| ficar louco | **аз ақл бегона шудан** | [az aql begona ʃudan] |
| gene (m) | **ген** | [gen] |
| imunidade (f) | **сироятнопазирӣ** | [sirojatnopaziri:] |
| hereditário | **меросӣ, ирсӣ** | [merosi:], [irsi:] |
| congénito | **модарзод** | [modarzod] |
| vírus (m) | **вирус** | [virus] |
| micróbio (m) | **микроб** | [mikrob] |
| bactéria (f) | **бактерия** | [bakterija] |
| infeção (f) | **сироят** | [sirojat] |

## 74. Sintomas. Tratamentos. Parte 3

| | | |
|---|---|---|
| hospital (m) | **касалхона** | [kasalχona] |
| paciente (m) | **бемор** | [bemor] |
| diagnóstico (m) | **ташхиси касалӣ** | [taʃχisi kasali:] |
| cura (f) | **муолиҷа** | [muolidʒa] |
| tratamento (m) médico | **табобат** | [tabobat] |
| curar-se (vr) | **табобат гирифтан** | [tabobat giriftan] |
| tratar (vt) | **табобат кардан** | [tabobat kardan] |
| cuidar (pessoa) | **нигоҳубин кардан** | [nigohubin kardan] |
| cuidados (m pl) | **нигоҳубин** | [nigohubin] |
| operação (f) | **ҷарроҳи** | [dʒarrohi] |
| enfaixar (vt) | **бо бандина бастан** | [bo bandina bastan] |
| enfaixamento (m) | **ҷароҳатбандӣ** | [dʒarohatbandi:] |
| vacinação (f) | **доругузаронӣ** | [doruguzaroni:] |
| vacinar (vt) | **эмгузаронӣ кардан** | [ɛmguzaroni: kardan] |
| injeção (f) | **сӯзанзанӣ** | [sœzanzani:] |
| dar uma injeção | **сӯзандору кардан** | [sœzandoru kardan] |
| ataque (~ de asma, etc.) | **хуруҷ** | [χurudʒ] |
| amputação (f) | **ампутатсия** | [amputatsija] |
| amputar (vt) | **ампутатсия кардан** | [amputatsija kardan] |
| coma (f) | **кома, игмо** | [koma], [igmo] |
| estar em coma | **дар кома будан** | [dar koma budan] |
| reanimação (f) | **шӯъбаи эҳё** | [ʃœ'bai ɛhjɔ] |
| recuperar-se (vr) | **сиҳат шудан** | [sihat ʃudan] |
| estado (~ de saúde) | **аҳвол** | [ahvol] |
| consciência (f) | **ҳуш** | [huʃ] |
| memória (f) | **ҳофиза** | [hofiza] |
| tirar (vt) | **кандан** | [kandan] |

| | | |
|---|---|---|
| chumbo (m), obturação (f) | **пломба** | [plomba] |
| chumbar, obturar (vt) | **пломба занондан** | [plomba zanondan] |
| | | |
| hipnose (f) | **гипноз** | [gipnoz] |
| hipnotizar (vt) | **гипноз кардан** | [gipnoz kardan] |

## 75. Médicos

| | | |
|---|---|---|
| médico (m) | **духтур** | [duχtur] |
| enfermeira (f) | **ҳамшираи тиббӣ** | [hamʃirai tibbi:] |
| médico (m) pessoal | **духтури шахсӣ** | [duχturi ʃaχsi:] |
| | | |
| dentista (m) | **духтури дандон** | [duχturi dandon] |
| oculista (m) | **духтури чашм** | [duχturi ʧaʃm] |
| terapeuta (m) | **терапевт** | [terapevt] |
| cirurgião (m) | **ҷарроҳ** | [ʤarroh] |
| | | |
| psiquiatra (m) | **равонпизишк** | [ravonpiziʃk] |
| pediatra (m) | **духтури касалиҳои кӯдакона** | [duχturi kasalihoi kœdakona] |
| | | |
| psicólogo (m) | **равоншинос** | [ravonʃinos] |
| ginecologista (m) | **гинеколог** | [ginekolog] |
| cardiologista (m) | **кардиолог** | [kardiolog] |

## 76. Medicina. Drogas. Acessórios

| | | |
|---|---|---|
| medicamento (m) | **дору** | [doru] |
| remédio (m) | **дору** | [doru] |
| receitar (vt) | **таъйин кардан** | [ta'jin kardan] |
| receita (f) | **нусхаи даво** | [nusχai davo] |
| | | |
| comprimido (m) | **ҳаб** | [hab] |
| pomada (f) | **марҳам** | [marham] |
| ampola (f) | **ампул** | [ampul] |
| preparado (m) | **доруи обакӣ** | [dorui obaki:] |
| xarope (m) | **сироп** | [sirop] |
| cápsula (f) | **ҳаб** | [hab] |
| remédio (m) em pó | **хока** | [χoka] |
| | | |
| ligadura (f) | **дока** | [doka] |
| algodão (m) | **пахта** | [paχta] |
| iodo (m) | **йод** | [jɔd] |
| | | |
| penso (m) rápido | **лейкопластир** | [lejkoplastir] |
| conta-gotas (m) | **қатрачакон** | [qatraʧakon] |
| termómetro (m) | **ҳароратсанҷ** | [haroratsandʒ] |
| seringa (f) | **обдуздак** | [obduzdak] |
| | | |
| cadeira (f) de rodas | **аробачаи маъюбӣ** | [arobaʧai ma'jubi:] |
| muletas (f pl) | **бағаласо** | [baʁalaso] |
| analgésico (m) | **доруи дард** | [dorui dard] |
| laxante (m) | **мусҳил** | [mushil] |

| | | |
|---|---|---|
| álcool (m) etílico | **спирт** | [spirt] |
| ervas (f pl) medicinais | **растаниҳои доругӣ** | [rastanihoi dorugi:] |
| de ervas (chá ~) | **... и алаф** | [i alaf] |

## 77. Fumar. Produtos tabágicos

| | | |
|---|---|---|
| tabaco (m) | **тамоку** | [tamoku] |
| cigarro (m) | **сигарета** | [sigareta] |
| charuto (m) | **сигара** | [sigara] |
| cachimbo (m) | **чилим, чубук** | [ʧilim], [ʧubuk] |
| maço (~ de cigarros) | **қуттӣ** | [qutti:] |
| fósforos (m pl) | **гӯгирд** | [gœgird] |
| caixa (f) de fósforos | **қуттии гӯгирд** | [qutti:i gœgird] |
| isqueiro (m) | **оташафрӯзак** | [otaʃafrœzak] |
| cinzeiro (m) | **хокистардон** | [χokistardon] |
| cigarreira (f) | **папиросдон** | [papirosdon] |
| boquilha (f) | **найча** | [najʧa] |
| filtro (m) | **филтр** | [filtr] |
| fumar (vi, vt) | **сигоркашидан** | [sigorkaʃidan] |
| acender um cigarro | **даргирондан** | [dargirondan] |
| tabagismo (m) | **сигоркашӣ** | [sigorkaʃi:] |
| fumador (m) | **сигоркаш** | [sigorkaʃ] |
| beata (f) | **пасмондаи сигор** | [pasmondai sigor] |
| cinza (f) | **хокистар** | [χokistar] |

# HABITAT HUMANO

## Cidade

### 78. Cidade. Vida na cidade

| | | |
|---|---|---|
| cidade (f) | **шаҳр** | [ʃahr] |
| capital (f) | **пойтахт** | [pojtaχt] |
| aldeia (f) | **деҳа, деҳ** | [deha], [deh] |
| mapa (m) da cidade | **нақшаи шаҳр** | [naqʃai ʃahr] |
| centro (m) da cidade | **маркази шаҳр** | [markazi ʃahr] |
| subúrbio (m) | **шаҳрча** | [ʃahrʧa] |
| suburbano | **наздишаҳрӣ** | [nazdiʃahri:] |
| periferia (f) | **атроф, канор** | [atrof], [kanor] |
| arredores (m pl) | **атрофи шаҳр** | [atrofi ʃahr] |
| quarteirão (m) | **квартал, маҳалла** | [kvartal], [mahalla] |
| quarteirão (m) residencial | **маҳаллаи истиқоматӣ** | [mahallai istiqomati:] |
| tráfego (m) | **ҳаракат дар кӯча** | [harakat dar kœʧa] |
| semáforo (m) | **чароғи раҳнамо** | [ʧaroʁi rahnamo] |
| transporte (m) público | **нақлиёти шаҳрӣ** | [naqlijɔti ʃahri:] |
| cruzamento (m) | **чорраҳа** | [ʧorraha] |
| passadeira (f) | **гузаргоҳи пиёдагардон** | [guzargohi pijɔdagardon] |
| passagem (f) subterrânea | **гузаргоҳи зеризаминӣ** | [guzargohi zerizamini:] |
| cruzar, atravessar (vt) | **гузаштан** | [guzaʃtan] |
| peão (m) | **пиёдагард** | [pijɔdagard] |
| passeio (m) | **пиёдараҳа** | [pijɔdaraha] |
| ponte (f) | **пул, кӯпрук** | [pul], [kœpruk] |
| margem (f) do rio | **соҳил** | [sohil] |
| fonte (f) | **фаввора** | [favvora] |
| alameda (f) | **кӯчабоғ** | [kœʧaboʁ] |
| parque (m) | **боғ** | [boʁ] |
| bulevar (m) | **кӯчабоғ, гулгашт** | [kœʧaboʁ], [gulgaʃt] |
| praça (f) | **майдон** | [majdon] |
| avenida (f) | **хиёбон** | [χijɔbon] |
| rua (f) | **кӯча** | [kœʧa] |
| travessa (f) | **тангкӯча** | [tangkœʧa] |
| beco (m) sem saída | **кӯчаи бумбаста** | [kœʧai bumbasta] |
| casa (f) | **хона** | [χona] |
| edifício, prédio (m) | **бино** | [bino] |
| arranha-céus (m) | **иморати осмонхарош** | [imorati osmonχaroʃ] |
| fachada (f) | **намо** | [namo] |
| telhado (m) | **бом** | [bom] |

| | | |
|---|---|---|
| janela (f) | **тиреза** | [tireza] |
| arco (m) | **равоқ, тоқ** | [ravoq], [toq] |
| coluna (f) | **сутун** | [sutun] |
| esquina (f) | **бурчак** | [burʧak] |
| montra (f) | **витрина** | [vitrina] |
| letreiro (m) | **лавҳа** | [lavha] |
| cartaz (m) | **эълонномa** | [ɛ'lonnoma] |
| cartaz (m) publicitário | **плакати реклама** | [plakati reklama] |
| painel (m) publicitário | **лавҳаи эълонҳо** | [lavhai ɛ'lonho] |
| lixo (m) | **ахлот, хокрӯба** | [aχlot], [χokrœba] |
| cesta (f) do lixo | **ахлотқуттӣ** | [aχlotqutti:] |
| jogar lixo na rua | **ифлос кардан** | [iflos kardan] |
| aterro (m) sanitário | **партовгоҳ** | [partovgoh] |
| cabine (f) telefónica | **будкаи телефон** | [budkai telefon] |
| candeeiro (m) de rua | **сутуни фонус** | [sutuni fonus] |
| banco (m) | **нимкат** | [nimkat] |
| polícia (m) | **полис** | [polis] |
| polícia (instituição) | **полис** | [polis] |
| mendigo (m) | **гадо** | [gado] |
| sem-abrigo (m) | **бехона** | [beχona] |

## 79. Instituições urbanas

| | | |
|---|---|---|
| loja (f) | **магазин** | [magazin] |
| farmácia (f) | **дорухона** | [doruχona] |
| ótica (f) | **оптика** | [optika] |
| centro (m) comercial | **маркази савдо** | [markazi savdo] |
| supermercado (m) | **супермаркет** | [supermarket] |
| padaria (f) | **дӯкони нонфурӯшӣ** | [dœkoni nonfurœʃi:] |
| padeiro (m) | **нонвой** | [nonvoj] |
| pastelaria (f) | **қаннодӣ** | [qannodi:] |
| mercearia (f) | **дӯкони баққолӣ** | [dœkoni baqqoli:] |
| talho (m) | **дӯкони гӯштфурӯшӣ** | [dœkoni gœʃtfurœʃi:] |
| loja (f) de legumes | **дӯкони сабзавот** | [dœkoni sabzavot] |
| mercado (m) | **бозор** | [bozor] |
| café (m) | **қаҳвахона** | [qahvaχona] |
| restaurante (m) | **тарабхона** | [tarabχona] |
| bar (m), cervejaria (f) | **пивохона** | [pivoχona] |
| pizzaria (f) | **питсерия** | [pitserija] |
| salão (m) de cabeleireiro | **сартарошхона** | [sartaroʃχona] |
| correios (m pl) | **пӯшта** | [pœʃta] |
| lavandaria (f) | **козургарии химиявӣ** | [kozurgari:i χimijavi:] |
| estúdio (m) fotográfico | **суратгирхона** | [suratgirχona] |
| sapataria (f) | **магазини пойафзолфурӯшӣ** | [magazini pojafzolfurœʃi:] |

| | | |
|---|---|---|
| livraria (f) | **мағозаи китоб** | [maʁozai kitob] |
| loja (f) de artigos de desporto | **мағозаи варзишӣ** | [maʁozai varziʃi:] |
| | | |
| reparação (f) de roupa | **таъмири либос** | [ta'miri libos] |
| aluguer (m) de roupa | **кирояи либос** | [kirojai libos] |
| aluguer (m) de filmes | **кирояи филмҳо** | [kirojai filmho] |
| | | |
| circo (m) | **сирк** | [sirk] |
| jardim (m) zoológico | **боғи ҳайвонот** | [boʁi hajvonot] |
| cinema (m) | **кинотеатр** | [kinoteatr] |
| museu (m) | **осорхона** | [osorχona] |
| biblioteca (f) | **китобхона** | [kitobχona] |
| | | |
| teatro (m) | **театр** | [teatr] |
| ópera (f) | **опера** | [opera] |
| clube (m) noturno | **клуби шабона** | [klubi ʃabona] |
| casino (m) | **казино** | [kazino] |
| | | |
| mesquita (f) | **масҷид** | [masʤid] |
| sinagoga (f) | **каниса** | [kanisa] |
| catedral (f) | **собор** | [sobor] |
| templo (m) | **ибодатгоҳ** | [ibodatgoh] |
| igreja (f) | **калисо** | [kaliso] |
| | | |
| instituto (m) | **институт** | [institut] |
| universidade (f) | **университет** | [universitet] |
| escola (f) | **мактаб** | [maktab] |
| | | |
| prefeitura (f) | **префектура** | [prefektura] |
| câmara (f) municipal | **мэрия** | [mɛrija] |
| hotel (m) | **меҳмонхона** | [mehmonχona] |
| banco (m) | **банк** | [bank] |
| | | |
| embaixada (f) | **сафорат** | [saforat] |
| agência (f) de viagens | **турагенство** | [turagenstvo] |
| agência (f) de informações | **бюрои справкадиҳӣ** | [bjuroi spravkadihi:] |
| casa (f) de câmbio | **нуқтаи мубодила** | [nuqtai mubodila] |
| | | |
| metro (m) | **метро** | [metro] |
| hospital (m) | **касалхона** | [kasalχona] |
| | | |
| posto (m) de gasolina | **нуқтаи фурӯши сӯзишворӣ** | [nuqtai furœʃi sœziʃvori:] |
| parque (m) de estacionamento | **истгоҳи мошинҳо** | [istgohi moʃinho] |

## 80. Sinais

| | | |
|---|---|---|
| letreiro (m) | **лавҳа** | [lavha] |
| inscrição (f) | **хат, навиштаҷот** | [χat], [naviʃtaʤot] |
| cartaz, póster (m) | **плакат** | [plakat] |
| sinal (m) informativo | **аломат, нишона** | [alomat], [niʃona] |
| seta (f) | **аломати тир** | [alomati tir] |
| aviso (advertência) | **огоҳӣ** | [ogohi:] |
| sinal (m) de aviso | **огоҳӣ** | [ogohi:] |

| | | |
|---|---|---|
| avisar, advertir (vt) | **танбеҳ додан** | [tanbeh dodan] |
| dia (m) de folga | **рӯзи истироҳат** | [rœzi istirohat] |
| horário (m) | **ҷадвал** | [ʤadval] |
| horário (m) de funcionamento | **соати корӣ** | [soati kori:] |
| | | |
| BEM-VINDOS! | **ХУШ ОМАДЕД!** | [χuʃ omaded] |
| ENTRADA | **ДАРОМАД** | [daromad] |
| SAÍDA | **БАРОМАД** | [baromad] |
| | | |
| EMPURRE | **АЗ ХУД** | [az χud] |
| PUXE | **БА ХУД** | [ba χud] |
| ABERTO | **КУШОДА** | [kuʃoda] |
| FECHADO | **ПӮШИДА** | [pœʃida] |
| | | |
| MULHER | **БАРОИ ЗАНОН** | [baroi zanon] |
| HOMEM | **БАРОИ МАРДОН** | [baroi mardon] |
| | | |
| DESCONTOS | **ТАХФИФ** | [taχfif] |
| SALDOS | **АРЗОНФУРӮШӢ** | [arzonfurœʃi:] |
| NOVIDADE! | **МОЛИ НАВ!** | [moli nav] |
| GRÁTIS | **БЕПУЛ** | [bepul] |
| | | |
| ATENÇÃO! | **ДИҚҚАТ!** | [diqqat] |
| NÃO HÁ VAGAS | **ҶОЙ НЕСТ** | [ʤoj nest] |
| RESERVADO | **БАНД АСТ** | [band ast] |
| | | |
| ADMINISTRAÇÃO | **МАЪМУРИЯТ** | [ma'murijat] |
| SOMENTE PESSOAL AUTORIZADO | **ФАҚАТ БАРОИ КОРМАНДОН** | [faqat baroi kormandon] |
| | | |
| CUIDADO CÃO FEROZ | **САГИ ГАЗАНДА** | [sagi gazanda] |
| PROIBIDO FUMAR! | **ТАМОКУ НАКАШЕД!** | [tamoku nakaʃed] |
| NÃO TOCAR | **ДАСТ НАРАСОНЕД!** | [dast narasoned] |
| | | |
| PERIGOSO | **ХАТАРНОК** | [χatarnok] |
| PERIGO | **ХАТАР** | [χatar] |
| ALTA TENSÃO | **ШИДДАТИ БАЛАНД** | [ʃiddati baland] |
| PROIBIDO NADAR | **ОББОЗӢ КАРДАН МАНЪ АСТ** | [obbozi: kardan man' ast] |
| AVARIADO | **КОР НАМЕКУНАД** | [kor namekunad] |
| | | |
| INFLAMÁVEL | **ОТАШАНГЕЗ** | [otaʃangez] |
| PROIBIDO | **МАНЪ АСТ** | [man' ast] |
| ENTRADA PROIBIDA | **ДАРОМАД МАНЪ АСТ** | [daromad man' ast] |
| CUIDADO TINTA FRESCA | **РАНГ КАРДА ШУДААСТ** | [rang karda ʃudaast] |

## 81. Transportes urbanos

| | | |
|---|---|---|
| autocarro (m) | **автобус** | [avtobus] |
| elétrico (m) | **трамвай** | [tramvaj] |
| troleicarro (m) | **троллейбус** | [trollejbus] |
| itinerário (m) | **маршрут** | [marʃrut] |
| número (m) | **рақам** | [raqam] |
| ir de ... (carro, etc.) | **савор будан** | [savor budan] |

| | | |
|---|---|---|
| entrar (~ no autocarro) | **савор шудан** | [savor ʃudan] |
| descer de … | **фуромадан** | [furomadan] |
| | | |
| paragem (f) | **истгоҳ** | [istgoh] |
| próxima paragem (f) | **истгоҳи дигар** | [istgohi digar] |
| ponto (m) final | **истгоҳи охирон** | [istgohi oχiron] |
| horário (m) | **ҷадвал** | [dʒadval] |
| esperar (vt) | **поидан** | [poidan] |
| | | |
| bilhete (m) | **билет** | [bilet] |
| custo (m) do bilhete | **арзиши чипта** | [arziʃi ʧipta] |
| | | |
| bilheteiro (m) | **кассир** | [kassir] |
| controlo (m) dos bilhetes | **назорат** | [nazorat] |
| revisor (m) | **нозир** | [nozir] |
| | | |
| atrasar-se (vr) | **дер мондан** | [der mondan] |
| perder (o autocarro, etc.) | **дер мондан** | [der mondan] |
| estar com pressa | **шитоб кардан** | [ʃitob kardan] |
| | | |
| táxi (m) | **такси** | [taksi] |
| taxista (m) | **таксичӣ** | [taksiʧi:] |
| de táxi (ir ~) | **дар такси** | [dar taksi] |
| praça (f) de táxis | **истгоҳи таксӣ** | [istgohi taksi:] |
| chamar um táxi | **даъват кардани таксӣ** | [da'vat kardani taksi:] |
| apanhar um táxi | **такси гирифтан** | [taksi giriftan] |
| | | |
| tráfego (m) | **ҳаракат дар кӯча** | [harakat dar kœʧa] |
| engarrafamento (m) | **пробка** | [probka] |
| horas (f pl) de ponta | **час пик** | [ʧas pik] |
| estacionar (vi) | **ҷой кардан** | [dʒoj kardan] |
| estacionar (vt) | **ҷой кардан** | [dʒoj kardan] |
| parque (m) de estacionamento | **истгоҳ** | [istgoh] |
| | | |
| metro (m) | **метро** | [metro] |
| estação (f) | **истгоҳ** | [istgoh] |
| ir de metro | **бо метро рафтан** | [bo metro raftan] |
| comboio (m) | **поезд, қатор** | [poezd], [qator] |
| estação (f) | **вокзал** | [vokzal] |

## 82. Turismo

| | | |
|---|---|---|
| monumento (m) | **ҳайкал** | [hajkal] |
| fortaleza (f) | **ҳисор** | [hisor] |
| palácio (m) | **қаср** | [qasr] |
| castelo (m) | **кӯшк** | [kœʃk] |
| torre (f) | **манора, бурҷ** | [manora], [burdʒ] |
| mausoléu (m) | **мавзолей, мақбара** | [mavzolej], [maqbara] |
| | | |
| arquitetura (f) | **меъморӣ** | [me'mori:] |
| medieval | **асримиёнагӣ** | [asrimijɔnagi:] |
| antigo | **қадим** | [qadim] |
| nacional | **миллӣ** | [milli:] |
| conhecido | **маъруф** | [ma'ruf] |

| | | |
|---|---|---|
| turista (m) | **саёҳатчӣ** | [sajɔhatʧi:] |
| guia (pessoa) | **роҳбалад** | [rohbalad] |
| excursão (f) | **экскурсия** | [ɛkskursija] |
| mostrar (vt) | **нишон додан** | [niʃon dodan] |
| contar (vt) | **нақл кардан** | [naql kardan] |
| | | |
| encontrar (vt) | **ёфтан** | [jɔftan] |
| perder-se (vr) | **роҳ гум кардан** | [roh gum kardan] |
| mapa (~ do metrô) | **накша** | [nakʃa] |
| mapa (~ da cidade) | **нақша** | [naqʃa] |
| | | |
| lembrança (f), presente (m) | **тӯҳфа** | [tœhfa] |
| loja (f) de presentes | **мағозаи туҳфаҳо** | [maʁozai tuhfaho] |
| fotografar (vt) | **сурат гирифтан** | [surat giriftan] |
| fotografar-se | **сурати худро гирондан** | [surati χudro girondan] |

## 83. Compras

| | | |
|---|---|---|
| comprar (vt) | **харидан** | [χaridan] |
| compra (f) | **харид** | [χarid] |
| fazer compras | **харид кардан** | [χarid kardan] |
| compras (f pl) | **шопинг** | [ʃoping] |
| | | |
| estar aberta (loja, etc.) | **кушода будан** | [kuʃoda budan] |
| estar fechada | **маҳкам будан** | [mahkam budan] |
| | | |
| calçado (m) | **пойафзол** | [pojafzol] |
| roupa (f) | **либос** | [libos] |
| cosméticos (m pl) | **косметика** | [kosmetika] |
| alimentos (m pl) | **озуқаворӣ** | [ozuqavori:] |
| presente (m) | **тӯҳфа** | [tœhfa] |
| | | |
| vendedor (m) | **фурӯш** | [furœʃ] |
| vendedora (f) | **фурӯш** | [furœʃ] |
| | | |
| caixa (f) | **касса** | [kassa] |
| espelho (m) | **оина** | [oina] |
| balcão (m) | **пешдӯкон** | [peʃdœkon] |
| cabine (f) de provas | **ҷои пӯшида дидани либос** | [ʤoi pœʃida didani libos] |
| | | |
| provar (vt) | **пӯшида дидан** | [pœʃida didan] |
| servir (vi) | **мувофиқ омадан** | [muvofiq omadan] |
| gostar (apreciar) | **форидан** | [foridan] |
| | | |
| preço (m) | **нарх** | [narχ] |
| etiqueta (f) de preço | **нархнома** | [narχnoma] |
| custar (vt) | **арзидан** | [arzidan] |
| Quanto? | **Чанд пул?** | [ʧand pul] |
| desconto (m) | **тахфиф** | [taχfif] |
| | | |
| não caro | **арзон** | [arzon] |
| barato | **арзон** | [arzon] |
| caro | **қимат** | [qimat] |
| É caro | **Ин қимат аст** | [in qimat ast] |

| | | |
|---|---|---|
| aluguer (m) | **кироя** | [kiroja] |
| alugar (vestidos, etc.) | **насия гирифтан** | [nasija giriftan] |
| crédito (m) | **қарз** | [qarz] |
| a crédito | **кредит гирифтан** | [kredit giriftan] |

## 84. Dinheiro

| | | |
|---|---|---|
| dinheiro (m) | **пул** | [pul] |
| câmbio (m) | **мубодила, иваз** | [mubodila], [ivaz] |
| taxa (f) de câmbio | **қурб** | [qurb] |
| Caixa Multibanco (m) | **банкомат** | [bankomat] |
| moeda (f) | **танга** | [tanga] |
| dólar (m) | **доллар** | [dollar] |
| lira (f) | **лираи италиявӣ** | [lirai italijavi:] |
| marco (m) | **маркаи олмонӣ** | [markai olmoni:] |
| franco (m) | **франк** | [frank] |
| libra (f) esterlina | **фунт стерлинг** | [funt sterling] |
| iene (m) | **иена** | [iena] |
| dívida (f) | **қарз** | [qarz] |
| devedor (m) | **қарздор** | [qarzdor] |
| emprestar (vt) | **қарз додан** | [qarz dodan] |
| pedir emprestado | **қарз гирифтан** | [qarz giriftan] |
| banco (m) | **банк** | [bank] |
| conta (f) | **ҳисоб** | [hisob] |
| depositar (vt) | **гузарондан** | [guzarondan] |
| depositar na conta | **ба суратҳисоб гузарондан** | [ba surathisob guzarondan] |
| levantar (vt) | **аз суратҳисоб гирифтан** | [az surathisob giriftan] |
| cartão (m) de crédito | **корти кредитӣ** | [korti krediti:] |
| dinheiro (m) vivo | **пули нақд, нақдина** | [puli naqd], [naqdina] |
| cheque (m) | **чек** | [ʧek] |
| passar um cheque | **чек навиштан** | [ʧek naviʃtan] |
| livro (m) de cheques | **дафтарчаи чек** | [daftarʧai ʧek] |
| carteira (f) | **ҳамён** | [hamjɔn] |
| porta-moedas (m) | **ҳамён** | [hamjɔn] |
| cofre (m) | **сейф** | [sejf] |
| herdeiro (m) | **меросхӯр** | [merosχœr] |
| herança (f) | **мерос** | [meros] |
| fortuna (riqueza) | **доройӣ** | [doroi:] |
| arrendamento (m) | **иҷора** | [idʒora] |
| renda (f) de casa | **ҳаққи манзил** | [haqqi manzil] |
| alugar (vt) | **ба иҷора гирифтан** | [ba idʒora giriftan] |
| preço (m) | **нарх** | [narχ] |
| custo (m) | **арзиш** | [arziʃ] |
| soma (f) | **маблағ** | [mablaʁ] |
| gastar (vt) | **сарф кардан** | [sarf kardan] |
| gastos (m pl) | **харҷ, ҳазина** | [χardʒ], [hazina] |

| | | |
|---|---|---|
| economizar (vi) | **сарфа кардан** | [sarfa kardan] |
| económico | **сарфакор** | [sarfakor] |
| | | |
| pagar (vt) | **пул додан** | [pul dodan] |
| pagamento (m) | **пардохт** | [pardoχt] |
| troco (m) | **бақияи пул** | [baqijai pul] |
| | | |
| imposto (m) | **налог, андоз** | [nalog], [andoz] |
| multa (f) | **ҷарима** | [ʤarima] |
| multar (vt) | **ҷарима андохтан** | [ʤarima andoχtan] |

## 85. Correios. Serviço postal

| | | |
|---|---|---|
| correios (m pl) | **почта** | [potʧta] |
| correio (m) | **почта** | [potʧta] |
| carteiro (m) | **хаткашон** | [χatkaʃon] |
| horário (m) | **соати корӣ** | [soati kori:] |
| | | |
| carta (f) | **мактуб** | [maktub] |
| carta (f) registada | **хати супоришӣ** | [χati suporiʃi:] |
| postal (m) | **руқъа** | [ruq'a] |
| telegrama (m) | **барқия** | [barqija] |
| encomenda (f) postal | **равонак** | [ravonak] |
| remessa (f) de dinheiro | **пули фиристодашуда** | [puli firistodaʃuda] |
| | | |
| receber (vt) | **гирифтан** | [giriftan] |
| enviar (vt) | **ирсол кардан** | [irsol kardan] |
| envio (m) | **ирсол** | [irsol] |
| | | |
| endereço (m) | **адрес, унвон** | [adres], [unvon] |
| código (m) postal | **индекси почта** | [indeksi potʧta] |
| remetente (m) | **ирсолкунанда** | [irsolkunanda] |
| destinatário (m) | **гиранда** | [giranda] |
| | | |
| nome (m) | **ном** | [nom] |
| apelido (m) | **фамилия** | [familija] |
| | | |
| tarifa (f) | **таърифа** | [ta'rifa] |
| ordinário | **муқаррарӣ** | [muqarrari:] |
| económico | **камхарҷ** | [kamχarʤ] |
| | | |
| peso (m) | **вазн** | [vazn] |
| pesar (estabelecer o peso) | **баркашидан** | [barkaʃidan] |
| envelope (m) | **конверт** | [konvert] |
| selo (m) | **марка** | [marka] |
| colar o selo | **марка часпонидан** | [marka ʧasponidan] |

# Moradia. Casa. Lar

## 86. Casa. Habitação

| | | |
|---|---|---|
| casa (f) | **хона** | [χona] |
| em casa | **дар хона** | [dar χona] |
| pátio (m) | **ҳавлӣ** | [havli:] |
| cerca (f) | **панҷара** | [pandʒara] |
| | | |
| tijolo (m) | **хишт** | [χiʃt] |
| de tijolos | **хиштӣ, ... и хишт** | [χiʃti:], [i χiʃt] |
| pedra (f) | **санг** | [sang] |
| de pedra | **сангин** | [sangin] |
| betão (m) | **бетон** | [beton] |
| de betão | **бетонӣ** | [betoni:] |
| | | |
| novo | **нав** | [nav] |
| velho | **кӯҳна** | [kœhna] |
| decrépito | **фарсуда** | [farsuda] |
| moderno | **ҳамаср, муосир** | [hamasr], [muosir] |
| de muitos andares | **серошёна** | [seroʃjɔna] |
| alto | **баланд** | [baland] |
| | | |
| andar (m) | **қабат, ошёна** | [qabat], [oʃjɔna] |
| de um andar | **якошёна** | [jakoʃjɔna] |
| | | |
| andar (m) de baixo | **ошёнаи поён** | [oʃjɔnai pojɔn] |
| andar (m) de cima | **ошёнаи боло** | [oʃjɔnai bolo] |
| | | |
| telhado (m) | **бом** | [bom] |
| chaminé (f) | **мӯрии дудкаш** | [mœri:i dudkaʃ] |
| | | |
| telha (f) | **сафоли бомпӯшӣ** | [safoli bompœʃi:] |
| de telha | **... и сафоли бомпӯшӣ** | [i safoli bompœʃi:] |
| sótão (m) | **чердак** | [ʧerdak] |
| | | |
| janela (f) | **тиреза** | [tireza] |
| vidro (m) | **шиша, оина** | [ʃiʃa], [oina] |
| | | |
| parapeito (m) | **зертахтаи тиреза** | [zertaχtai tireza] |
| portadas (f pl) | **дари пушти тиреза** | [dari puʃti tireza] |
| | | |
| parede (f) | **девор** | [devor] |
| varanda (f) | **балкон** | [balkon] |
| tubo (m) de queda | **тарнов, новадон** | [tarnov], [novadon] |
| | | |
| em cima | **дар боло** | [dar bolo] |
| subir (~ as escadas) | **баромадан** | [baromadan] |
| descer (vi) | **фуромадан** | [furomadan] |
| mudar-se (vr) | **кӯчидан** | [kœʧidan] |

## 87. Casa. Entrada. Elevador

| | | |
|---|---|---|
| entrada (f) | **даромадгоҳ** | [daromadgoh] |
| escada (f) | **зина, зинапоя** | [zina], [zinapoja] |
| degraus (m pl) | **зинаҳо** | [zinaho] |
| corrimão (m) | **панҷара** | [pandʒara] |
| hall (m) de entrada | **толор** | [tolor] |
| caixa (f) de correio | **қуттии почта** | [qutti:i poʧta] |
| caixote (m) do lixo | **қуттии партов** | [qutti:i partov] |
| conduta (f) do lixo | **қубури ахлот** | [quburi aχlot] |
| elevador (m) | **лифт** | [lift] |
| elevador (m) de carga | **лифти боркаш** | [lifti borkaʃ] |
| cabine (f) | **лифт** | [lift] |
| pegar o elevador | **ба лифт рафтан** | [ba lift raftan] |
| apartamento (m) | **манзил** | [manzil] |
| moradores (m pl) | **истиқоматкунандагон** | [istiqomatkunandagon] |
| vizinho (m) | **ҳамсоя** | [hamsoja] |
| vizinha (f) | **ҳамсоязан** | [hamsojazan] |
| vizinhos (pl) | **ҳамсояҳо** | [hamsojaho] |

## 88. Casa. Eletricidade

| | | |
|---|---|---|
| eletricidade (f) | **барқ** | [barq] |
| lâmpada (f) | **лампача, чароғча** | [lampaʧa], [ʧaroʁʧa] |
| interruptor (m) | **калидак** | [kalidak] |
| fusível (m) | **пробка** | [probka] |
| fio, cabo (m) | **сим** | [sim] |
| instalação (f) elétrica | **сими барқ** | [simi barq] |
| contador (m) de eletricidade | **хисобкунаки электрикӣ** | [χisobkunaki ɛlektriki:] |
| indicação (f), registo (m) | **нишондод** | [niʃondod] |

## 89. Casa. Portas. Fechaduras

| | | |
|---|---|---|
| porta (f) | **дар** | [dar] |
| portão (m) | **дарвоза** | [darvoza] |
| maçaneta (f) | **дастак** | [dastak] |
| destrancar (vt) | **кушодан** | [kuʃodan] |
| abrir (vt) | **кушодан** | [kuʃodan] |
| fechar (vt) | **пӯшидан, бастан** | [pœʃidan], [bastan] |
| chave (f) | **калид** | [kalid] |
| molho (m) | **даста** | [dasta] |
| ranger (vi) | **ғиҷиррос задан** | [ʁidʒirros zadan] |
| rangido (m) | **ғиҷиррос** | [ʁidʒirros] |
| dobradiça (f) | **ошиқ-маъшуқ** | [oʃiq-ma'ʃuq] |
| tapete (m) de entrada | **пойандоз** | [pojandoz] |
| fechadura (f) | **қулф** | [qulf] |

| | | |
|---|---|---|
| buraco (m) da fechadura | **сӯрохи қулф** | [sœroχi qulf] |
| ferrolho (m) | **ликаки дар** | [likaki dar] |
| fecho (ferrolho pequeno) | **ғалақаи дар** | [ʁalaqai dar] |
| cadeado (m) | **қулфи овезон** | [qulfi ovezon] |
| tocar (vt) | **занг задан** | [zang zadan] |
| toque (m) | **занг** | [zang] |
| campainha (f) | **занг** | [zang] |
| botão (m) | **кнопка** | [knopka] |
| batida (f) | **тақ-тақ** | [taq-taq] |
| bater (vi) | **тақ-тақ кардан** | [taq-taq kardan] |
| código (m) | **рамз, код** | [ramz], [kod] |
| fechadura (f) de código | **қулфи коддор** | [qulfi koddor] |
| telefone (m) de porta | **домофон** | [domofon] |
| número (m) | **рақам** | [raqam] |
| placa (f) de porta | **ҷадвалча** | [dʒadvaltʃa] |
| vigia (f), olho (m) mágico | **чашмаки дар** | [tʃaʃmaki dar] |

## 90. Casa de campo

| | | |
|---|---|---|
| aldeia (f) | **деҳа, деҳ** | [deha], [deh] |
| horta (f) | **обчакорӣ** | [obtʃakori:] |
| cerca (f) | **девор** | [devor] |
| paliçada (f) | **панҷара, деворча** | [pandʒara], [devortʃa] |
| cancela (f) do jardim | **дарича** | [daritʃa] |
| celeiro (m) | **анбор** | [anbor] |
| adega (f) | **таххона** | [tahχona] |
| galpão, barracão (m) | **анбор** | [anbor] |
| poço (m) | **чоҳ** | [tʃoh] |
| fogão (m) | **оташдон** | [otaʃdon] |
| atiçar o fogo | **ба печка алав мондан** | [ba petʃka alav mondan] |
| lenha (carvão ou ~) | **ҳезум** | [hezum] |
| acha (lenha) | **тароша** | [taroʃa] |
| varanda (f) | **айвон, пешайвон** | [ajvon], [peʃajvon] |
| alpendre (m) | **пешайвон** | [peʃajvon] |
| degraus (m pl) de entrada | **айвон** | [ajvon] |
| balouço (m) | **арғунчак** | [arʁuntʃak] |

## 91. Moradia. Mansão

| | | |
|---|---|---|
| casa (f) de campo | **хонаи берун аз шаҳр** | [χonai berun az ʃahr] |
| vila (f) | **кӯшк, чорбоғ** | [kœʃk], [tʃorboʁ] |
| ala (~ do edifício) | **қанот** | [qanot] |
| jardim (m) | **боғ** | [boʁ] |
| parque (m) | **боғ** | [boʁ] |
| estufa (f) | **гулхона** | [gulχona] |
| cuidar de ... | **нигоҳубин кардан** | [nigohubin kardan] |

| | | |
|---|---|---|
| piscina (f) | **ҳавз** | [havz] |
| ginásio (m) | **толори варзишӣ** | [tolori varziʃi:] |
| campo (m) de ténis | **майдони теннис** | [majdoni tennis] |
| cinema (m) | **кинотеатр** | [kinoteatr] |
| garagem (f) | **гараж** | [garaʒ] |
| | | |
| propriedade (f) privada | **мулки хусусӣ** | [mulki χususi:] |
| terreno (m) privado | **моликияти хусусӣ** | [molikijati χususi:] |
| | | |
| advertência (f) | **огоҳӣ** | [ogohi:] |
| sinal (m) de aviso | **хати огоҳӣ** | [χati ogohi:] |
| | | |
| guarda (f) | **посбонӣ** | [posboni:] |
| guarda (m) | **посбон** | [posbon] |
| alarme (m) | **сигналдиҳӣ** | [signaldihi:] |

## 92. Castelo. Palácio

| | | |
|---|---|---|
| castelo (m) | **кӯшк** | [kœʃk] |
| palácio (m) | **қаср** | [qasr] |
| fortaleza (f) | **ҳисор** | [hisor] |
| muralha (f) | **девор** | [devor] |
| torre (f) | **манора, бурҷ** | [manora], [burʤ] |
| calabouço (m) | **бурҷи асосӣ** | [burʤi asosi:] |
| | | |
| grade (f) levadiça | **панҷараи болошаванда** | [panʤarai boloʃavanda] |
| passagem (f) subterrânea | **роҳи зеризаминӣ** | [rohi zerizamini:] |
| fosso (m) | **хандақ** | [χandaq] |
| corrente, cadeia (f) | **занҷир** | [zanʤir] |
| seteira (f) | **почанг** | [poʧang] |
| | | |
| magnífico | **бошукӯҳ, боҳашамат** | [boʃukœh], [bohaʃamat] |
| majestoso | **боазамат, ҷалил** | [boazamat], [ʤalil] |
| inexpugnável | **фатҳнопазир** | [fathnopazir] |
| medieval | **асримиёнагӣ** | [asrimijɔnagi:] |

## 93. Apartamento

| | | |
|---|---|---|
| apartamento (m) | **манзил** | [manzil] |
| quarto (m) | **хона, ӯтоқ** | [χona], [œtoq] |
| quarto (m) de dormir | **хонаи хоб** | [χonai χob] |
| sala (f) de jantar | **хонаи хӯрокхӯрӣ** | [χonai χœrokχœri:] |
| sala (f) de estar | **меҳмонхона** | [mehmonχona] |
| escritório (m) | **утоқ** | [utoq] |
| | | |
| antessala (f) | **мадхал, даҳлез** | [madχal], [dahlez] |
| quarto (m) de banho | **ваннахона** | [vannaχona] |
| toilette (lavabo) | **ҳоҷатхона** | [hoʤatχona] |
| | | |
| teto (m) | **шифт** | [ʃift] |
| chão, soalho (m) | **фарш** | [farʃ] |
| canto (m) | **кунҷ** | [kunʤ] |

## 94. Apartamento. Limpeza

| | | |
|---|---|---|
| arrumar, limpar (vt) | **рӯбучин кардан** | [rœbutʃin kardan] |
| guardar (no armário, etc.) | **ғундошта гирифтан** | [ʁundoʃta giriftan] |
| pó (m) | **чанг** | [tʃang] |
| empoeirado | **пурчанг** | [purtʃang] |
| limpar o pó | **чанг гирифтан** | [tʃang giriftan] |
| aspirador (m) | **чангкашак** | [tʃangkaʃak] |
| aspirar (vt) | **чанг кашидан** | [tʃang kaʃidan] |
| varrer (vt) | **рӯфтан** | [rœftan] |
| sujeira (f) | **ахлот** | [aχlot] |
| arrumação (f), ordem (f) | **тартиб** | [tartib] |
| desordem (f) | **бетартибӣ** | [betartibi:] |
| esfregão (m) | **пайкора** | [pajkora] |
| pano (m), trapo (m) | **латта** | [latta] |
| vassoura (f) | **ҷорӯб** | [dʒorœb] |
| pá (f) de lixo | **хокандози ахлот** | [χokandozi aχlot] |

## 95. Mobiliário. Interior

| | | |
|---|---|---|
| mobiliário (m) | **мебел** | [mebel] |
| mesa (f) | **миз** | [miz] |
| cadeira (f) | **курсӣ** | [kursi:] |
| cama (f) | **кат** | [kat] |
| divã (m) | **диван** | [divan] |
| cadeirão (m) | **курсӣ** | [kursi:] |
| estante (f) | **ҷевони китобмонӣ** | [dʒevoni kitobmoni:] |
| prateleira (f) | **раф, рафча** | [raf], [raftʃa] |
| guarda-vestidos (m) | **ҷевони либос** | [dʒevoni libos] |
| cabide (m) de parede | **либосовезак** | [libosovezak] |
| cabide (m) de pé | **либосовезак** | [libosovezak] |
| cómoda (f) | **ҷевон** | [dʒevon] |
| mesinha (f) de centro | **мизи қаҳва** | [mizi qahva] |
| espelho (m) | **оина** | [oina] |
| tapete (m) | **гилем, қолин** | [gilem], [qolin] |
| tapete (m) pequeno | **гилемча** | [gilemtʃa] |
| lareira (f) | **оташдон** | [otaʃdon] |
| vela (f) | **шамъ** | [ʃam'] |
| castiçal (m) | **шамъдон** | [ʃam'don] |
| cortinas (f pl) | **парда** | [parda] |
| papel (m) de parede | **зардеворӣ** | [zardevori:] |
| estores (f pl) | **жалюзи** | [ʒaljuzi] |
| candeeiro (m) de mesa | **чароғи мизӣ** | [tʃaroʁi mizi:] |
| candeeiro (m) de parede | **чароғак** | [tʃaroʁak] |

| | | |
|---|---|---|
| candeeiro (m) de pé | **торшер** | [torʃer] |
| lustre (m) | **қандил** | [qandil] |
| | | |
| pé (de mesa, etc.) | **поя** | [poja] |
| braço (m) | **оринҷмонаки курсӣ** | [orindʒmonaki kursi:] |
| costas (f pl) | **пуштаки курсӣ** | [puʃtaki kursi:] |
| gaveta (f) | **ғаладон** | [ʁaladon] |

## 96. Quarto de dormir

| | | |
|---|---|---|
| roupa (f) de cama | **ҷилдҳои болишту бистар** | [dʒildhoi boliʃtu bistar] |
| almofada (f) | **болишт** | [boliʃt] |
| fronha (f) | **ҷилди болишт** | [dʒildi boliʃt] |
| cobertor (m) | **кӯрпа** | [kœrpa] |
| lençol (m) | **ҷойпӯш** | [dʒojpœʃ] |
| colcha (f) | **болопӯш** | [bolopœʃ] |

## 97. Cozinha

| | | |
|---|---|---|
| cozinha (f) | **ошхона** | [oʃχona] |
| gás (m) | **газ** | [gaz] |
| fogão (m) a gás | **плитаи газ** | [plitai gaz] |
| fogão (m) elétrico | **плитаи электрикӣ** | [plitai ɛlektriki:] |
| forno (m) de micro-ondas | **микроволновка** | [mikrovolnovka] |
| | | |
| frigorífico (m) | **яхдон** | [jaχdon] |
| congelador (m) | **яхдон** | [jaχdon] |
| máquina (f) de lavar louça | **мошини зарфшӯй** | [moʃini zarfʃœj] |
| | | |
| moedor (m) de carne | **мошини гӯштқубӣ** | [moʃini gœʃtkœbi:] |
| espremedor (m) | **шарбатафшурак** | [ʃarbatafʃurak] |
| torradeira (f) | **тостер** | [toster] |
| batedeira (f) | **миксер** | [mikser] |
| | | |
| máquina (f) de café | **қаҳвачӯшонак** | [qahvadʒœʃonak] |
| cafeteira (f) | **зарфи қаҳвачӯшонӣ** | [zarfi qahvadʒœʃoni:] |
| moinho (m) de café | **дастоси қаҳва** | [dastosi qahva] |
| | | |
| chaleira (f) | **чойник** | [ʧojnik] |
| bule (m) | **чойник** | [ʧojnik] |
| tampa (f) | **сарпӯш** | [sarpœʃ] |
| coador (m) de chá | **ғалберча** | [ʁalberʧa] |
| | | |
| colher (f) | **қошуқ** | [qoʃuq] |
| colher (f) de chá | **чойкошук** | [ʧojkoʃuk] |
| colher (f) de sopa | **қошуқи ошхӯрӣ** | [qoʃuqi oʃχœri:] |
| garfo (m) | **чангча, чангол** | [ʧangʧa], [ʧangol] |
| faca (f) | **корд** | [kord] |
| | | |
| louça (f) | **табақ** | [tabaq] |
| prato (m) | **тақсимча** | [taqsimʧa] |
| pires (m) | **тақсимӣ, тақсимича** | [taqsimi:], [taqsimiʧa] |

| | | |
|---|---|---|
| cálice (m) | **рюмка** | [rjumka] |
| copo (m) | **стакан** | [stakan] |
| chávena (f) | **косача** | [kosatʃa] |
| açucareiro (m) | **шакардон** | [ʃakardon] |
| saleiro (m) | **намакдон** | [namakdon] |
| pimenteiro (m) | **қаламфурдон** | [qalamfurdon] |
| manteigueira (f) | **равғандон** | [ravʁandon] |
| panela, caçarola (f) | **дегча** | [degtʃa] |
| frigideira (f) | **тоба** | [toba] |
| concha (f) | **кафлез, обгардон, сархумӣ** | [kaflez], [obgardon], [sarχumi:] |
| bandeja (f) | **лаълӣ** | [la'li:] |
| garrafa (f) | **шиша, сурохӣ** | [ʃiʃa], [surohi:] |
| boião (m) de vidro | **банкаи шишагӣ** | [bankai ʃiʃagi:] |
| lata (f) | **банкаи тунукагӣ** | [bankai tunukagi:] |
| abre-garrafas (m) | **саркушояк** | [sarkuʃojak] |
| abre-latas (m) | **саркушояк** | [sarkuʃojak] |
| saca-rolhas (m) | **пӯккашак** | [pœkkaʃak] |
| filtro (m) | **филтр** | [filtr] |
| filtrar (vt) | **полоидан** | [poloidan] |
| lixo (m) | **ахлот** | [aχlot] |
| balde (m) do lixo | **сатили ахлот** | [satili aχlot] |

## 98. Casa de banho

| | | |
|---|---|---|
| quarto (m) de banho | **ваннахона** | [vannaχona] |
| água (f) | **об** | [ob] |
| torneira (f) | **ҷуммак, мил** | [dʒummak], [mil] |
| água (f) quente | **оби гарм** | [obi garm] |
| água (f) fria | **оби сард** | [obi sard] |
| pasta (f) de dentes | **хамираи дандон** | [χamirai dandon] |
| escovar os dentes | **дандон шустан** | [dandon ʃustan] |
| escova (f) de dentes | **чӯткаи дандоншӯӣ** | [tʃœtkai dandonʃœi:] |
| barbear-se (vr) | **риш гирифтан** | [riʃ giriftan] |
| espuma (f) de barbear | **кафки ришгирӣ** | [kafki riʃgiri:] |
| máquina (f) de barbear | **ришгирак** | [riʃgirak] |
| lavar (vt) | **шустан** | [ʃustan] |
| lavar-se (vr) | **шустушӯ кардан** | [ʃustuʃœ kardan] |
| tomar um duche | **ба душ даромадан** | [ba duʃ daromadan] |
| banheira (f) | **ванна** | [vanna] |
| sanita (f) | **нишастгоҳи халоҷо** | [niʃastgohi χalodʒo] |
| lavatório (m) | **дастшӯяк** | [dastʃœjak] |
| sabonete (m) | **собун** | [sobun] |
| saboneteira (f) | **собундон** | [sobundon] |

| | | |
|---|---|---|
| esponja (f) | **исфанҷ** | [isfanʤ] |
| champô (m) | **шампун** | [ʃampun] |
| toalha (f) | **сачоқ** | [saʧoq] |
| roupão (m) de banho | **халат** | [χalat] |
| lavagem (f) | **ҷомашӯӣ** | [ʤomaʃœi:] |
| máquina (f) de lavar | **мошини ҷомашӯӣ** | [moʃini ʤomaʃœi:] |
| lavar a roupa | **ҷомашӯӣ кардан** | [ʤomaʃœi: kardan] |
| detergente (m) | **хокаи ҷомашӯӣ** | [χokai ʤomaʃœi:] |

## 99. Eletrodomésticos

| | | |
|---|---|---|
| televisor (m) | **телевизор** | [televizor] |
| gravador (m) | **магнитафон** | [magnitafon] |
| videogravador (m) | **видеомагнитафон** | [videomagnitafon] |
| rádio (m) | **радио** | [radio] |
| leitor (m) | **плеер** | [pleer] |
| projetor (m) | **видеопроектор** | [videoproektor] |
| cinema (m) em casa | **кинотеатри хонагӣ** | [kinoteatri χonagi:] |
| leitor (m) de DVD | **DVD-монак** | [ɛøɛ-monak] |
| amplificador (m) | **қувватафзо** | [quvvatafzo] |
| console (f) de jogos | **плейстейшн** | [plejstejʃn] |
| câmara (f) de vídeo | **видеокамера** | [videokamera] |
| máquina (f) fotográfica | **фотоаппарат** | [fotoapparat] |
| câmara (f) digital | **суратгираки рақамӣ** | [suratgiraki raqami:] |
| aspirador (m) | **чангкашак** | [ʧangkaʃak] |
| ferro (m) de engomar | **дарзмол** | [darzmol] |
| tábua (f) de engomar | **тахтаи дарзмолкунӣ** | [taχtai darzmolkuni:] |
| telefone (m) | **телефон** | [telefon] |
| telemóvel (m) | **телефони мобилӣ** | [telefoni mobili:] |
| máquina (f) de escrever | **мошинаи хатнависӣ** | [moʃinai χatnavisi:] |
| máquina (f) de costura | **мошинаи чокдӯзӣ** | [moʃinai ʧokdœzi:] |
| microfone (m) | **микрофон** | [mikrofon] |
| auscultadores (m pl) | **гӯшак, гӯшпӯшак** | [gœʃak], [gœʃpœʃak] |
| controlo remoto (m) | **пулт** | [pult] |
| CD (m) | **компакт-диск** | [kompakt-disk] |
| cassete (f) | **кассета** | [kasseta] |
| disco (m) de vinil | **пластинка** | [plastinka] |

## 100. Reparações. Renovação

| | | |
|---|---|---|
| renovação (f) | **таъмир, тармим** | [ta'mir], [tarmim] |
| renovar (vt), fazer obras | **таъмир кардан** | [ta'mir kardan] |
| reparar (vt) | **таъмир кардан** | [ta'mir kardan] |
| consertar (vt) | **ба тартиб андохтан** | [ba tartib andoχtan] |
| refazer (vt) | **дубора хохтан** | [dubora χoχtan] |

| | | |
|---|---|---|
| tinta (f) | **ранг** | [rang] |
| pintar (vt) | **ранг кардан** | [rang kardan] |
| pintor (m) | **рангзан, рангмол** | [rangzan], [rangmol] |
| pincel (m) | **мӯқалам** | [mœqalam] |
| cal (f) | **қабати оҳак** | [qabati ohak] |
| caiar (vt) | **сафед кардан** | [safed kardan] |
| papel (m) de parede | **зардеворӣ** | [zardevori:] |
| colocar papel de parede | **зардеворӣ часпондан** | [zardevori: ʧaspondan] |
| verniz (m) | **лок** | [lok] |
| envernizar (vt) | **лок задан** | [lok zadan] |

## 101. Canalizações

| | | |
|---|---|---|
| água (f) | **об** | [ob] |
| água (f) quente | **оби гарм** | [obi garm] |
| água (f) fria | **оби сард** | [obi sard] |
| torneira (f) | **ҷуммак, мил** | [ʤummak], [mil] |
| gota (f) | **катра** | [katra] |
| gotejar (vi) | **чакидан** | [ʧakidan] |
| vazar (vt) | **чакидан** | [ʧakidan] |
| vazamento (m) | **сӯрох будан** | [sœroχ budan] |
| poça (f) | **кӯлмак** | [kœlmak] |
| tubo (m) | **қубур** | [qubur] |
| válvula (f) | **вентил** | [ventil] |
| entupir-se (vr) | **аз чирк маҳкам шудан** | [az ʧirk mahkam ʃudan] |
| ferramentas (f pl) | **асбобу анҷом** | [asbobu anʤom] |
| chave (f) inglesa | **калиди бозшаванда** | [kalidi bozʃavanda] |
| desenroscar (vt) | **тоб дода кушодан** | [tob doda kuʃodan] |
| enroscar (vt) | **тофтан, тоб додан** | [toftan], [tob dodan] |
| desentupir (vt) | **тоза кардан** | [toza kardan] |
| canalizador (m) | **сантехник** | [santeχnik] |
| cave (f) | **таҳхона** | [tahχona] |
| sistema (m) de esgotos | **канализатсия** | [kanalizatsija] |

## 102. Fogo. Deflagração

| | | |
|---|---|---|
| incêndio (m) | **оташ** | [otaʃ] |
| chama (f) | **шӯъла** | [ʃœ'la] |
| faísca (f) | **шарора** | [ʃarora] |
| tocha (f) | **машъал** | [maʃ'al] |
| fogueira (f) | **гулхан** | [gulχan] |
| gasolina (f) | **бензин** | [benzin] |
| querosene (m) | **карасин** | [karasin] |
| inflamável | **сӯзанда** | [sœzanda] |
| explosivo | **тарканда** | [tarkanda] |

| | | |
|---|---|---|
| PROIBIDO FUMAR! | **ТАМОКУ НАКАШЕД!** | [tamoku nakaʃed] |
| segurança (f) | **бехатарӣ** | [beχatari:] |
| perigo (m) | **хатар** | [χatar] |
| perigoso | **хатарнок** | [χatarnok] |
| incendiar-se (vr) | **даргирифтан** | [dargiriftan] |
| explosão (f) | **таркиш, таркидан** | [tarkiʃ], [tarkidan] |
| incendiar (vt) | **оташ задан** | [otaʃ zadan] |
| incendiário (m) | **оташзананда** | [otaʃzananda] |
| incêndio (m) criminoso | **оташ задан** | [otaʃ zadan] |
| arder (vi) | **аланга задан** | [alanga zadan] |
| queimar (vi) | **сӯхтан** | [sœχtan] |
| queimar tudo (vi) | **сӯхтан** | [sœχtan] |
| chamar os bombeiros | **даъват кардани сӯхторхомӯшкунҳо** | [da'vat kardani sœχtorχomœʃkunho] |
| bombeiro (m) | **сӯхторхомӯшкун** | [sœχtorχomœʃkun] |
| carro (m) de bombeiros | **мошини сӯхторхомӯшкунӣ** | [moʃini sœχtorχomœʃkuni:] |
| corpo (m) de bombeiros | **дастаи сӯхторхомӯшкунҳо** | [dastai sœχtorχomœʃkunho] |
| escada (f) extensível | **зинапояи дарозшаванда** | [zinapojai darozʃavanda] |
| mangueira (f) | **рӯда** | [rœda] |
| extintor (m) | **оташнишон** | [otaʃniʃon] |
| capacete (m) | **тоскулоҳ** | [toskuloh] |
| sirene (f) | **бурғу** | [burʁu] |
| gritar (vi) | **дод задан** | [dod zadan] |
| chamar por socorro | **ба ёрӣ чеғ задан** | [ba jori: ʤeʁ zadan] |
| salvador (m) | **наҷотдиҳанда** | [naʤotdihanda] |
| salvar, resgatar (vt) | **наҷот додан** | [naʤot dodan] |
| chegar (vi) | **расидан** | [rasidan] |
| apagar (vt) | **хомӯш кардан** | [χomœʃ kardan] |
| água (f) | **об** | [ob] |
| areia (f) | **рег** | [reg] |
| ruínas (f pl) | **харобот** | [χarobot] |
| ruir (vi) | **гумбуррос зада афтодан** | [gumburros zada aftodan] |
| desmoronar (vi) | **ғалтидан** | [ʁaltidan] |
| desabar (vi) | **чӯкидан** | [ʧœkidan] |
| fragmento (m) | **шикастпора** | [ʃikastpora] |
| cinza (f) | **хокистар** | [χokistar] |
| sufocar (vi) | **нафас гашта мурдан** | [nafas gaʃta murdan] |
| perecer (vi) | **вафот кардан** | [vafot kardan] |

# ATIVIDADES HUMANAS

## Emprego. Negócios. Parte 1

### 103. Escritório. O trabalho no escritório

| | | |
|---|---|---|
| escritório (~ de advogados) | **офис** | [ofis] |
| escritório (do diretor, etc.) | **утоқи кор** | [utoqi kor] |
| receção (f) | **ресепшн** | [resepʃn] |
| secretário (m) | **котиб** | [kotib] |
| diretor (m) | **директор, мудир** | [direktor], [mudir] |
| gerente (m) | **менеҷер** | [menedʒer] |
| contabilista (m) | **бухғалтер** | [buχʁalter] |
| empregado (m) | **коркун** | [korkun] |
| mobiliário (m) | **мебел** | [mebel] |
| mesa (f) | **миз** | [miz] |
| cadeira (f) | **курсӣ** | [kursi:] |
| bloco (m) de gavetas | **ҷевонча** | [dʒevontʃa] |
| cabide (m) de pé | **либосовезак** | [libosovezak] |
| computador (m) | **компютер** | [kompjuter] |
| impressora (f) | **принтер** | [printer] |
| fax (m) | **факс** | [faks] |
| fotocopiadora (f) | **мошини нусхабардорӣ** | [moʃini nusχabardori:] |
| papel (m) | **қоғаз** | [qoʁaz] |
| artigos (m pl) de escritório | **молҳои конселярӣ** | [molhoi konseljari:] |
| tapete (m) de rato | **гилемчаи муш** | [gilemtʃai muʃ] |
| folha (f) de papel | **варақ** | [varaq] |
| pasta (f) | **папка** | [papka] |
| catálogo (m) | **каталог** | [katalog] |
| diretório (f) telefónico | **маълумотнома** | [ma'lumotnoma] |
| documentação (f) | **ҳуҷҷатҳо** | [hudʒdʒatho] |
| brochura (f) | **рисола, китобча** | [risola], [kitobtʃa] |
| flyer (m) | **варақа** | [varaqa] |
| amostra (f) | **намуна** | [namuna] |
| formação (f) | **машқ** | [maʃq] |
| reunião (f) | **маҷлис** | [madʒlis] |
| hora (f) de almoço | **танаффуси нисфирӯзӣ** | [tanaffusi nisfirœzi:] |
| fazer uma cópia | **нусха бардоштан** | [nusχa bardoʃtan] |
| tirar cópias | **бисёр кардан** | [bisjɔr kardan] |
| receber um fax | **факс гирифтан** | [faks giriftan] |
| enviar um fax | **факс фиристодан** | [faks firistodan] |
| fazer uma chamada | **занг задан** | [zang zadan] |

| | | |
|---|---|---|
| responder (vt) | **ҷавоб додан** | [ʤavob dodan] |
| passar (vt) | **алоқаманд кардан** | [aloqamand kardan] |
| marcar (vt) | **муайян кардан** | [muajjan kardan] |
| demonstrar (vt) | **нишон додан** | [niʃon dodan] |
| estar ausente | **набудан** | [nabudan] |
| ausência (f) | **набуд** | [nabud] |

## 104. Processos negociais. Parte 1

| | | |
|---|---|---|
| negócio (m) | **кор, соҳибкорӣ** | [kor], [sohibkori:] |
| ocupação (f) | **кор** | [kor] |
| firma, empresa (f) | **фирма** | [firma] |
| companhia (f) | **ширкат** | [ʃirkat] |
| corporação (f) | **корпоратсия** | [korporatsija] |
| empresa (f) | **муассиса, корхона** | [muassisa], [korχona] |
| agência (f) | **агенти шӯъба** | [agenti ʃœ'ba] |
| acordo (documento) | **шартнома, созишнома** | [ʃartnoma], [soziʃnoma] |
| contrato (m) | **шартнома** | [ʃartnoma] |
| acordo (transação) | **харидуфурӯш** | [χaridufurœʃ] |
| encomenda (f) | **супориш** | [suporiʃ] |
| cláusulas (f pl), termos (m pl) | **шарт** | [ʃart] |
| por grosso (adv) | **кӯтара** | [kœtara] |
| por grosso (adj) | **кӯтара, яклухт** | [kœtara], [jakluχt] |
| venda (f) por grosso | **яклухтфурӯшӣ** | [jakluχtfurœʃi:] |
| a retalho | **чакана** | [ʧakana] |
| venda (f) a retalho | **чаканафурӯшӣ** | [ʧakanafurœʃi:] |
| concorrente (m) | **рақиб** | [raqib] |
| concorrência (f) | **рақобат** | [raqobat] |
| competir (vi) | **рақобат кардан** | [raqobat kardan] |
| sócio (m) | **ҳариф** | [harif] |
| parceria (f) | **ҳарифӣ** | [harifi:] |
| crise (f) | **бӯҳрон** | [bœhron] |
| bancarrota (f) | **шикаст, муфлисӣ** | [ʃikast], [muflisi:] |
| entrar em falência | **муфлис шудан** | [muflis ʃudan] |
| dificuldade (f) | **душворӣ** | [duʃvori:] |
| problema (m) | **масъала** | [mas'ala] |
| catástrofe (f) | **шикаст** | [ʃikast] |
| economia (f) | **иқтисодиёт** | [iqtisodijɔt] |
| económico | **... и иқтисодӣ** | [i iqtisodi:] |
| recessão (f) económica | **таназзули иқтисодӣ** | [tanazzuli iqtisodi:] |
| objetivo (m) | **мақсад** | [maqsad] |
| tarefa (f) | **вазифа** | [vazifa] |
| comerciar (vi, vt) | **савдо кардан** | [savdo kardan] |
| rede (de distribuição) | **муассисаҳо** | [muassisaho] |

| | | |
|---|---|---|
| estoque (m) | **анбор** | [anbor] |
| sortimento (m) | **навъҳои мол** | [nav'hoi mol] |
| | | |
| líder (m) | **роҳбар** | [rohbar] |
| grande (~ empresa) | **калон** | [kalon] |
| monopólio (m) | **монополия, инҳисор** | [monopolija], [inhisor] |
| | | |
| teoria (f) | **назария** | [nazarija] |
| prática (f) | **таҷриба, амалия** | [tadʒriba], [amalija] |
| experiência (falar por ~) | **таҷриба** | [tadʒriba] |
| tendência (f) | **майл** | [majl] |
| desenvolvimento (m) | **пешравӣ** | [peʃravi:] |

## 105. Processos negociais. Parte 2

| | | |
|---|---|---|
| rentabilidade (f) | **фоида** | [foida] |
| rentável | **фоиданок** | [foidanok] |
| | | |
| delegação (f) | **ҳайати вакилон** | [hajati vakilon] |
| salário, ordenado (m) | **музди меҳнат** | [muzdi mehnat] |
| corrigir (um erro) | **ислоҳ кардан** | [isloh kardan] |
| viagem (f) de negócios | **командировка** | [komandirovka] |
| comissão (f) | **комиссия** | [komissija] |
| | | |
| controlar (vt) | **назорат кардан** | [nazorat kardan] |
| conferência (f) | **конференсия** | [konferensija] |
| licença (f) | **ҷавознома** | [dʒavoznoma] |
| confiável | **боэътимод** | [boɛ'timod] |
| | | |
| empreendimento (m) | **шурӯъ, ташаббус** | [ʃurœ'], [taʃabbus] |
| norma (f) | **норма** | [norma] |
| circunstância (f) | **ҳолат, маврид** | [holat], [mavrid] |
| dever (m) | **вазифа** | [vazifa] |
| | | |
| empresa (f) | **созмон** | [sozmon] |
| organização (f) | **ташкил** | [taʃkil] |
| organizado | **муташаккил** | [mutaʃakkil] |
| anulação (f) | **бекор кардани** | [bekor kardani] |
| anular, cancelar (vt) | **бекор кардан** | [bekor kardan] |
| relatório (m) | **ҳисоб, ҳисобот** | [hisob], [hisobot] |
| | | |
| patente (f) | **патент** | [patent] |
| patentear (vt) | **патент додан** | [patent dodan] |
| planear (vt) | **нақша кашидан** | [naqʃa kaʃidan] |
| | | |
| prémio (m) | **ҷоиза** | [dʒoiza] |
| profissional | **касаба** | [kasaba] |
| procedimento (m) | **расму қоида** | [rasmu qoida] |
| | | |
| examinar (a questão) | **матраҳ кардан** | [matrah kardan] |
| cálculo (m) | **муҳосиба** | [muhosiba] |
| reputação (f) | **шӯҳрат** | [ʃœhrat] |
| risco (m) | **хатар, таваккал** | [χatar], [tavakkal] |
| dirigir (~ uma empresa) | **сардорӣ кардан** | [sardori: kardan] |

| | | |
|---|---|---|
| informação (f) | **маълумот** | [ma'lumot] |
| propriedade (f) | **моликият** | [molikijat] |
| união (f) | **иттиҳод** | [ittihod] |
| | | |
| seguro (m) de vida | **суғуртакунии ҳаёт** | [suʁurtakuni:i hajɔt] |
| fazer um seguro | **суғурта кардан** | [suʁurta kardan] |
| seguro (m) | **суғурта** | [suʁurta] |
| | | |
| leilão (m) | **савдо, фурӯш** | [savdo], [furœʃ] |
| notificar (vt) | **огоҳ кардан** | [ogoh kardan] |
| gestão (f) | **идоракунӣ** | [idorakuni:] |
| serviço (indústria de ~s) | **хизмат** | [χizmat] |
| | | |
| fórum (m) | **маҷлис** | [madʒlis] |
| funcionar (vi) | **ҳаракат кардан** | [harakat kardan] |
| estágio (m) | **марҳала** | [marhala] |
| jurídico | **ҳуқуқӣ, ... и ҳуқуқ** | [huquqi:], [i huquq] |
| jurista (m) | **ҳуқуқшинос** | [huquqʃinos] |

## 106. Produção. Trabalhos

| | | |
|---|---|---|
| usina (f) | **завод** | [zavod] |
| fábrica (f) | **фабрика** | [fabrika] |
| oficina (f) | **сех** | [seχ] |
| local (m) de produção | **истеҳсолот** | [istehsolot] |
| | | |
| indústria (f) | **саноат** | [sanoat] |
| industrial | **саноатӣ** | [sanoati:] |
| indústria (f) pesada | **саноати вазнин** | [sanoati vaznin] |
| indústria (f) ligeira | **саноати сабук** | [sanoati sabuk] |
| | | |
| produção (f) | **тавлидот, маҳсул** | [tavlidot], [mahsul] |
| produzir (vt) | **истеҳсол кардан** | [istehsol kardan] |
| matérias-primas (f pl) | **ашёи хом** | [aʃɔi χom] |
| | | |
| chefe (m) de brigada | **сардори бригада** | [sardori brigada] |
| brigada (f) | **бригада** | [brigada] |
| operário (m) | **коргар** | [korgar] |
| | | |
| dia (m) de trabalho | **рӯзи кор** | [rœzi kor] |
| pausa (f) | **танаффус** | [tanaffus] |
| reunião (f) | **маҷлис** | [madʒlis] |
| discutir (vt) | **муҳокима кардан** | [muhokima kardan] |
| | | |
| plano (m) | **нақша** | [naqʃa] |
| cumprir o plano | **иҷрои нақша** | [idʒroi naqʃa] |
| taxa (f) de produção | **нормаи кор** | [normai kor] |
| qualidade (f) | **сифат** | [sifat] |
| controlo (m) | **назорат** | [nazorat] |
| controlo (m) da qualidade | **назорати сифат** | [nazorati sifat] |
| | | |
| segurança (f) no trabalho | **бехатарии меҳнат** | [beχatari:i mehnat] |
| disciplina (f) | **низом** | [nizom] |
| infração (f) | **вайронкунӣ** | [vajronkuni:] |

| | | |
|---|---|---|
| violar (as regras) | **вайрон кардан** | [vajron kardan] |
| greve (f) | **корпартой** | [korpartoi:] |
| grevista (m) | **корпарто** | [korparto] |
| estar em greve | **корпартой кардан** | [korpartoi: kardan] |
| sindicato (m) | **ташкилоти касабавӣ** | [taʃkiloti kasabavi:] |
| | | |
| inventar (vt) | **ихтироъ кардан** | [iχtiro' kardan] |
| invenção (f) | **ихтироъ** | [iχtiro'] |
| pesquisa (f) | **таҳқиқ** | [tahqiq] |
| melhorar (vt) | **беҳтар кардан** | [behtar kardan] |
| tecnologia (f) | **технология** | [teχnologija] |
| desenho (m) técnico | **нақша, тарҳ** | [naqʃa], [tarh] |
| | | |
| carga (f) | **бор** | [bor] |
| carregador (m) | **борбардор** | [borbardor] |
| carregar (vt) | **бор кардан** | [bor kardan] |
| carregamento (m) | **бор кардан** | [bor kardan] |
| descarregar (vt) | **борро фуровардан** | [borro furovardan] |
| descarga (f) | **борфурорӣ** | [borfurori:] |
| | | |
| transporte (m) | **нақлиёт** | [naqlijɔt] |
| companhia (f) de transporte | **ширкати нақлиётӣ** | [ʃirkati naqlijɔti:] |
| transportar (vt) | **кашондан** | [kaʃondan] |
| | | |
| vagão (m) de carga | **вагони боркаш** | [vagoni borkaʃ] |
| cisterna (f) | **систерна** | [sisterna] |
| camião (m) | **мошини боркаш** | [moʃini borkaʃ] |
| | | |
| máquina-ferramenta (f) | **дастгоҳ** | [dastgoh] |
| mecanismo (m) | **механизм** | [meχanizm] |
| | | |
| resíduos (m pl) industriais | **пасмондаҳо** | [pasmondaho] |
| embalagem (f) | **печонда бастан** | [petʃonda bastan] |
| embalar (vt) | **печонда бастан** | [petʃonda bastan] |

## 107. Contrato. Acordo

| | | |
|---|---|---|
| contrato (m) | **шартнома** | [ʃartnoma] |
| acordo (m) | **созишнома** | [soziʃnoma] |
| adenda (f), anexo (m) | **илова** | [ilova] |
| | | |
| assinar o contrato | **шартнома бастан** | [ʃartnoma bastan] |
| assinatura (f) | **имзо** | [imzo] |
| assinar (vt) | **имзо кардан** | [imzo kardan] |
| carimbo (m) | **мӯҳр** | [mœhr] |
| | | |
| objeto (m) do contrato | **мавзӯи шартнома** | [mavzœi ʃartnoma] |
| cláusula (f) | **модда** | [modda] |
| partes (f pl) | **тарафҳо** | [tarafho] |
| morada (f) jurídica | **нишонии ҳуқуқӣ** | [niʃoni:i huquqi:] |
| | | |
| violar o contrato | **вайрон кардани шартнома** | [vajron kardani ʃartnoma] |
| obrigação (f) | **вазифа, ӯҳдадорӣ** | [vazifa], [œhdadori:] |

| | | |
|---|---|---|
| responsabilidade (f) | **масъулият** | [mas'ulijat] |
| força (f) maior | **форс-мажор** | [fors-maʒor] |
| litígio (m), disputa (f) | **баҳс** | [bahs] |
| multas (f pl) | **ҷаримаи шартномавӣ** | [ʤarimai ʃartnomavi:] |

## 108. Importação & Exportação

| | | |
|---|---|---|
| importação (f) | **воридот** | [voridot] |
| importador (m) | **воридгари мол** | [voridgari mol] |
| importar (vt) | **ворид кардан** | [vorid kardan] |
| de importação | **... и воридот** | [i voridot] |
| | | |
| exportação (f) | **содирот** | [sodirot] |
| exportador (m) | **содиргар** | [sodirgar] |
| exportar (vt) | **содирот кардан** | [sodirot kardan] |
| de exportação | **... и содирот** | [i sodirot] |
| | | |
| mercadoria (f) | **мол** | [mol] |
| lote (de mercadorias) | **як миқдор** | [jak miqdor] |
| | | |
| peso (m) | **вазн** | [vazn] |
| volume (m) | **ҳаҷм** | [haʤm] |
| metro (m) cúbico | **метри кубӣ** | [metri kubi:] |
| | | |
| produtor (m) | **истеҳолкунанда** | [isteholkunanda] |
| companhia (f) de transporte | **ширкати нақлиётӣ** | [ʃirkati naqlijɔti:] |
| contentor (m) | **контейнер** | [kontejner] |
| | | |
| fronteira (f) | **сарҳад** | [sarhad] |
| alfândega (f) | **гумрукхона** | [gumrukχona] |
| taxa (f) alfandegária | **хаққи гумрукӣ** | [χaqqi gumruki:] |
| funcionário (m) da alfândega | **гумрукчӣ** | [gumrukʧi:] |
| contrabando (atividade) | **қочоқчигӣ** | [qoʧoqʧigi:] |
| contrabando (produtos) | **қочоқ** | [qoʧoq] |

## 109. Finanças

| | | |
|---|---|---|
| ação (f) | **саҳмия** | [sahmija] |
| obrigação (f) | **облигасия** | [obligasija] |
| nota (f) promissória | **вексел** | [veksel] |
| | | |
| bolsa (f) | **биржа** | [birʒa] |
| cotação (m) das ações | **қурби саҳмия** | [qurbi sahmija] |
| | | |
| tornar-se mais barato | **арзон шудан** | [arzon ʃudan] |
| tornar-se mais caro | **қимат шудан** | [qimat ʃudan] |
| | | |
| parte (f) | **ҳақ, саҳм** | [haq], [sahm] |
| participação (f) maioritária | **пакети контролӣ** | [paketi kontroli:] |
| | | |
| investimento (m) | **маблағгузорӣ** | [mablaʁtuzori:] |
| investir (vt) | **гузоштан** | [guzoʃtan] |

| | | |
|---|---|---|
| percentagem (f) | **фоиз** | [foiz] |
| juros (m pl) | **фоизҳо** | [foizho] |
| | | |
| lucro (m) | **даромад, фоида** | [daromad], [foida] |
| lucrativo | **фоиданок** | [foidanok] |
| imposto (m) | **налог, андоз** | [nalog], [andoz] |
| | | |
| divisa (f) | **валюта асъор** | [valjuta as'or] |
| nacional | **миллӣ** | [milli:] |
| câmbio (m) | **мубодила, иваз** | [mubodila], [ivaz] |
| | | |
| contabilista (m) | **бухғалтер** | [buχʁalter] |
| contabilidade (f) | **бухғалтерия** | [buχʁalterija] |
| | | |
| bancarrota (f) | **шикаст, муфлисӣ** | [ʃikast], [muflisi:] |
| falência (f) | **шикаст, ҳалокат** | [ʃikast], [halokat] |
| ruína (f) | **муфлисӣ** | [muflisi:] |
| arruinar-se (vr) | **муфлис шудан** | [muflis ʃudan] |
| inflação (f) | **бекурбшавии пул** | [bekurbʃavi:i pul] |
| desvalorização (f) | **беқурбшавии пул** | [bequrbʃavi:i pul] |
| | | |
| capital (m) | **капитал** | [kapital] |
| rendimento (m) | **даромад** | [daromad] |
| volume (m) de negócios | **гардиш** | [gardiʃ] |
| recursos (m pl) | **захира** | [zaχira] |
| recursos (m pl) financeiros | **маблағи пулӣ** | [mablaʁi puli:] |
| | | |
| despesas (f pl) gerais | **хароҷоти иловагӣ** | [χarodʒoti ilovagi:] |
| reduzir (vt) | **кам кардан** | [kam kardan] |

## 110. Marketing

| | | |
|---|---|---|
| marketing (m) | **маркетинг** | [marketing] |
| mercado (m) | **бозор** | [bozor] |
| segmento (m) do mercado | **сегменти бозор** | [segmenti bozor] |
| produto (m) | **мол, маҳсул** | [mol], [mahsul] |
| mercadoria (f) | **мол** | [mol] |
| | | |
| marca (f) | **тамғаи савдо, бренд** | [tamʁai savdo], [brend] |
| marca (f) comercial | **тамға** | [tamʁa] |
| logotipo (m) | **маркаи фирма** | [markai firma] |
| logo (m) | **логотип** | [logotip] |
| demanda (f) | **талабот** | [talabot] |
| oferta (f) | **таклиф** | [taklif] |
| necessidade (f) | **ниёз, талабот** | [nijɔz], [talabot] |
| consumidor (m) | **истеъмолкунанда** | [iste'molkunanda] |
| | | |
| análise (f) | **таҳлил** | [tahlil] |
| analisar (vt) | **таҳлил кардан** | [tahlil kardan] |
| posicionamento (m) | **мавқеъ гирифтан** | [mavqe' giriftan] |
| posicionar (vt) | **мавқеъгирӣ** | [mavqe'giri:] |
| preço (m) | **нарх** | [narχ] |
| política (f) de preços | **сиёсати нархгузорӣ** | [sijɔsati narχguzori:] |
| formação (f) de preços | **нархгузорӣ** | [narχguzori:] |

## 111. Publicidade

| | | |
|---|---|---|
| publicidade (f) | **реклама** | [reklama] |
| publicitar (vt) | **эълон кардан** | [ɛ'lon kardan] |
| orçamento (m) | **буҷет** | [budʒet] |
| anúncio (m) publicitário | **реклама, эълон** | [reklama], [ɛ'lon] |
| publicidade (f) televisiva | **телереклама** | [telereklama] |
| publicidade (f) na rádio | **реклама дар радио** | [reklama dar radio] |
| publicidade (f) exterior | **рекламаи беруна** | [reklamai beruna] |
| comunicação (f) de massa | **васоити ахбор** | [vasoiti aχbor] |
| periódico (m) | **нашрияи даврӣ** | [naʃrijai davri:] |
| imagem (f) | **имидж** | [imidʒ] |
| slogan (m) | **шиор** | [ʃior] |
| mote (m), divisa (f) | **шиор** | [ʃior] |
| campanha (f) | **маърака** | [ma'raka] |
| companha (f) publicitária | **маърака реклама** | [ma'raka reklama] |
| grupo (m) alvo | **гурӯҳи одамони ба мақсад ҷавобгӯ** | [gurœhi odamoni ba maqsad dʒavobgœ] |
| cartão (m) de visita | **варакаи боздид** | [varakai bozdid] |
| flyer (m) | **варақа** | [varaqa] |
| brochura (f) | **рисола, китобча** | [risola], [kitobtʃa] |
| folheto (m) | **буклет** | [buklet] |
| boletim (~ informativo) | **бюллетен** | [bjulleten] |
| letreiro (m) | **лавҳа** | [lavha] |
| cartaz, póster (m) | **плакат** | [plakat] |
| painel (m) publicitário | **лавҳаи эълонҳо** | [lavhai ɛ'lonho] |

## 112. Banca

| | | |
|---|---|---|
| banco (m) | **банк** | [bank] |
| sucursal, balcão (f) | **шӯъба** | [ʃœ'ba] |
| consultor (m) | **мушовир** | [muʃovir] |
| gerente (m) | **идоракунанда** | [idorakunanda] |
| conta (f) | **ҳисоб** | [hisob] |
| número (m) da conta | **рақами суратҳисоб** | [raqami surathisob] |
| conta (f) corrente | **ҳисоби ҷорӣ** | [hisobi dʒori:] |
| conta (f) poupança | **суратҳисоби ҷамъшаванда** | [surathisobi dʒam'ʃavanda] |
| abrir uma conta | **суратҳисоб кушодан** | [surathisob kuʃodan] |
| fechar uma conta | **бастани суратҳисоб** | [bastani surathisob] |
| depositar na conta | **ба суратҳисоб гузарондан** | [ba surathisob guzarondan] |
| levantar (vt) | **аз суратҳисоб гирифтан** | [az surathisob giriftan] |
| depósito (m) | **амонат** | [amonat] |
| fazer um depósito | **маблағ гузоштан** | [mablaʁ guzoʃtan] |

| | | |
|---|---|---|
| transferência (f) bancária | **интиқоли маблағ** | [intiqoli mablaʁ] |
| transferir (vt) | **интиқол додан** | [intiqol dodan] |
| soma (f) | **маблағ** | [mablaʁ] |
| Quanto? | **Чӣ қадар?** | [ʧi: qadar] |
| assinatura (f) | **имзо** | [imzo] |
| assinar (vt) | **имзо кардан** | [imzo kardan] |
| cartão (m) de crédito | **корти кредитӣ** | [korti krediti:] |
| código (m) | **рамз, код** | [ramz], [kod] |
| número (m) do cartão de crédito | **рақами корти кредитӣ** | [raqami korti krediti:] |
| Caixa Multibanco (m) | **банкомат** | [bankomat] |
| cheque (m) | **чек** | [ʧek] |
| passar um cheque | **чек навиштан** | [ʧek naviʃtan] |
| livro (m) de cheques | **дафтарчаи чек** | [daftarʧai ʧek] |
| empréstimo (m) | **қарз** | [qarz] |
| pedir um empréstimo | **барои кредит мурочиат кардан** | [baroi kredit murodʒiat kardan] |
| obter um empréstimo | **кредит гирифтан** | [kredit giriftan] |
| conceder um empréstimo | **кредит додан** | [kredit dodan] |
| garantia (f) | **кафолат, замонат** | [kafolat], [zamonat] |

## 113. Telefone. Conversação telefónica

| | | |
|---|---|---|
| telefone (m) | **телефон** | [telefon] |
| telemóvel (m) | **телефони мобилӣ** | [telefoni mobili:] |
| secretária (f) electrónica | **худҷавобгӯ** | [χuddʒavobgœ] |
| fazer uma chamada | **телефон кардан** | [telefon kardan] |
| chamada (f) | **занг** | [zang] |
| marcar um número | **гирифтани рақамҳо** | [giriftani raqamho] |
| Alô! | **алло, ҳа** | [allo], [ha] |
| perguntar (vt) | **пурсидан** | [pursidan] |
| responder (vt) | **ҷавоб додан** | [dʒavob dodan] |
| ouvir (vt) | **шунидан** | [ʃunidan] |
| bem | **хуб, нағз** | [χub], [naʁz] |
| mal | **бад** | [bad] |
| ruído (m) | **садоҳои бегона** | [sadohoi begona] |
| auscultador (m) | **гӯшак** | [gi:ʃak] |
| pegar o telefone | **бардоштани гӯшак** | [bardoʃtani gœʃak] |
| desligar (vi) | **мондани гӯшак** | [mondani gœʃak] |
| ocupado | **банд** | [band] |
| tocar (vi) | **занг задан** | [zang zadan] |
| lista (f) telefónica | **китоби телефон** | [kitobi telefon] |
| local | **маҳаллӣ** | [mahalli:] |
| chamada (f) local | **занги маҳаллӣ** | [zangi mahalli:] |

| | | |
|---|---|---|
| de longa distância | **байнишаҳрӣ** | [bajniʃahri:] |
| chamada (f) de longa distância | **занги байнишаҳрӣ** | [zangi bajniʃahri:] |
| internacional | **байналхалқӣ** | [bajnalχalqi:] |

## 114. Telefone móvel

| | | |
|---|---|---|
| telemóvel (m) | **телефони мобилӣ** | [telefoni mobili:] |
| ecrã (m) | **дисплей** | [displej] |
| botão (m) | **тугмача** | [tugmatʃa] |
| cartão SIM (m) | **сим-корт** | [sim-kort] |
| bateria (f) | **батарея** | [batareja] |
| descarregar-se | **бе заряд шудан** | [be zarjad ʃudan] |
| carregador (m) | **асбоби барқпуркунанда** | [asbobi barqpurkunanda] |
| menu (m) | **меню** | [menju] |
| definições (f pl) | **соз кардан** | [soz kardan] |
| melodia (f) | **оҳанг** | [ohang] |
| escolher (vt) | **интихоб кардан** | [intiχob kardan] |
| calculadora (f) | **ҳисобкунак** | [hisobkunak] |
| correio (m) de voz | **худҷавобгӯ** | [χuddʒavobgœ] |
| despertador (m) | **соати рӯимизии зангдор** | [soati rœimizi:i zangdor] |
| contatos (m pl) | **китоби телефон** | [kitobi telefon] |
| mensagem (f) de texto | **СМС-хабар** | [sms-χabar] |
| assinante (m) | **муштарӣ** | [muʃtari:] |

## 115. Estacionário

| | | |
|---|---|---|
| caneta (f) | **ручкаи саққочадор** | [rutʃkai saqqotʃador] |
| caneta (f) tinteiro | **парқалам** | [parqalam] |
| lápis (m) | **қалам** | [qalam] |
| marcador (m) | **маркер** | [marker] |
| caneta (f) de feltro | **фломастер** | [flomaster] |
| bloco (m) de notas | **блокнот, дафтари ёддошт** | [bloknot], [daftari jɔddoʃt] |
| agenda (f) | **рӯзнома** | [rœznoma] |
| régua (f) | **ҷадвал** | [dʒadval] |
| calculadora (f) | **ҳисобкунак** | [hisobkunak] |
| borracha (f) | **ластик** | [lastik] |
| pionés (m) | **кнопка** | [knopka] |
| clipe (m) | **скрепка** | [skrepka] |
| cola (f) | **елим, шилм** | [elim], [ʃilm] |
| agrafador (m) | **степлер** | [stepler] |
| afia-lápis (m) | **чарх** | [tʃarχ] |

## 116. Vários tipos de documentos

| | | |
|---|---|---|
| relatório (m) | **ҳисоб, ҳисобот** | [hisob], [hisobot] |
| acordo (m) | **созишнома** | [soziʃnoma] |
| ficha (f) de inscrição | **дархост** | [darχost] |
| autêntico | **аслӣ** | [asli:] |
| crachá (m) | **бэҷ** | [bɛʤ] |
| cartão (m) de visita | **варакаи боздид** | [varakai bozdid] |
| | | |
| certificado (m) | **сертификат** | [sertifikat] |
| cheque (m) | **чек** | [ʧek] |
| conta (f) | **ҳисоб** | [hisob] |
| constituição (f) | **конститутсия** | [konstitutsija] |
| | | |
| contrato (m) | **шартнома** | [ʃartnoma] |
| cópia (f) | **нусха** | [nusχa] |
| exemplar (m) | **нусха** | [nusχa] |
| | | |
| declaração (f) alfandegária | **декларатсияи гумрукӣ** | [deklaratsijai gumruki:] |
| documento (m) | **ҳуҷҷат, санад** | [huʤʤat], [sanad] |
| carta (f) de condução | **хуқуқи ронандагӣ** | [χuquqi ronandagi:] |
| adenda (ao contrato) | **илова** | [ilova] |
| questionário (m) | **анкета, саволнома** | [anketa], [savolnoma] |
| | | |
| bilhete (m) de identidade | **шаҳодатномаи шахсӣ** | [ʃahodatnomai ʃaχsi:] |
| inquérito (m) | **дархост** | [darχost] |
| convite (m) | **даъватнома** | [da'vatnoma] |
| fatura (f) | **суратҳисоб** | [surathisob] |
| | | |
| lei (f) | **қонун** | [qonun] |
| carta (correio) | **мактуб** | [maktub] |
| papel (m) timbrado | **бланк** | [blank] |
| lista (f) | **рӯйхат** | [rœjχat] |
| manuscrito (m) | **дастнавис** | [dastnavis] |
| boletim (~ informativo) | **бюллетен** | [bjulleten] |
| bilhete (mensagem breve) | **хатча** | [χatʧa] |
| | | |
| passe (m) | **иҷозатнома** | [iʤozatnoma] |
| passaporte (m) | **шиносnома** | [ʃinosnoma] |
| permissão (f) | **иҷозат** | [iʤozat] |
| CV, currículo (m) | **резюме, сивӣ** | [rezjume], [sivi:] |
| vale (nota promissória) | **санади қарз** | [sanadi qarz] |
| recibo (m) | **квитансия** | [kvitansija] |
| talão (f) | **чек** | [ʧek] |
| relatório (m) | **гузориш** | [guzoriʃ] |
| | | |
| mostrar (vt) | **пешниҳод кардан** | [peʃnihod kardan] |
| assinar (vt) | **имзо кардан** | [imzo kardan] |
| assinatura (f) | **имзо** | [imzo] |
| carimbo (m) | **мӯҳр** | [mœhr] |
| texto (m) | **матн** | [matn] |
| bilhete (m) | **билет** | [bilet] |
| | | |
| riscar (vt) | **хат задан** | [χat zadan] |
| preencher (vt) | **пур кардан** | [pur kardan] |

| | | |
|---|---|---|
| guia (f) de remessa | **борхат** | [borχat] |
| testamento (m) | **васиятнома** | [vasijatnoma] |

## 117. Tipos de negócios

| | | |
|---|---|---|
| serviços (m pl) de contabilidade | **хизмати муҳосиб** | [χizmati muhosib] |
| publicidade (f) | **реклама** | [reklama] |
| agência (f) de publicidade | **умури реклама** | [umuri reklama] |
| ar (m) condicionado | **кондитсионерҳо** | [konditsionerho] |
| companhia (f) aérea | **ширкати ҳавопаймоӣ** | [ʃirkati havopajmoi:] |
| bebidas (f pl) alcoólicas | **машруботи спиртдор** | [maʃruboti spirtdor] |
| comércio (m) de antiguidades | **атиқафурӯшӣ** | [atiqafurœʃi:] |
| galeria (f) de arte | **нигористон** | [nigoriston] |
| serviços (m pl) de auditoria | **хизмати аудиторӣ** | [χizmati auditori:] |
| negócios (m pl) bancários | **бизнеси бонкӣ** | [biznesi bonki:] |
| bar (m) | **бар** | [bar] |
| salão (m) de beleza | **кошонаи ҳусн** | [koʃonai husn] |
| livraria (f) | **мағозаи китоб** | [maʁozai kitob] |
| cervejaria (f) | **корхонаи пивопазӣ** | [korχonai pivopazi:] |
| centro (m) de escritórios | **маркази бизнес** | [markazi biznes] |
| escola (f) de negócios | **мактаби бизнес** | [maktabi biznes] |
| casino (m) | **казино** | [kazino] |
| construção (f) | **сохтумон** | [soχtumon] |
| serviços (m pl) de consultoria | **консалтинг** | [konsalting] |
| estomatologia (f) | **дандонпизишкӣ** | [dandonpiziʃki:] |
| design (m) | **дизайн, зебосозӣ** | [dizajn], [zebosozi:] |
| farmácia (f) | **дорухона** | [doruχona] |
| lavandaria (f) | **козургарии химиявӣ** | [kozurgari:i χimijavi:] |
| agência (f) de emprego | **шӯъбаи кадрҳо** | [ʃœ'bai kadrho] |
| serviços (m pl) financeiros | **хизмати молиявӣ** | [χizmati molijavi:] |
| alimentos (m pl) | **озуқаворӣ** | [ozuqavori:] |
| agência (f) funerária | **бюрои дафнкунӣ** | [bjuroi dafnkuni:] |
| mobiliário (m) | **мебел** | [mebel] |
| roupa (f) | **либос** | [libos] |
| hotel (m) | **меҳмонхона** | [mehmonχona] |
| gelado (m) | **яхмос** | [jaχmos] |
| indústria (f) | **саноат** | [sanoat] |
| seguro (m) | **суғуртакунӣ** | [suʁurtakuni:] |
| internet (f) | **интернет** | [internet] |
| investimento (m) | **маблағтузорӣ** | [mablaʁtuzori:] |
| joalheiro (m) | **ҷавҳарӣ** | [ʤavhari:] |
| joias (f pl) | **ҷавоҳирот** | [ʤavohirot] |
| lavandaria (f) | **ҷомашӯйхона** | [ʤomaʃœjχona] |
| serviços (m pl) jurídicos | **ёрии ҳуқуқӣ** | [jɔri:i huquqi:] |
| indústria (f) ligeira | **саноати сабук** | [sanoati sabuk] |
| revista (f) | **маҷалла** | [maʤalla] |

| | | |
|---|---|---|
| vendas (f pl) por catálogo | **савдо аз рӯи рӯйхат** | [savdo az rœi rœjχat] |
| medicina (f) | **тиб** | [tib] |
| cinema (m) | **кинотеатр** | [kinoteatr] |
| museu (m) | **осорхона** | [osorχona] |
| agência (f) de notícias | **оҷонсии хабарӣ** | [odʒonsi:i χabari:] |
| jornal (m) | **рӯзнома** | [rœznoma] |
| clube (m) noturno | **клуби шабона** | [klubi ʃabona] |
| petróleo (m) | **нефт** | [neft] |
| serviço (m) de encomendas | **шӯъбаи хаткашонӣ** | [ʃœ'bai χatkaʃoni:] |
| indústria (f) farmacêutica | **дорусозӣ** | [dorusozi:] |
| poligrafia (f) | **чопхона** | [ʧopχona] |
| editora (f) | **нашриёт** | [naʃrijɔt] |
| rádio (m) | **радио** | [radio] |
| imobiliário (m) | **мулки ғайриманкул** | [mulki ʁajrimankul] |
| restaurante (m) | **тарабхона** | [tarabχona] |
| empresa (f) de segurança | **оҷонсии посбонӣ** | [odʒonsi:i posboni:] |
| desporto (m) | **варзиш** | [varziʃ] |
| bolsa (f) | **биржа** | [birʒa] |
| loja (f) | **магазин** | [magazin] |
| supermercado (m) | **супермаркет** | [supermarket] |
| piscina (f) | **ҳавз** | [havz] |
| alfaiataria (f) | **ателе, коргоҳ** | [atele], [korgoh] |
| televisão (f) | **телевизион** | [televizion] |
| teatro (m) | **театр** | [teatr] |
| comércio (atividade) | **савдо** | [savdo] |
| serviços (m pl) de transporte | **кашондан** | [kaʃondan] |
| viagens (f pl) | **туризм, саёхат** | [turizm], [sajɔχat] |
| veterinário (m) | **духтури ҳайвонот** | [duχturi hajvonot] |
| armazém (m) | **анбор** | [anbor] |
| recolha (f) do lixo | **баровардани партов** | [barovardani partov] |

# Emprego. Negócios. Parte 2

## 118. Espetáculo. Feira

| | | |
|---|---|---|
| feira (f) | **намоишгоҳ** | [namoiʃgoh] |
| feira (f) comercial | **намоишгоҳи тиҷоратӣ** | [namoiʃgohi tidʒorati:] |
| participação (f) | **иштирок** | [iʃtirok] |
| participar (vi) | **иштирок кардан** | [iʃtirok kardan] |
| participante (m) | **иштирокчӣ** | [iʃtiroktʃi:] |
| diretor (m) | **директор, мудир** | [direktor], [mudir] |
| direção (f) | **кумитаи ташкилкунанда** | [kumitai taʃkilkunanda] |
| organizador (m) | **ташкилотчӣ** | [taʃkilottʃi:] |
| organizar (vt) | **ташкил кардан** | [taʃkil kardan] |
| ficha (f) de inscrição | **ариза барои иштирок** | [ariza baroi iʃtirok] |
| preencher (vt) | **пур кардан** | [pur kardan] |
| detalhes (m pl) | **ҷузъиёт** | [dʒuz'ijɔt] |
| informação (f) | **ахборот** | [aχborot] |
| preço (m) | **нарх** | [narχ] |
| incluindo | **дохил карда** | [doχil karda] |
| incluir (vt) | **дохил кардан** | [doχil kardan] |
| pagar (vt) | **пул додан** | [pul dodan] |
| taxa (f) de inscrição | **пардохти бақайдгирӣ** | [pardoχti baqajdgiri:] |
| entrada (f) | **даромад** | [daromad] |
| pavilhão (m) | **намоишгоҳ** | [namoiʃgoh] |
| inscrever (vt) | **қайд кардан** | [qajd kardan] |
| crachá (m) | **бэҷ** | [bɛdʒ] |
| stand (m) | **лавҳаи намоишӣ** | [lavhai namoiʃi:] |
| reservar (vt) | **нигоҳ доштан** | [nigoh doʃtan] |
| vitrina (f) | **витрина** | [vitrina] |
| foco, spot (m) | **чароғ** | [tʃaroʁ] |
| design (m) | **дизайн, зебосозӣ** | [dizajn], [zebosozi:] |
| pôr, colocar (vt) | **ҷойгир кардан** | [dʒojgir kardan] |
| ser colocado, -a | **ҷойгир шудан** | [dʒojgir ʃudan] |
| distribuidor (m) | **дистрибютор** | [distribjutor] |
| fornecedor (m) | **таъминкунанда** | [ta'minkunanda] |
| fornecer (vt) | **таъмин кардан** | [ta'min kardan] |
| país (m) | **кишвар** | [kiʃvar] |
| estrangeiro | **хориҷӣ** | [χoridʒi:] |
| produto (m) | **мол, маҳсул** | [mol], [mahsul] |
| associação (f) | **ассотсиатсия** | [assotsiatsija] |
| sala (f) de conferências | **маҷлисгоҳ** | [madʒlisgoh] |

congresso (m) **конгресс, анҷуман** [kongress], [andʒuman]
concurso (m) **конкурс** [konkurs]

visitante (m) **тамошобин** [tamoʃobin]
visitar (vt) **ба меҳмонӣ рафтан** [ba mehmoni: raftan]
cliente (m) **супоришдиҳанда** [suporiʃdihanda]

## 119. Media

jornal (m) **рӯзнома** [rœznoma]
revista (f) **маҷалла** [madʒalla]
imprensa (f) **матбуот** [matbuot]
rádio (m) **радио** [radio]
estação (f) de rádio **радиошунавоӣ** [radioʃunavoi:]
televisão (f) **телевизион** [televizion]

apresentador (m) **баранда, роҳбалад** [baranda], [rohbalad]
locutor (m) **диктор** [diktor]
comentador (m) **шореҳ** [ʃoreh]

jornalista (m) **рӯзноманигор** [rœznomanigor]
correspondente (m) **мухбир** [muχbir]
repórter (m) fotográfico **фотомухбир** [fotomuχbir]
repórter (m) **хабарнигор** [χabarnigor]

redator (m) **муҳаррир** [muharrir]
redator-chefe (m) **сармуҳаррир** [sarmuharrir]

assinar a … **обуна шудан** [obuna ʃudan]
assinatura (f) **обуна** [obuna]
assinante (m) **обуначӣ** [obunatʃi:]
ler (vt) **хондан** [χondan]
leitor (m) **хонанда** [χonanda]

tiragem (f) **тираж** [tiraʒ]
mensal **ҳармоҳа** [harmoha]
semanal **ҳафтаина** [haftaina]
número (jornal, revista) **шумора** [ʃumora]
recente **нав** [nav]

manchete (f) **сарлавҳа** [sarlavha]
pequeno artigo (m) **хабар** [χabar]
coluna (~ semanal) **сарлавҳа** [sarlavha]
artigo (m) **макола** [makola]
página (f) **саҳифа** [sahifa]

reportagem (f) **хабарнигорӣ** [χabarnigori:]
evento (m) **воқеа, ҳодиса** [voqea], [hodisa]
sensação (f) **ҳангома** [hangoma]
escândalo (m) **ҷанҷол** [dʒandʒol]
escandaloso **ҷанҷолӣ** [dʒandʒoli:]
grande **овозадор** [ovozador]
programa (m) de TV **намоиш** [namoiʃ]
entrevista (f) **мусоҳиба** [musohiba]

| | | |
|---|---|---|
| transmissão (f) em direto | **намоиши мустақим** | [namoiʃi mustaqim] |
| canal (m) | **канал** | [kanal] |

## 120. Agricultura

| | | |
|---|---|---|
| agricultura (f) | **хоҷагии қишлоқ** | [χodʒagi:i qiʃloq] |
| camponês (m) | **деҳқон** | [dehqon] |
| camponesa (f) | **деҳқонзан** | [dehqonzan] |
| agricultor (m) | **фермер** | [fermer] |
| trator (m) | **трактор** | [traktor] |
| ceifeira-debulhadora (f) | **комбайн** | [kombajn] |
| arado (m) | **сипор** | [sipor] |
| arar (vt) | **шудгор кардан** | [ʃudgor kardan] |
| campo (m) lavrado | **шудгор** | [ʃudgor] |
| rego (m) | **огард, ҷӯяк** | [ogard], [dʒœjak] |
| semear (vt) | **коштан, коридан** | [koʃtan], [koridan] |
| semeadora (f) | **сеялка** | [sejalka] |
| semeadura (f) | **кишт** | [kiʃt] |
| gadanha (f) | **пойдос** | [pojdos] |
| gadanhar (vt) | **даравидан** | [daravidan] |
| pá (f) | **бел** | [bel] |
| cavar (vt) | **каланд кардан** | [kaland kardan] |
| enxada (f) | **каландча** | [kalandtʃa] |
| carpir (vt) | **хишова кардан** | [χiʃova kardan] |
| erva (f) daninha | **алафи бегона** | [alafi begona] |
| regador (m) | **даҳанак** | [dahanak] |
| regar (vt) | **об мондан** | [ob mondan] |
| rega (f) | **обмонӣ** | [obmoni:] |
| forquilha (f) | **панҷшоха, чоршоха** | [pandʒʃoχa], [tʃorʃoχa] |
| ancinho (m) | **хаскашак** | [χaskaʃak] |
| fertilizante (m) | **пору** | [poru] |
| fertilizar (vt) | **пору андохтан** | [poru andoχtan] |
| estrume (m) | **пору** | [poru] |
| campo (m) | **саҳро** | [sahro] |
| prado (m) | **марғзор** | [marʁzor] |
| horta (f) | **обчакорӣ** | [obtʃakori:] |
| pomar (m) | **боғ** | [boʁ] |
| pastar (vt) | **чарондан** | [tʃarondan] |
| pastor (m) | **подабон** | [podabon] |
| pastagem (f) | **чарогоҳ** | [tʃarogoh] |
| pecuária (f) | **чорводорӣ** | [tʃorvodori:] |
| criação (f) de ovelhas | **гӯсфандпарварӣ** | [gœsfandparvari:] |

plantação (f) **киштзор** [kiʃtzor]
canteiro (m) **ҷўя, пушта** [ʤœja], [puʃta]
invernadouro (m) **гармхона** [garmχona]

seca (f) **хушксолӣ, хушкӣ** [χuʃksoli:], [χuʃki:]
seco (verão ~) **хушк** [χuʃk]

cereal (m) **ғалла, ғалладона** [ʁalla], [ʁalladona]
cereais (m pl) **ғалла, ғалладона** [ʁalla], [ʁalladona]
colher (vt) **ғундоштан** [ʁundoʃtan]

moleiro (m) **осиёбон** [osijɔbon]
moinho (m) **осиё** [osijɔ]
moer (vt) **орд кардан** [ord kardan]
farinha (f) **орд** [ord]
palha (f) **коҳ** [koh]

## 121. Construção. Processo de construção

canteiro (m) de obras **бинокорӣ** [binokori:]
construir (vt) **бино кардан** [bino kardan]
construtor (m) **бинокор** [binokor]

projeto (m) **лоиҳа** [loiha]
arquiteto (m) **меъмор** [me'mor]
operário (m) **коргар** [korgar]

fundação (f) **тахкурсӣ** [taχkursi:]
telhado (m) **бом** [bom]
estaca (f) **поя** [poja]
parede (f) **девор** [devor]

varões (m pl) para betão **арматура** [armatura]
andaime (m) **чӯбу тахтаи сохтумонӣ** [ʧœbu taχtai soχtumoni:]

betão (m) **бетон** [beton]
granito (m) **хоро** [χoro]
pedra (f) **санг** [sang]
tijolo (m) **хишт** [χiʃt]

areia (f) **рег** [reg]
cimento (m) **симон** [simon]
emboço (m) **андова** [andova]
emboçar (vt) **андова кардан** [andova kardan]
tinta (f) **ранг** [rang]
pintar (vt) **ранг кардан** [rang kardan]
barril (m) **бочка, чалак** [botʃka], [ʧalak]

grua (f), guindaste (m) **крани борбардор** [krani borbardor]
erguer (vt) **бардоштан** [bardoʃtan]
baixar (vt) **фуровардан** [furovardan]

buldózer (m) **булдозер** [buldozer]
escavadora (f) **экскаватор** [ɛkskavator]

| | | |
|---|---|---|
| caçamba (f) | **хокандоз** | [χokandoz] |
| escavar (vt) | **кандан** | [kandan] |
| capacete (m) de proteção | **тоскулоҳ** | [toskuloh] |

## 122. Ciência. Investigação. Cientistas

| | | |
|---|---|---|
| ciência (f) | **фан, илм** | [fan], [ilm] |
| científico | **илмӣ, фаннӣ** | [ilmi:], [fanni:] |
| cientista (m) | **олим** | [olim] |
| teoria (f) | **назария** | [nazarija] |
| | | |
| axioma (m) | **аксиома** | [aksioma] |
| análise (f) | **таҳлил** | [tahlil] |
| analisar (vt) | **таҳлил кардан** | [tahlil kardan] |
| argumento (m) | **далел, бурҳон** | [dalel], [burhon] |
| substância (f) | **модда** | [modda] |
| | | |
| hipótese (f) | **гипотеза, фарзия** | [gipoteza], [farzija] |
| dilema (m) | **дилемма** | [dilemma] |
| tese (f) | **рисола** | [risola] |
| dogma (m) | **догма** | [dogma] |
| | | |
| doutrina (f) | **доктрина** | [doktrina] |
| pesquisa (f) | **таҳқиқ** | [tahqiq] |
| pesquisar (vt) | **таҳқиқ кардан** | [tahqiq kardan] |
| teste (m) | **назорат** | [nazorat] |
| laboratório (m) | **лаборатория** | [laboratorija] |
| | | |
| método (m) | **метод** | [metod] |
| molécula (f) | **молекула** | [molekula] |
| monitoramento (m) | **мониторинг** | [monitoring] |
| descoberta (f) | **кашф, ихтироъ** | [kaʃf], [iχtiro'] |
| | | |
| postulado (m) | **постулат** | [postulat] |
| princípio (m) | **принсип** | [prinsip] |
| prognóstico (previsão) | **пешгӯӣ** | [peʃgœi:] |
| prognosticar (vt) | **пешгӯӣ кардан** | [peʃgœi: kardan] |
| | | |
| síntese (f) | **синтез** | [sintez] |
| tendência (f) | **майл** | [majl] |
| teorema (m) | **теорема** | [teorema] |
| | | |
| ensinamentos (m pl) | **таълимот** | [ta'limot] |
| facto (m) | **факт** | [fakt] |
| | | |
| expedição (f) | **экспедитсия** | [ɛkspeditsija] |
| experiência (f) | **таҷриба, санҷиш** | [tadʒriba], [sandʒiʃ] |
| | | |
| académico (m) | **академик** | [akademik] |
| bacharel (m) | **бакалавр** | [bakalavr] |
| doutor (m) | **духтур, табиб** | [duχtur], [tabib] |
| docente (m) | **дотсент** | [dotsent] |
| mestre (m) | **магистр** | [magistr] |
| professor (m) catedrático | **профессор** | [professor] |

# Profissões e ocupações

## 123. Procura de emprego. Demissão

| | | |
|---|---|---|
| trabalho (m) | **кор** | [kor] |
| equipa (f) | **кадрҳо** | [kadrho] |
| pessoal (m) | **ҳайат** | [hajat] |
| carreira (f) | **пешравӣ дар мансаб** | [peʃravi: dar mansab] |
| perspetivas (f pl) | **дурнамо** | [durnamo] |
| mestria (f) | **ҳунар** | [hunar] |
| seleção (f) | **интихоб** | [intiχob] |
| agência (f) de emprego | **шӯъбаи кадрҳо** | [ʃœ'bai kadrho] |
| CV, currículo (m) | **резюме, сивӣ** | [rezjume], [sivi:] |
| entrevista (f) de emprego | **сӯҳбат** | [sœhbat] |
| vaga (f) | **вазифаи холӣ** | [vazifai χoli:] |
| salário (m) | **музди меҳнат** | [muzdi mehnat] |
| salário (m) fixo | **моҳона** | [mohona] |
| pagamento (m) | **ҳақдиҳӣ** | [haqdihi:] |
| posto (m) | **вазифа** | [vazifa] |
| dever (do empregado) | **вазифа** | [vazifa] |
| gama (f) de deveres | **ҳудуди вазифа** | [hududi vazifa] |
| ocupado | **серкор** | [serkor] |
| despedir, demitir (vt) | **озод кардан** | [ozod kardan] |
| demissão (f) | **аз кор холӣ шудан** | [az kor χoli: ʃudan] |
| desemprego (m) | **бекорӣ** | [bekori:] |
| desempregado (m) | **бекор** | [bekor] |
| reforma (f) | **нафақа** | [nafaqa] |
| reformar-se | **ба нафақа баромадан** | [ba nafaqa baromadan] |

## 124. Gente de negócios

| | | |
|---|---|---|
| diretor (m) | **директор, мудир** | [direktor], [mudir] |
| gerente (m) | **идоракунанда** | [idorakunanda] |
| patrão, chefe (m) | **роҳбар, сардор** | [rohbar], [sardor] |
| superior (m) | **сардор** | [sardor] |
| superiores (m pl) | **сардорон** | [sardoron] |
| presidente (m) | **президент** | [prezident] |
| presidente (m) de direção | **раис** | [rais] |
| substituto (m) | **ҷонишин** | [ʤoniʃin] |
| assistente (m) | **ёвар** | [jɔvar] |

| | | |
|---|---|---|
| secretário (m) | **котиб** | [kotib] |
| secretário (m) pessoal | **котиби шахсӣ** | [kotibi ʃaχsi:] |
| | | |
| homem (m) de negócios | **корчаллон** | [kortʃallon] |
| empresário (m) | **соҳибкор** | [sohibkor] |
| fundador (m) | **таъсис** | [ta'sis] |
| fundar (vt) | **таъсис кардан** | [ta'sis kardan] |
| | | |
| fundador, sócio (m) | **муассис** | [muassis] |
| parceiro, sócio (m) | **шарик** | [ʃarik] |
| acionista (m) | **саҳмиядор** | [sahmijador] |
| | | |
| milionário (m) | **миллионер** | [millioner] |
| bilionário (m) | **миллиардер** | [milliarder] |
| proprietário (m) | **соҳиб** | [sohib] |
| proprietário (m) de terras | **заминдор** | [zamindor] |
| | | |
| cliente (m) | **мизоҷ, муштарӣ** | [mizodʒ], [muʃtari:] |
| cliente (m) habitual | **мизоҷи доимӣ** | [mizodʒi doimi:] |
| comprador (m) | **харидор, муштарӣ** | [χaridor], [muʃtari:] |
| visitante (m) | **тамошобин** | [tamoʃobin] |
| | | |
| profissional (m) | **усто, устод** | [usto], [ustod] |
| perito (m) | **мумайиз** | [mumajiz] |
| especialista (m) | **мутахассис** | [mutaχassis] |
| | | |
| banqueiro (m) | **соҳиби банк** | [sohibi bank] |
| corretor (m) | **брокер** | [broker] |
| | | |
| caixa (m, f) | **кассир** | [kassir] |
| contabilista (m) | **бухғалтер** | [buχʁalter] |
| guarda (m) | **посбон** | [posbon] |
| | | |
| investidor (m) | **маблағгузоранда** | [mablaʁguzoranda] |
| devedor (m) | **қарздор** | [qarzdor] |
| credor (m) | **қарздиҳанда** | [qarzdihanda] |
| mutuário (m) | **вомгир** | [vomgir] |
| | | |
| importador (m) | **воридгари мол** | [voridgari mol] |
| exportador (m) | **содиргар** | [sodirgar] |
| | | |
| produtor (m) | **истеҳолкунанда** | [isteholkunanda] |
| distribuidor (m) | **дистрибютор** | [distribjutor] |
| intermediário (m) | **даллол** | [dallol] |
| | | |
| consultor (m) | **мушовир** | [muʃovir] |
| representante (m) | **намоянда** | [namojanda] |
| agente (m) | **агент** | [agent] |
| agente (m) de seguros | **идораи суғурта** | [idorai suʁurta] |

## 125. Profissões de serviços

| | | |
|---|---|---|
| cozinheiro (m) | **ошпаз** | [oʃpaz] |
| cozinheiro chefe (m) | **сарошпаз** | [saroʃpaz] |

| | | |
|---|---|---|
| padeiro (m) | **нонвой** | [nonvoj] |
| barman (m) | **бармен** | [barmen] |
| empregado (m) de mesa | **пешхизмат** | [peʃχizmat] |
| empregada (f) de mesa | **пешхизмат** | [peʃχizmat] |
| advogado (m) | **адвокат, ҳимоягар** | [advokat], [himojagar] |
| jurista (m) | **ҳуқуқшинос** | [huquqʃinos] |
| notário (m) | **нотариус** | [notarius] |
| eletricista (m) | **барқчӣ** | [barqʧi:] |
| canalizador (m) | **сантехник** | [santeχnik] |
| carpinteiro (m) | **дуредгар** | [duredgar] |
| massagista (m) | **масҳгар** | [mashgar] |
| massagista (f) | **маҳсгарзан** | [mahsgarzan] |
| médico (m) | **духтур** | [duχtur] |
| taxista (m) | **таксичӣ** | [taksiʧi:] |
| condutor (automobilista) | **ронанда** | [ronanda] |
| entregador (m) | **хаткашон** | [χatkaʃon] |
| camareira (f) | **пешхизмат** | [peʃχizmat] |
| guarda (m) | **посбон** | [posbon] |
| hospedeira (f) de bordo | **стюардесса** | [stjuardessa] |
| professor (m) | **муаллим** | [muallim] |
| bibliotecário (m) | **китобдор** | [kitobdor] |
| tradutor (m) | **тарҷумон** | [tarʤumon] |
| intérprete (m) | **тарҷумон** | [tarʤumon] |
| guia (pessoa) | **роҳбалад** | [rohbalad] |
| cabeleireiro (m) | **сартарош** | [sartaroʃ] |
| carteiro (m) | **хаткашон** | [χatkaʃon] |
| vendedor (m) | **фурӯш** | [furœʃ] |
| jardineiro (m) | **боғбон** | [boʁbon] |
| criado (m) | **хизматгор** | [χizmatgor] |
| criada (f) | **хизматгорзан** | [χizmatgorzan] |
| empregada (f) de limpeza | **фаррошзан** | [farroʃzan] |

## 126. Profissões militares e postos

| | | |
|---|---|---|
| soldado (m) raso | **аскари қаторӣ** | [askari qatori:] |
| sargento (m) | **сержант** | [serʒant] |
| tenente (m) | **лейтенант** | [lejtenant] |
| capitão (m) | **капитан** | [kapitan] |
| major (m) | **майор** | [majɔr] |
| coronel (m) | **полковник** | [polkovnik] |
| general (m) | **генерал** | [general] |
| marechal (m) | **маршал** | [marʃal] |
| almirante (m) | **адмирал** | [admiral] |
| militar (m) | **ҳарбӣ, ҷангӣ** | [harbi:], [ʤangi:] |
| soldado (m) | **аскар** | [askar] |

| | | |
|---|---|---|
| oficial (m) | **афсар** | [afsar] |
| comandante (m) | **командир** | [komandir] |
| | | |
| guarda (m) fronteiriço | **сарҳадбон** | [sarhadbon] |
| operador (m) de rádio | **радиочӣ** | [radiotʃi:] |
| explorador (m) | **разведкачӣ** | [razvedkatʃi:] |
| sapador (m) | **сапёр** | [sapjɔr] |
| atirador (m) | **тирандоз** | [tirandoz] |
| navegador (m) | **штурман** | [ʃturman] |

## 127. Oficiais. Padres

| | | |
|---|---|---|
| rei (m) | **шоҳ** | [ʃoh] |
| rainha (f) | **малика** | [malika] |
| | | |
| príncipe (m) | **шоҳзода** | [ʃohzoda] |
| princesa (f) | **шоҳдухтар** | [ʃohduχtar] |
| | | |
| czar (m) | **шоҳ** | [ʃoh] |
| czarina (f) | **шоҳзан** | [ʃohzan] |
| | | |
| presidente (m) | **президент** | [prezident] |
| ministro (m) | **вазир** | [vazir] |
| primeiro-ministro (m) | **сарвазир** | [sarvazir] |
| senador (m) | **сенатор** | [senator] |
| | | |
| diplomata (m) | **дипломат** | [diplomat] |
| cônsul (m) | **консул** | [konsul] |
| embaixador (m) | **сафир** | [safir] |
| conselheiro (m) | **мушовир** | [muʃovir] |
| | | |
| funcionário (m) | **амалдор** | [amaldor] |
| prefeito (m) | **префект** | [prefekt] |
| Presidente (m) da Câmara | **мир** | [mir] |
| | | |
| juiz (m) | **довар** | [dovar] |
| procurador (m) | **прокурор, додситон** | [prokuror], [dodsiton] |
| | | |
| missionário (m) | **миссионер, мубаллиғ** | [missioner], [muballiʁ] |
| monge (m) | **роҳиб** | [rohib] |
| abade (m) | **аббат** | [abbat] |
| rabino (m) | **раббӣ** | [rabbi:] |
| | | |
| vizir (m) | **вазир** | [vazir] |
| xá (m) | **шоҳ** | [ʃoh] |
| xeque (m) | **шайх** | [ʃajχ] |

## 128. Profissões agrícolas

| | | |
|---|---|---|
| apicultor (m) | **занбӯрпарвар** | [zanbœrparvar] |
| pastor (m) | **подабон** | [podabon] |
| agrónomo (m) | **агроном** | [agronom] |

criador (m) de gado | **чорводор** | [ʧorvodor]
veterinário (m) | **духтури ҳайвонот** | [duχturi hajvonot]

agricultor (m) | **фермер** | [fermer]
vinicultor (m) | **шаробсоз** | [ʃarobsoz]
zoólogo (m) | **зоолог** | [zoolog]
cowboy (m) | **ковбой** | [kovboj]

## 129. Profissões artísticas

| | | |
|---|---|---|
| ator (m) | **ҳунарманд** | [hunarmand] |
| atriz (f) | **ҳунарманд** | [hunarmand] |
| cantor (m) | **сурудхон, ҳофиз** | [surudχon], [hofiz] |
| cantora (f) | **сароянда** | [sarojanda] |
| bailarino (m) | **раққос** | [raqqos] |
| bailarina (f) | **раққоса** | [raqqosa] |
| artista (m) | **ҳунарманд** | [hunarmand] |
| artista (f) | **ҳунарманд** | [hunarmand] |
| músico (m) | **мусиқачӣ** | [musiqaʧi:] |
| pianista (m) | **пианинонавоз** | [pianinonavoz] |
| guitarrista (m) | **гиторчӣ** | [gitorʧi:] |
| maestro (m) | **дирижёр** | [diriʒjɔr] |
| compositor (m) | **композитор, бастакор** | [kompozitor], [bastakor] |
| empresário (m) | **импрессарио** | [impressario] |
| realizador (m) | **коргардон** | [korgardon] |
| produtor (m) | **продюсер** | [prodjuser] |
| argumentista (m) | **муаллифи сенарий** | [muallifi senarij] |
| crítico (m) | **мунаққид** | [munaqqid] |
| escritor (m) | **нависанда** | [navisanda] |
| poeta (m) | **шоир** | [ʃoir] |
| escultor (m) | **ҳайкалтарош** | [hajkaltaroʃ] |
| pintor (m) | **рассом** | [rassom] |
| malabarista (m) | **жонглёр** | [ʒongljɔr] |
| palhaço (m) | **масхарабоз** | [masχaraboz] |
| acrobata (m) | **дорбоз, акробат** | [dorboz], [akrobat] |
| mágico (m) | **найрангбоз** | [najrangboz] |

## 130. Várias profissões

| | | |
|---|---|---|
| médico (m) | **духтур** | [duχtur] |
| enfermeira (f) | **ҳамшираи тиббӣ** | [hamʃirai tibbi:] |
| psiquiatra (m) | **равонпизишк** | [ravonpiziʃk] |
| estomatologista (m) | **дандонпизишк** | [dandonpiziʃk] |
| cirurgião (m) | **ҷарроҳ** | [dʒarroh] |

| | | |
|---|---|---|
| astronauta (m) | **кайҳоннавард** | [kajhonnavard] |
| astrónomo (m) | **ситорашинос** | [sitoraʃinos] |
| piloto (m) | **лётчик** | [ljɔttʃik] |
| | | |
| motorista (m) | **ронанда** | [ronanda] |
| maquinista (m) | **мошинист** | [moʃinist] |
| mecânico (m) | **механик** | [meχanik] |
| | | |
| mineiro (m) | **конкан** | [konkan] |
| operário (m) | **коргар** | [korgar] |
| serralheiro (m) | **челонгар** | [tʃelongar] |
| marceneiro (m) | **дуредгар, наҷҷор** | [duredgar], [nadʒdʒor] |
| torneiro (m) | **харрот** | [χarrot] |
| construtor (m) | **бинокор** | [binokor] |
| soldador (m) | **кафшергар** | [kafʃergar] |
| | | |
| professor (m) catedrático | **профессор** | [professor] |
| arquiteto (m) | **меъмор** | [me'mor] |
| historiador (m) | **таърихдон** | [ta'riχdon] |
| cientista (m) | **олим** | [olim] |
| físico (m) | **физик** | [fizik] |
| químico (m) | **химик** | [χimik] |
| | | |
| arqueólogo (m) | **археолог** | [arχeolog] |
| geólogo (m) | **геолог** | [geolog] |
| pesquisador (cientista) | **таҳқикотчӣ** | [tahqikottʃi:] |
| | | |
| babysitter (f) | **бачабардор** | [batʃabardor] |
| professor (m) | **муаллим** | [muallim] |
| | | |
| redator (m) | **муҳаррир** | [muharrir] |
| redator-chefe (m) | **сармуҳаррир** | [sarmuharrir] |
| correspondente (m) | **мухбир** | [muχbir] |
| datilógrafa (f) | **мошинистка** | [moʃinistka] |
| | | |
| designer (m) | **дизайнгар, зебосоз** | [dizajngar], [zebosoz] |
| especialista (m) em informática | **устои компютер** | [ustoi kompjuter] |
| programador (m) | **барномасоз** | [barnomasoz] |
| engenheiro (m) | **инженер** | [inʒener] |
| | | |
| marujo (m) | **баҳрчӣ** | [bahrtʃi:] |
| marinheiro (m) | **баҳрчӣ, маллоҳ** | [bahrtʃi:], [malloh] |
| salvador (m) | **наҷотдиҳанда** | [nadʒotdihanda] |
| | | |
| bombeiro (m) | **сӯхторхомӯшкун** | [sœχtorχomœʃkun] |
| polícia (m) | **полис** | [polis] |
| guarda-noturno (m) | **посбон** | [posbon] |
| detetive (m) | **ҷустуҷӯкунанда** | [dʒustudʒœkunanda] |
| | | |
| funcionário (m) da alfândega | **гумрукчӣ** | [gumruktʃi:] |
| guarda-costas (m) | **муҳофиз** | [muhofiz] |
| guarda (m) prisional | **назоратчии ҳабсхона** | [nazorattʃi:i habsχona] |
| inspetor (m) | **назоратчӣ** | [nazorattʃi:] |
| desportista (m) | **варзишгар** | [varziʃgar] |
| treinador (m) | **тренер** | [trener] |

| | | |
|---|---|---|
| talhante (m) | **қассоб, гӯштфурӯш** | [qassob], [gœʃtfurœʃ] |
| sapateiro (m) | **мӯзадӯз** | [mœzadœz] |
| comerciante (m) | **савдогар, тоҷир** | [savdogar], [toʤir] |
| carregador (m) | **борбардор** | [borbardor] |
| estilista (m) | **тарҳсоз** | [tarhsoz] |
| modelo (f) | **модел** | [model] |

## 131. Ocupações. Estatuto social

| | | |
|---|---|---|
| aluno, escolar (m) | **мактабхон** | [maktabχon] |
| estudante (~ universitária) | **донишҷӯ** | [doniʃʤœ] |
| filósofo (m) | **файласуф** | [fajlasuf] |
| economista (m) | **иқтисодчӣ** | [iqtisodʧi:] |
| inventor (m) | **ихтироъкор** | [iχtiro'kor] |
| desempregado (m) | **бекор** | [bekor] |
| reformado (m) | **нафақахӯр** | [nafaqaχœr] |
| espião (m) | **ҷосус** | [ʤosus] |
| preso (m) | **маҳбус** | [mahbus] |
| grevista (m) | **корпарто** | [korparto] |
| burocrata (m) | **бюрократ** | [bjurokrat] |
| viajante (m) | **сайёх** | [sajjɔχ] |
| homossexual (m) | **гомосексуалист** | [gomoseksualist] |
| hacker (m) | **хакер** | [χaker] |
| hippie | **хиппи** | [χippi] |
| bandido (m) | **роҳзан** | [rohzan] |
| assassino (m) a soldo | **қотили зархарид** | [qotili zarχarid] |
| toxicodependente (m) | **нашъаманд** | [naʃamand] |
| traficante (m) | **нашъаҷаллоб** | [naʃaʤallob] |
| prostituta (f) | **фоҳиша** | [fohiʃa] |
| chulo (m) | **занҷаллоб** | [zanʤallob] |
| bruxo (m) | **ҷодугар** | [ʤodugar] |
| bruxa (f) | **занаки ҷодугар** | [zanaki ʤodugar] |
| pirata (m) | **роҳзани баҳрӣ** | [rohzani bahri:] |
| escravo (m) | **ғулом** | [ʁulom] |
| samurai (m) | **самурай** | [samuraj] |
| selvagem (m) | **одами ваҳшӣ** | [odami vahʃi:] |

# Desportos

## 132. Tipos de desportos. Desportistas

| | | |
|---|---|---|
| desportista (m) | **варзишгар** | [varziʃgar] |
| tipo (m) de desporto | **намуди варзиш** | [namudi varziʃ] |
| basquetebol (m) | **баскетбол** | [basketbol] |
| jogador (m) de basquetebol | **баскетболбоз** | [basketbolboz] |
| beisebol (m) | **бейсбол** | [bejsbol] |
| jogador (m) de beisebol | **бейсболчӣ** | [bejsboltʃi:] |
| futebol (m) | **футбол** | [futbol] |
| futebolista (m) | **футболбоз** | [futbolboz] |
| guarda-redes (m) | **дарвозабон** | [darvozabon] |
| hóquei (m) | **хоккей** | [χokkej] |
| jogador (m) de hóquei | **хоккейбоз** | [χokkejboz] |
| voleibol (m) | **волейбол** | [volejbol] |
| jogador (m) de voleibol | **волейболбоз** | [volejbolboz] |
| boxe (m) | **бокс** | [boks] |
| boxeador, pugilista (m) | **боксёр** | [boksjɔr] |
| luta (f) | **гӯштин** | [gœʃtin] |
| lutador (m) | **гӯштингир** | [gœʃtingir] |
| karaté (m) | **карате** | [karate] |
| karateca (m) | **каратечӣ** | [karatetʃi:] |
| judo (m) | **дзюдо** | [dzjudo] |
| judoca (m) | **дзюдочӣ** | [dzjudotʃi:] |
| ténis (m) | **теннис** | [tennis] |
| tenista (m) | **теннисбоз** | [tennisboz] |
| natação (f) | **шиноварӣ** | [ʃinovari:] |
| nadador (m) | **шиновар** | [ʃinovar] |
| esgrima (f) | **шамшербозӣ** | [ʃamʃerbozi:] |
| esgrimista (m) | **шамшербоз** | [ʃamʃerboz] |
| xadrez (m) | **шоҳмот** | [ʃohmot] |
| xadrezista (m) | **шоҳмотбоз** | [ʃohmotboz] |
| alpinismo (m) | **кӯҳнавардӣ** | [kœhnavardi:] |
| alpinista (m) | **кӯҳнавард** | [kœhnavard] |
| corrida (f) | **давидани** | [davidani] |

corredor (m) | **даванда** | [davanda]
atletismo (m) | **атлетикаи сабук** | [atletikai sabuk]
atleta (m) | **варзишгар** | [varziʃgar]

hipismo (m) | **варзиши аспӣ** | [varziʃi aspi:]
cavaleiro (m) | **чавандоз** | [ʧovandoz]

patinagem (f) artística | **рақси рӯи ях** | [raqsi rœi jaχ]
patinador (m) | **раққоси рӯи ях** | [raqqosi rœi jaχ]
patinadora (f) | **раққосаи рӯи ях** | [raqqosai rœi jaχ]

halterofilismo (m) | **варзиши вазнин** | [varziʃi vaznin]
halterofilista (m) | **вазнабардор** | [vaznabardor]

corrida (f) de carros | **пойгаи мошинҳо** | [pojgai moʃinho]
piloto (m) | **пойгачи** | [pojgaʧi]

ciclismo (m) | **спорти велосипедронӣ** | [sporti velosipedroni:]
ciclista (m) | **велосипедрон** | [velosipedron]

salto (m) em comprimento | **ҷаҳиш ба дарозӣ** | [ʤahiʃ ba darozi:]
salto (m) à vara | **ҷаҳиш бо хода** | [ʤahiʃ bo χoda]
atleta (m) de saltos | **ҷаҳанда** | [ʤahanda]

## 133. Tipos de desportos. Diversos

futebol (m) americano | **футболи америкоӣ** | [futboli amerikoi:]
badminton (m) | **бадминтон** | [badminton]
biatlo (m) | **биатлон** | [biatlon]
bilhar (m) | **билярдбозӣ** | [biljardbozi:]

bobsled (m) | **бобслей** | [bobslej]
musculação (f) | **бодибилдинг** | [bodibilding]
polo (m) aquático | **тӯббозӣ дар об** | [tœbbozj dar ob]
andebol (m) | **гандбол** | [gandbol]
golfe (m) | **голф** | [golf]

remo (m) | **қаиқронӣ** | [qaiqroni:]
mergulho (m) | **дайвинг** | [dajving]
corrida (f) de esqui | **пойгаи лижаронҳо** | [pojgai liʒaronho]
ténis (m) de mesa | **тенниси рӯимизӣ** | [tennisi rœimizi:]

vela (f) | **варзиши парусӣ** | [varziʃi parusi:]
rali (m) | **ралли** | [ralli]
râguebi (m) | **регби** | [regbi]
snowboard (m) | **сноуборд** | [snoubord]
tiro (m) com arco | **камонварӣ** | [kamonvari:]

## 134. Ginásio

barra (f) | **вазна** | [vazna]
halteres (m pl) | **гантел** | [gantel]

| | | |
|---|---|---|
| aparelho (m) de musculaçao | **дастгоҳи варзишӣ** | [dastgohi varziʃi:] |
| bicicleta (f) ergométrica | **велотренажёр** | [velotrenaʒjɔr] |
| passadeira (f) de corrida | **роҳи пойга** | [rohi pojga] |
| barra (f) fixa | **турник** | [turnik] |
| barras (f) paralelas | **брус** | [brus] |
| cavalo (m) | **асп** | [asp] |
| tapete (m) de ginástica | **гилеми варзишӣ** | [gilemi varziʃi:] |
| corda (f) de saltar | **ҷастак** | [dʒastak] |
| aeróbica (f) | **аэробика** | [aɛrobika] |
| ioga (f) | **йога** | [jɔga] |

## 135. Hóquei

| | | |
|---|---|---|
| hóquei (m) | **хоккей** | [χokkej] |
| jogador (m) de hóquei | **хоккейбоз** | [χokkejboz] |
| jogar hóquei | **хоккейбозӣ кардан** | [χokkejbozi: kardan] |
| gelo (m) | **ях** | [jaχ] |
| disco (m) | **шайба** | [ʃajba] |
| taco (m) de hóquei | **чавгон** | [ʧavgon] |
| patins (m pl) de gelo | **конки** | [konki] |
| muro (m) | **девора** | [devora] |
| tiro (m) | **партофт** | [partoft] |
| guarda-redes (m) | **дарвозабон** | [darvozabon] |
| golo (m) | **гол, хол** | [gol], [χol] |
| marcar um golo | **гол задан** | [gol zadan] |
| tempo (m) | **қисм** | [qism] |
| segundo tempo (m) | **қисми дуюм** | [qismi dujum] |
| banco (m) de reservas | **нишастгоҳи бозингарони эҳтиётӣ** | [niʃastgohi bozingaroni ɛhtijɔti:] |

## 136. Futebol

| | | |
|---|---|---|
| futebol (m) | **футбол** | [futbol] |
| futebolista (m) | **футболбоз** | [futbolboz] |
| jogar futebol | **футболбозӣ кардан** | [futbolbozi: kardan] |
| Liga Principal (f) | **лигаи олӣ** | [ligai oli:] |
| clube (m) de futebol | **клуби футбол** | [klubi futbol] |
| treinador (m) | **тренер** | [trener] |
| proprietário (m) | **соҳиб** | [sohib] |
| equipa (f) | **команда** | [komanda] |
| capitão (m) da equipa | **капитани даста** | [kapitani dasta] |
| jogador (m) | **бозингар** | [bozingar] |
| jogador (m) de reserva | **бозигари эҳтиётӣ** | [bozigari ɛhtijɔti:] |
| atacante (m) | **ҳуҷумкунанда** | [hudʒumkunanda] |

| | | |
|---|---|---|
| avançado (m) centro | **ҳуҷумкунандаи марказӣ** | [hudʒumkunandai markazi:] |
| marcador (m) | **нишонзан** | [niʃonzan] |
| defesa (m) | **ҳимоятгар** | [himojatgar] |
| médio (m) | **ниммуҳофиз** | [nimmuhofiz] |
| | | |
| jogo (desafio) | **вохӯрӣ** | [voχœri:] |
| encontrar-se (vr) | **мулоқот кардан** | [muloqot kardan] |
| final (m) | **финал** | [final] |
| meia-final (f) | **нимфинал** | [nimfinal] |
| campeonato (m) | **чемпионат** | [ʧempionat] |
| | | |
| tempo (m) | **тайм** | [tajm] |
| primeiro tempo (m) | **қисми якум** | [qismi jakum] |
| intervalo (m) | **танаффус** | [tanaffus] |
| | | |
| baliza (f) | **дарвоза** | [darvoza] |
| guarda-redes (m) | **дарвозабон** | [darvozabon] |
| trave (f) | **паҳлучӯб** | [pahluʧœb] |
| barra (f) transversal | **болочӯби дарвоза** | [boloʧœbi darvoza] |
| rede (f) | **тӯр** | [tœr] |
| sofrer um golo | **гол сар додан** | [gol sar dodan] |
| | | |
| bola (f) | **тӯб** | [tœb] |
| passe (m) | **тӯбро додан** | [tœbro dodan] |
| chute (m) | **зарб, зарба** | [zarb], [zarba] |
| chutar (vt) | **зарба задан** | [zarba zadan] |
| tiro (m) livre | **тӯби ҷаримавӣ** | [tœbi dʒarimavi:] |
| canto (m) | **тӯби кунҷӣ** | [tœbi kundʒi:] |
| | | |
| ataque (m) | **ҳуҷум, ҳамла** | [hudʒum], [hamla] |
| contra-ataque (m) | **ҳамлаи ҷавобӣ** | [hamlai dʒavobi:] |
| combinação (f) | **комбинатсия** | [kombinatsija] |
| | | |
| árbitro (m) | **довар** | [dovar] |
| apitar (vi) | **ҳуштак кашидан** | [huʃtak kaʃidan] |
| apito (m) | **ҳуштак** | [huʃtak] |
| falta (f) | **вайронкунии қоидаи бозӣ** | [vajronkuni:i qoidai bozi:] |
| cometer a falta | **вайрон кардани қоидаи бозӣ** | [vajron kardani qoidai bozi:] |
| expulsar (vt) | **берун кардан аз майдон** | [berun kardan az majdon] |
| | | |
| cartão (m) amarelo | **корти зард** | [korti zard] |
| cartão (m) vermelho | **корти сурх** | [korti surχ] |
| desqualificação (f) | **маҳрум** | [mahrum] |
| desqualificar (vt) | **маҳрум кардан** | [mahrum kardan] |
| | | |
| penálti (m) | **ҷаримаи ёздаҳметра** | [dʒarimai jɔzdahmetra] |
| barreira (f) | **девор** | [devor] |
| marcar (vt) | **гол задан** | [gol zadan] |
| golo (m) | **гол, хол** | [gol], [χol] |
| marcar um golo | **гол задан** | [gol zadan] |
| | | |
| substituição (f) | **иваз** | [ivaz] |
| substituir (vt) | **иваз кардан** | [ivaz kardan] |
| regras (f pl) | **қоидаҳо** | [qoidaho] |
| tática (f) | **тактика** | [taktika] |

| | | |
|---|---|---|
| estádio (m) | **варзишгоҳ** | [varziʃgoh] |
| bancadas (f pl) | **нишастгоҳ** | [niʃastgoh] |
| fã, adepto (m) | **мухлис** | [muχlis] |
| gritar (vi) | **дод задан** | [dod zadan] |
| marcador (m) | **намолавҳа** | [namolavha] |
| resultado (m) | **ҳисоб** | [hisob] |
| derrota (f) | **бохт** | [boχt] |
| perder (vt) | **бохтан** | [boχtan] |
| empate (m) | **дуранг** | [durang] |
| empatar (vi) | **бозиро дуранг кардан** | [boziro durang kardan] |
| vitória (f) | **ғалаба** | [ʁalaba] |
| ganhar, vencer (vi, vt) | **ғалаба кардан** | [ʁalaba kardan] |
| campeão (m) | **чемпион** | [ʧempion] |
| melhor | **беҳтарин** | [behtarin] |
| felicitar (vt) | **муборакбод гуфтан** | [muborakbod guftan] |
| comentador (m) | **шореҳ** | [ʃoreh] |
| comentar (vt) | **шарҳ додан** | [ʃarh dodan] |
| transmissão (f) | **намоиш** | [namoiʃ] |

## 137. Esqui alpino

| | | |
|---|---|---|
| esqui (m) | **лижа** | [liʒa] |
| esquiar (vi) | **лижаронӣ** | [liʒaroni:] |
| estância (f) de esqui | **истироҳатгоҳи лижаронӣ** | [istirohatgohi liʒaroni:] |
| teleférico (m) | **болобардор** | [bolobardor] |
| bastões (m pl) de esqui | **ходаҳо** | [χodaho] |
| declive (m) | **нишебӣ** | [niʃebi:] |
| slalom (m) | **слалом** | [slalom] |

## 138. Ténis. Golfe

| | | |
|---|---|---|
| golfe (m) | **голф** | [golf] |
| clube (m) de golfe | **клуби голф** | [klubi golf] |
| jogador (m) de golfe | **бозингари голф** | [bozingari golf] |
| buraco (m) | **чуқурча, марра** | [ʧuqurʧa], [marra] |
| taco (m) | **чавгон** | [ʧavgon] |
| trolley (m) | **ароба чавгонкашӣ** | [aroba ʧavgonkaʃi:] |
| ténis (m) | **теннис** | [tennis] |
| quadra (f) de ténis | **корт** | [kort] |
| saque (m) | **задан** | [zadan] |
| sacar (vi) | **задан** | [zadan] |
| raquete (f) | **ракетка** | [raketka] |
| rede (f) | **тӯр** | [tœr] |
| bola (f) | **тӯб** | [tœb] |

## 139. Xadrez

| | | |
|---|---|---|
| xadrez (m) | **шоҳмотбозӣ** | [ʃohmotbozi:] |
| peças (f pl) de xadrez | **мӯҳраҳо** | [mœhraho] |
| xadrezista (m) | **шоҳмотбоз** | [ʃohmotboz] |
| tabuleiro (m) de xadrez | **тахтаи шоҳмот** | [taχtai ʃohmot] |
| peça (f) de xadrez | **мӯҳра** | [mœhra] |
| brancas (f pl) | **мӯҳраҳои сафед** | [mœhrahoi safed] |
| pretas (f pl) | **сиёҳҳо** | [sijɔhho] |
| peão (m) | **пиёда** | [pijɔda] |
| bispo (m) | **фил** | [fil] |
| cavalo (m) | **асп** | [asp] |
| torre (f) | **рух** | [ruχ] |
| dama (f) | **фарзин** | [farzin] |
| rei (m) | **шоҳ** | [ʃoh] |
| vez (m) | **гашт** | [gaʃt] |
| mover (vt) | **гаштан** | [gaʃtan] |
| sacrificar (vt) | **нисор кардан** | [nisor kardan] |
| roque (m) | **қалъабандӣ** | [qal'abandi:] |
| xeque (m) | **кишт** | [kiʃt] |
| xeque-mate (m) | **мот** | [mot] |
| torneio (m) de xadrez | **мусобиқаи шоҳмотбозӣ** | [musobiqai ʃohmotbozi:] |
| grão-mestre (m) | **гроссмейстер** | [grossmejster] |
| combinação (f) | **комбинатсия** | [kombinatsija] |
| partida (f) | **як бор бозӣ** | [jak bor bozi:] |
| jogo (m) de damas | **дамкабозӣ** | [damkabozi:] |

## 140. Boxe

| | | |
|---|---|---|
| boxe (m) | **бокс** | [boks] |
| combate (m) | **ҷанг** | [dʒang] |
| duelo (m) | **ҷанги тан ба тан** | [dʒangi tan ba tan] |
| round (m) | **давр** | [davr] |
| ringue (m) | **ринг** | [ring] |
| gongo (m) | **гонг** | [gong] |
| murro, soco (m) | **зарб, зарба** | [zarb], [zarba] |
| knockdown (m) | **нокдаун** | [nokdaun] |
| nocaute (m) | **нокаут** | [nokaut] |
| nocautear (vt) | **нокаут кардан** | [nokaut kardan] |
| luva (f) de boxe | **дастпӯшаки боксёр** | [dastpœʃaki boksjɔr] |
| árbitro (m) | **ҳакам** | [hakam] |
| peso-leve (m) | **вазни сабук** | [vazni sabuk] |
| peso-médio (m) | **вазни миёна** | [vazni mijɔna] |
| peso-pesado (m) | **вазни калон** | [vazni kalon] |

## 141. Desportos. Diversos

| | | |
|---|---|---|
| Jogos (m pl) Olímpicos | **Бозиҳои олимпӣ** | [bozihoi olimpi:] |
| vencedor (m) | **ғолиб** | [ʁolib] |
| vencer (vi) | **ғалаба кардан** | [ʁalaba kardan] |
| vencer, ganhar (vi) | **бурдан** | [burdan] |
| líder (m) | **пешсаф** | [peʃsaf] |
| liderar (vt) | **пешсаф будан** | [peʃsaf budan] |
| primeiro lugar (m) | **ҷойи аввал** | [ʤoji avval] |
| segundo lugar (m) | **ҷойи дуюм** | [ʤoji dujum] |
| terceiro lugar (m) | **ҷойи сеюм** | [ʤoji sejum] |
| medalha (f) | **медал** | [medal] |
| troféu (m) | **ғанимат** | [ʁanimat] |
| taça (f) | **кубок** | [kubok] |
| prémio (m) | **мукофот** | [mukofot] |
| prémio (m) principal | **мукофоти асосӣ** | [mukofoti asosi:] |
| recorde (m) | **рекорд** | [rekord] |
| estabelecer um recorde | **рекорд нишон додан** | [rekord niʃon dodan] |
| final (m) | **финал** | [final] |
| final | **финалӣ** | [finali:] |
| campeão (m) | **чемпион** | [ʧempion] |
| campeonato (m) | **чемпионат** | [ʧempionat] |
| estádio (m) | **варзишгоҳ** | [varziʃgoh] |
| bancadas (f pl) | **нишастгоҳ** | [niʃastgoh] |
| fã, adepto (m) | **мухлис** | [muχlis] |
| adversário (m) | **рақиб** | [raqib] |
| partida (f) | **пилла** | [pilla] |
| chegada, meta (f) | **марра** | [marra] |
| derrota (f) | **бохт** | [boχt] |
| perder (vt) | **бохтан** | [boχtan] |
| árbitro (m) | **довар** | [dovar] |
| júri (m) | **ҳакамон** | [hakamon] |
| resultado (m) | **ҳисоб** | [hisob] |
| empate (m) | **дуранг** | [durang] |
| empatar (vi) | **бозиро дуранг кардан** | [boziro durang kardan] |
| ponto (m) | **хол** | [χol] |
| resultado (m) final | **натиҷа** | [natiʤa] |
| tempo, período (m) | **қисм** | [qism] |
| intervalo (m) | **танаффус** | [tanaffus] |
| doping (m) | **допинг** | [doping] |
| penalizar (vt) | **ҷарима андохтан** | [ʤarima andoχtan] |
| desqualificar (vt) | **маҳрум кардан** | [mahrum kardan] |
| aparelho (m) | **асбобу олати варзиш** | [asbobu olati varziʃ] |

| | | |
|---|---|---|
| dardo (m) | **найза** | [najza] |
| peso (m) | **гулӯла** | [gulœla] |
| bola (f) | **саккo** | [sakqo] |
| | | |
| alvo, objetivo (m) | **ҳадаф** | [hadaf] |
| alvo (~ de papel) | **ҳадаф, нишон** | [hadaf], [niʃon] |
| atirar, disparar (vi) | **тир задан** | [tir zadan] |
| preciso (tiro ~) | **аниқ** | [aniq] |
| | | |
| treinador (m) | **тренер** | [trener] |
| treinar (vt) | **машқ додан** | [maʃq dodan] |
| treinar-se (vr) | **машқ кардан** | [maʃq kardan] |
| treino (m) | **машқ** | [maʃq] |
| | | |
| ginásio (m) | **толори варзишӣ** | [tolori varziʃi:] |
| exercício (m) | **машқ** | [maʃq] |
| aquecimento (m) | **гарм кардани бадан** | [garm kardani badan] |

# Educação

## 142. Escola

| | | |
|---|---|---|
| escola (f) | **мактаб** | [maktab] |
| diretor (m) de escola | **директори мактаб** | [direktori maktab] |
| aluno (m) | **талаба** | [talaba] |
| aluna (f) | **толиба** | [toliba] |
| escolar (m) | **мактабхон** | [maktabχon] |
| escolar (f) | **духтари мактабхон** | [duχtari maktabχon] |
| ensinar (vt) | **меомӯзонад** | [meomœzonad] |
| aprender (vt) | **омӯхтан** | [omœχtan] |
| aprender de cor | **аз ёд кардан** | [az jɔd kardan] |
| estudar (vi) | **омӯхтан** | [omœχtan] |
| andar na escola | **дар мактаб хондан** | [dar maktab χondan] |
| ir à escola | **ба мактаб рафтан** | [ba maktab raftan] |
| alfabeto (m) | **алифбо** | [alifbo] |
| disciplina (f) | **фан** | [fan] |
| sala (f) de aula | **синф, дарсхона** | [sinf], [darsχona] |
| lição (f) | **дарс** | [dars] |
| recreio (m) | **танаффус** | [tanaffus] |
| toque (m) | **занг** | [zang] |
| carteira (f) | **парта** | [parta] |
| quadro (m) negro | **тахтаи синф** | [taχtai sinf] |
| nota (f) | **баҳо** | [baho] |
| boa nota (f) | **баҳои хуб** | [bahoi χub] |
| nota (f) baixa | **баҳои бад** | [bahoi bad] |
| dar uma nota | **баҳо гузоштан** | [baho guzoʃtan] |
| erro (m) | **хато** | [χato] |
| fazer erros | **хато кардан** | [χato kardan] |
| corrigir (vt) | **ислоҳ кардан** | [isloh kardan] |
| cábula (f) | **шпаргалка** | [ʃpargalka] |
| dever (m) de casa | **вазифаи хонагӣ** | [vazifai χonagi:] |
| exercício (m) | **машқ** | [maʃq] |
| estar presente | **иштирок доштан** | [iʃtirok doʃtan] |
| estar ausente | **набудан** | [nabudan] |
| faltar às aulas | **ба дарс нарафтан** | [ba dars naraftan] |
| punir (vt) | **ҷазо додан** | [ʤazo dodan] |
| punição (f) | **ҷазо** | [ʤazo] |
| comportamento (m) | **рафтор** | [raftor] |

| | | |
|---|---|---|
| boletim (m) escolar | **рӯзнома** | [rœznoma] |
| lápis (m) | **қалам** | [qalam] |
| borracha (f) | **ластик** | [lastik] |
| giz (m) | **бӯр** | [bœr] |
| estojo (m) | **қаламдон** | [qalamdon] |
| pasta (f) escolar | **ҷузвкаш** | [dʒuzvkaʃ] |
| caneta (f) | **ручка** | [rutʃka] |
| caderno (m) | **дафтар** | [daftar] |
| manual (m) escolar | **китоби дарсӣ** | [kitobi darsi:] |
| compasso (m) | **паргор** | [pargor] |
| traçar (vt) | **нақша кашидан** | [naqʃa kaʃidan] |
| desenho (m) técnico | **нақша, тарҳ** | [naqʃa], [tarh] |
| poesia (f) | **шеър** | [ʃe'r] |
| de cor | **аз ёд** | [az jɔd] |
| aprender de cor | **аз ёд кардан** | [az jɔd kardan] |
| férias (f pl) | **таътил** | [ta'til] |
| estar de férias | **дар таътил будан** | [dar ta'til budan] |
| passar as férias | **таътилро гузаронидан** | [ta'tilro guzaronidan] |
| teste (m) | **кори санҷишӣ** | [kori sandʒiʃi:] |
| composição, redação (f) | **иншо** | [inʃo] |
| ditado (m) | **диктант, имло** | [diktant], [imlo] |
| exame (m) | **имтиҳон** | [imtihon] |
| fazer exame | **имтиҳон супоридан** | [imtihon suporidan] |
| experiência (~ química) | **таҷриба, санҷиш** | [tadʒriba], [sandʒiʃ] |

## 143. Colégio. Universidade

| | | |
|---|---|---|
| academia (f) | **академия** | [akademija] |
| universidade (f) | **университет** | [universitet] |
| faculdade (f) | **факулта** | [fakulta] |
| estudante (m) | **донишҷӯ** | [doniʃdʒœ] |
| estudante (f) | **донишҷӯ** | [doniʃdʒœ] |
| professor (m) | **устод** | [ustod] |
| sala (f) de palestras | **синф** | [sinf] |
| graduado (m) | **хатмкунанда** | [χatmkunanda] |
| diploma (m) | **диплом** | [diplom] |
| tese (f) | **рисола** | [risola] |
| estudo (obra) | **тадқиқот** | [tadqiqot] |
| laboratório (m) | **лаборатория** | [laboratorija] |
| palestra (f) | **лексия** | [lekcija] |
| colega (m) de curso | **ҳамкурс** | [hamkurs] |
| bolsa (f) de estudos | **стипендия** | [stipendija] |
| grau (m) académico | **унвони илмӣ** | [unvoni ilmi:] |

## 144. Ciências. Disciplinas

| | | |
|---|---|---|
| matemática (f) | **математика** | [matematika] |
| álgebra (f) | **алгебра, алҷабр** | [algebra], [alʤabr] |
| geometria (f) | **геометрия** | [geometrija] |
| | | |
| astronomia (f) | **ситорашиносӣ** | [sitoraʃinosi:] |
| biologia (f) | **биология, илми ҳаёт** | [biologija], [ilmi hajɔt] |
| geografia (f) | **география** | [geografija] |
| geologia (f) | **геология** | [geologija] |
| história (f) | **таърих** | [ta'riχ] |
| | | |
| medicina (f) | **тиб** | [tib] |
| pedagogia (f) | **омӯзгорӣ** | [omœzgori:] |
| direito (m) | **ҳуқуқ** | [huquq] |
| | | |
| física (f) | **физика** | [fizika] |
| química (f) | **химия** | [χimija] |
| filosofia (f) | **фалсафа** | [falsafa] |
| psicologia (f) | **равоншиносӣ** | [ravonʃinosi:] |

## 145. Sistema de escrita. Ortografia

| | | |
|---|---|---|
| gramática (f) | **грамматика** | [grammatika] |
| vocabulário (m) | **лексика** | [leksika] |
| fonética (f) | **савтиёт** | [savtijɔt] |
| | | |
| substantivo (m) | **исм** | [ism] |
| adjetivo (m) | **сифат** | [sifat] |
| verbo (m) | **феъл** | [fe'l] |
| advérbio (m) | **зарф** | [zarf] |
| | | |
| pronome (m) | **ҷонишин** | [ʤoniʃin] |
| interjeição (f) | **нидо** | [nido] |
| preposição (f) | **пешоянд** | [peʃojand] |
| | | |
| raiz (f) da palavra | **решаи калима** | [reʃai kalima] |
| terminação (f) | **бандак** | [bandak] |
| prefixo (m) | **префикс** | [prefiks] |
| sílaba (f) | **ҳиҷо** | [hiʤo] |
| sufixo (m) | **суффикс** | [suffiks] |
| | | |
| acento (m) | **зада** | [zada] |
| apóstrofo (m) | **апостроф** | [apostrof] |
| | | |
| ponto (m) | **нуқта** | [nuqta] |
| vírgula (f) | **вергул** | [vergul] |
| ponto e vírgula (m) | **нуқтаву вергул** | [nuqtavu vergul] |
| dois pontos (m pl) | **ду нуқта** | [du nuqta] |
| reticências (f pl) | **бисёрнуқта** | [bisjɔrnuqta] |
| | | |
| ponto (m) de interrogação | **аломати савол** | [alomati savol] |
| ponto (m) de exclamação | **аломати хитоб** | [alomati χitob] |

| | | |
|---|---|---|
| aspas (f pl) | **нохунак** | [noχunak] |
| entre aspas | **дар нохунак** | [dar noχunak] |
| parênteses (m pl) | **қавсҳо** | [qavsho] |
| entre parênteses | **дар қавс** | [dar qavs] |
| | | |
| hífen (m) | **нимтире** | [nimtire] |
| travessão (m) | **тире** | [tire] |
| espaço (m) | **масофа** | [masofa] |
| | | |
| letra (f) | **ҳарф** | [harf] |
| letra (f) maiúscula | **ҳарфи калон** | [harfi kalon] |
| | | |
| vogal (f) | **садонок** | [sadonok] |
| consoante (f) | **овози ҳамсадо** | [ovozi hamsado] |
| | | |
| frase (f) | **ҷумла** | [ʤumla] |
| sujeito (m) | **мубтадо** | [mubtado] |
| predicado (m) | **хабар** | [χabar] |
| | | |
| linha (f) | **сатр, хат** | [satr], [χat] |
| em uma nova linha | **аз хати нав** | [az χati nav] |
| parágrafo (m) | **сарсатр** | [sarsatr] |
| | | |
| palavra (f) | **калима** | [kalima] |
| grupo (m) de palavras | **ибора** | [ibora] |
| expressão (f) | **ибора** | [ibora] |
| sinónimo (m) | **муродиф** | [murodif] |
| antónimo (m) | **антоним** | [antonim] |
| | | |
| regra (f) | **қоида** | [qoida] |
| exceção (f) | **истисно** | [istisno] |
| correto | **дуруст** | [durust] |
| | | |
| conjugação (f) | **тасриф** | [tasrif] |
| declinação (f) | **тасриф** | [tasrif] |
| caso (m) | **ҳолат** | [holat] |
| pergunta (f) | **савол** | [savol] |
| sublinhar (vt) | **хат кашидан** | [χat kaʃidan] |
| linha (f) pontilhada | **қаторнуқта** | [qatornuqta] |

## 146. Línguas estrangeiras

| | | |
|---|---|---|
| língua (f) | **забон** | [zabon] |
| estrangeiro | **хориҷӣ** | [χoriʤi:] |
| língua (f) estrangeira | **забони хориҷӣ** | [zaboni χoriʤi:] |
| estudar (vt) | **омӯхтан** | [omœχtan] |
| aprender (vt) | **омӯхтан** | [omœχtan] |
| | | |
| ler (vt) | **хондан** | [χondan] |
| falar (vi) | **гап задан** | [gap zadan] |
| compreender (vt) | **фаҳмидан** | [fahmidan] |
| escrever (vt) | **навиштан** | [naviʃtan] |
| rapidamente | **босуръат** | [bosur'at] |
| devagar | **оҳиста** | [ohista] |

| | | |
|---|---|---|
| fluentemente | **озодона** | [ozodona] |
| regras (f pl) | **қоидаҳо** | [qoidaho] |
| gramática (f) | **грамматика** | [grammatika] |
| vocabulário (m) | **лексика** | [leksika] |
| fonética (f) | **савтиёт** | [savtijɔt] |
| | | |
| manual (m) escolar | **китоби дарсӣ** | [kitobi darsi:] |
| dicionário (m) | **луғат** | [luʁat] |
| manual (m) de autoaprendizagem | **худомӯз** | [χudomœz] |
| guia (m) de conversação | **сӯҳбатнома** | [sœhbatnoma] |
| | | |
| cassete (f) | **кассета** | [kasseta] |
| vídeo cassete (m) | **видеокассета** | [videokasseta] |
| CD (m) | **CD, диски компактӣ** | [ɔɛ], [diski kompakti:] |
| DVD (m) | **DVD-диск** | [ɛøɛ-disk] |
| | | |
| alfabeto (m) | **алифбо** | [alifbo] |
| soletrar (vt) | **ҳарфакӣ гап задан** | [harfaki: gap zadan] |
| pronúncia (f) | **талаффуз** | [talaffuz] |
| | | |
| sotaque (m) | **зада, аксент** | [zada], [aksent] |
| com sotaque | **бо аксент** | [bo aksent] |
| sem sotaque | **бе аксент** | [be aksent] |
| | | |
| palavra (f) | **калима** | [kalima] |
| sentido (m) | **маънӣ, маъно** | [ma'ni:], [ma'no] |
| | | |
| cursos (m pl) | **курсҳо, дарсҳо** | [kursho], [darsho] |
| inscrever-se (vr) | **дохил шудан** | [doχil ʃudan] |
| professor (m) | **муаллим** | [muallim] |
| | | |
| tradução (processo) | **тарҷума** | [tardʒuma] |
| tradução (texto) | **тарҷума** | [tardʒuma] |
| tradutor (m) | **тарҷумон** | [tardʒumon] |
| intérprete (m) | **тарҷумон** | [tardʒumon] |
| | | |
| poliglota (m) | **забондон** | [zabondon] |
| memória (f) | **ҳофиза** | [hofiza] |

## 147. Personagens de contos de fadas

| | | |
|---|---|---|
| Pai (m) Natal | **Бобои барфӣ** | [boboi barfi:] |
| Cinderela (f) | **Золушка** | [zoluʃka] |
| sereia (f) | **парии обӣ** | [pari:i obi:] |
| Neptuno (m) | **Нептун** | [neptun] |
| | | |
| mago (m) | **сеҳркунанда** | [sehrkunanda] |
| fada (f) | **зани сеҳркунанда** | [zani sehrkunanda] |
| mágico | **... и сеҳрнок** | [i sehrnok] |
| varinha (f) mágica | **чӯбчаи сеҳрнок** | [ʧœbʧai sehrnok] |
| | | |
| conto (m) de fadas | **афсона** | [afsona] |
| milagre (m) | **мӯъҷиза** | [mœ'dʒiza] |

| | | |
|---|---|---|
| anão (m) | **гном** | [gnom] |
| transformar-se em ... | **табдил ёфтан** | [tabdil jɔftan] |
| | | |
| fantasma (m) | **шабаҳ** | [ʃabah] |
| espetro (m) | **шабаҳ** | [ʃabah] |
| monstro (m) | **дев, аждар** | [dev], [aʒdar] |
| dragão (m) | **аждар, аждаҳо** | [aʒdar], [aʒdaho] |
| gigante (m) | **азимҷусса** | [azimdʒussa] |

## 148. Signos do Zodíaco

| | | |
|---|---|---|
| Carneiro | **Ҳамал** | [hamal] |
| Touro | **Савр** | [savr] |
| Gémeos | **Дугоник** | [dugonik] |
| Caranguejo | **Саратон** | [saraton] |
| Leão | **Асад** | [asad] |
| Virgem (f) | **Ҷавзо** | [dʒavzo] |
| | | |
| Balança | **Мизон** | [mizon] |
| Escorpião | **Ақраб** | [aqrab] |
| Sagitário | **қавс** | [qavs] |
| Capricórnio | **Ҷадӣ** | [dʒadi:] |
| Aquário | **Далв** | [dalv] |
| Peixes | **Ҳут** | [hut] |
| | | |
| caráter (m) | **феъл, табиат** | [fe'l], [tabiat] |
| traços (m pl) do caráter | **нишонаҳои хислат** | [niʃonahoi χislat] |
| comportamento (m) | **хулқ** | [χulq] |
| predizer (vt) | **фол дидан** | [fol didan] |
| adivinha (f) | **фолбин, фолбинзан** | [folbin], [folbinzan] |
| horóscopo (m) | **фолнома** | [folnoma] |

# Artes

## 149. Teatro

| | | |
|---|---|---|
| teatro (m) | **театр** | [teatr] |
| ópera (f) | **опера** | [opera] |
| opereta (f) | **оперетта** | [operetta] |
| balé (m) | **балет** | [balet] |
| | | |
| cartaz (m) | **эълоннома** | [ɛ'lonnoma] |
| companhia (f) teatral | **ҳайат** | [hajat] |
| turné (digressão) | **сафари ҳунарӣ** | [safari hunari:] |
| estar em turné | **сафари ҳунарӣ кардан** | [safari hunari: kardan] |
| ensaiar (vt) | **машқ кардан** | [maʃq kardan] |
| ensaio (m) | **машқ** | [maʃq] |
| repertório (m) | **репертуар** | [repertuar] |
| | | |
| apresentação (f) | **намоиш, тамошо** | [namoiʃ], [tamoʃo] |
| espetáculo (m) | **тамошо** | [tamoʃo] |
| peça (f) | **намоишнома** | [namoiʃnoma] |
| | | |
| bilhete (m) | **билет** | [bilet] |
| bilheteira (f) | **кассаи чиптафурӯшӣ** | [kassai ʧiptafurœʃi:] |
| hall (m) | **толор** | [tolor] |
| guarda-roupa (m) | **ҷевони либос** | [ʤevoni libos] |
| senha (f) numerada | **нумура** | [numura] |
| binóculo (m) | **дурбин** | [durbin] |
| lanterninha (m) | **нозир** | [nozir] |
| | | |
| plateia (f) | **партер** | [parter] |
| balcão (m) | **балкон** | [balkon] |
| primeiro balcão (m) | **белэтаж** | [belɛtaʒ] |
| camarote (m) | **ложа, нишем** | [loʒa], [niʃem] |
| fila (f) | **қатор** | [qator] |
| assento (m) | **ҷой** | [ʤoj] |
| | | |
| público (m) | **тамошобинон** | [tamoʃobinon] |
| espetador (m) | **тамошобин** | [tamoʃobin] |
| aplaudir (vt) | **чапакзанӣ кардан** | [ʧapakzani: kardan] |
| aplausos (m pl) | **чапакзанӣ** | [ʧapakzani:] |
| ovação (f) | **чапакзани пурғулғула** | [ʧapakzani purʁulʁula] |
| | | |
| palco (m) | **саҳна** | [sahna] |
| pano (m) de boca | **парда** | [parda] |
| cenário (m) | **ороиши саҳна** | [oroiʃi sahna] |
| bastidores (m pl) | **пушти саҳна** | [puʃti sahna] |
| | | |
| cena (f) | **намоиш** | [namoiʃ] |
| ato (m) | **парда** | [parda] |
| entreato (m) | **антракт** | [antrakt] |

## 150. Cinema

ator (m) **ҳунарманд** [hunarmand]
atriz (f) **ҳунарманд** [hunarmand]

cinema (m) **кино, синамо** [kino], [sinamo]
filme (m) **филм** [film]
episódio (m) **серия** [serija]

filme (m) policial **детектив** [detektiv]
filme (m) de ação **ҷангӣ** [dʒangi:]
filme (m) de aventuras **филми пурмоҷаро** [filmi purmodʒaro]
filme (m) de ficção científica **филми фантастикӣ** [filmi fantastiki:]
filme (m) de terror **филми даҳшатнок** [filmi dahʃatnok]

comédia (f) **филми ҳаҷвӣ** [filmi hadʒvi:]
melodrama (m) **мелодрама** [melodrama]
drama (m) **драма** [drama]

filme (m) ficcional **филми ҳунарӣ** [filmi hunari:]
documentário (m) **филми ҳуҷҷатӣ** [filmi hudʒdʒati:]
desenho (m) animado **мултфилм** [multfilm]
cinema (m) mudo **кинои беовоз** [kinoi beovoz]

papel (m) **нақш** [naqʃ]
papel (m) principal **нақши асосӣ** [naqʃi asosi:]
representar (vt) **бозидан** [bozidan]

estrela (f) de cinema **ситораи санъати кино** [sitorai san'ati kino]
conhecido **маъруф** [ma'ruf]
famoso **машҳур** [maʃhur]
popular **маъруф** [ma'ruf]

argumento (m) **филмнома** [filmnoma]
argumentista (m) **муаллифи сенарий** [muallifi senarij]
realizador (m) **коргардон** [korgardon]
produtor (m) **продюсер** [prodjuser]
assistente (m) **ассистент** [assistent]
diretor (m) de fotografia **филмбардор** [filmbardor]
duplo (m) **каскадёр** [kaskadjɔr]
duplo (m) de corpo **дублёр** [dubljɔr]

filmar (vt) **филм гирифтан** [film giriftan]
audição (f) **санҷиш** [sandʒiʃ]
filmagem (f) **суратгирӣ** [suratgiri:]
equipe (f) de filmagem **гурӯҳи наворбардорон** [gurœhi navorbardoron]
set (m) de filmagem **саҳнаи наворбардорӣ** [sahnai navorbardori:]
câmara (f) **камераи киногирӣ** [kamerai kinogiri:]

cinema (m) **кинотеатр** [kinoteatr]
ecrã (m), tela (f) **экран** [ɛkran]
exibir um filme **филм намоиш додан** [film namoiʃ dodan]

pista (f) sonora **мавҷи садо** [mavdʒi sado]
efeitos (m pl) especiais **эффектҳои махсус** [ɛffekthoi maχsus]

| | | |
|---|---|---|
| legendas (f pl) | **субтитрҳо** | [subtitrho] |
| crédito (m) | **титрҳо** | [titrho] |
| tradução (f) | **тарҷума** | [tardʒuma] |

## 151. Pintura

| | | |
|---|---|---|
| arte (f) | **санъат** | [san'at] |
| belas-artes (f pl) | **саноеи нафиса** | [sanoei nafisa] |
| galeria (f) de arte | **нигористон** | [nigoriston] |
| exposição (f) de arte | **намоишгоҳи расмҳо** | [namoiʃgohi rasmho] |
| pintura (f) | **рассомӣ** | [rassomi:] |
| arte (f) gráfica | **графика** | [grafika] |
| arte (f) abstrata | **абстрактсионизм** | [abstraktsionizm] |
| impressionismo (m) | **импрессионизм** | [impressionizm] |
| pintura (f), quadro (m) | **расм** | [rasm] |
| desenho (m) | **расм** | [rasm] |
| cartaz, póster (m) | **плакат** | [plakat] |
| ilustração (f) | **расм, сурат** | [rasm], [surat] |
| miniatura (f) | **миниатюра** | [miniatjura] |
| cópia (f) | **нусха** | [nusχa] |
| reprodução (f) | **нусхаи чопии сурат** | [nusχai ʧopi:i surat] |
| mosaico (m) | **кошинкорӣ** | [koʃinkori:] |
| vitral (m) | **витраж** | [vitraʒ] |
| fresco (m) | **фреска** | [freska] |
| gravura (f) | **расми кандакорӣ** | [rasmi kandakori:] |
| busto (m) | **бюст** | [bjust] |
| escultura (f) | **ҳайкал** | [hajkal] |
| estátua (f) | **ҳайкал** | [hajkal] |
| gesso (m) | **гач** | [gaʧ] |
| em gesso | **аз гач** | [az gaʧ] |
| retrato (m) | **портрет** | [portret] |
| autorretrato (m) | **автопортрет** | [avtoportret] |
| paisagem (f) | **манзара** | [manzara] |
| natureza (f) morta | **натюрморт** | [natjurmort] |
| caricatura (f) | **карикатура** | [karikatura] |
| esboço (m) | **қайдҳои хомакӣ** | [qajdhoi χomaki:] |
| tinta (f) | **ранг** | [rang] |
| aguarela (f) | **акварел** | [akvarel] |
| óleo (m) | **равған** | [ravʁan] |
| lápis (m) | **қалам** | [qalam] |
| tinta da China (f) | **туш** | [tuʃ] |
| carvão (m) | **сиёҳқалам** | [sijɔhqalam] |
| desenhar (vt) | **расм кашидан** | [rasm kaʃidan] |
| pintar (vt) | **расм кашидан** | [rasm kaʃidan] |
| posar (vi) | **ба таври махсус истодан** | [ba tavri maχsus istodan] |
| modelo (m) | **марди модел** | [mardi model] |

modelo (f) | **зани модел** | [zani model]
pintor (m) | **рассом** | [rassom]
obra (f) | **асар** | [asar]
obra-prima (f) | **шоҳасар** | [ʃohasar]
estúdio (m) | **коргоҳи рассом** | [korgohi rassom]

tela (f) | **холст** | [χolst]
cavalete (m) | **сепояи рассомӣ** | [sepojai rassomi:]
paleta (f) | **лавҳачаи рассомӣ** | [lavhatʃai rassomi:]

moldura (f) | **чорчӯба** | [ʧortʃœba]
restauração (f) | **таъмир** | [ta'mir]
restaurar (vt) | **таъмир кардан** | [ta'mir kardan]

## 152. Literatura & Poesia

literatura (f) | **адабиёт** | [adabijɔt]
autor (m) | **муаллиф** | [muallif]
pseudónimo (m) | **тахаллус** | [taχallus]

livro (m) | **китоб** | [kitob]
volume (m) | **ҷилд** | [ʤild]
índice (m) | **мундариҷа** | [mundariʤa]
página (f) | **саҳифа** | [sahifa]
protagonista (m) | **қаҳрамони асосӣ** | [qahramoni asosi:]
autógrafo (m) | **автограф** | [avtograf]

conto (m) | **ҳикоя, ҳикоят** | [hikoja], [hikojat]
novela (f) | **нақл** | [naql]
romance (m) | **роман** | [roman]
obra (f) | **асар** | [asar]
fábula (m) | **масал, матал** | [masal], [matal]
romance (m) policial | **детектив** | [detektiv]

poesia (obra) | **шеър** | [ʃe'r]
poesia (arte) | **назм** | [nazm]
poema (m) | **достон** | [doston]
poeta (m) | **шоир** | [ʃoir]

ficção (f) | **адабиёти мансур** | [adabijɔti mansur]
ficção (f) científica | **фантастикаи илмӣ** | [fantastikai ilmi:]
aventuras (f pl) | **саргузаштҳо** | [sarguzaʃtho]
literatura (f) didática | **адабиёти таълимӣ** | [adabijɔti ta'limi:]
literatura (f) infantil | **адабиёти кӯдакона** | [adabijɔti kœdakona]

## 153. Circo

circo (m) | **сирк** | [sirk]
circo (m) ambulante | **сирки шапито** | [sirki ʃapito]
programa (m) | **барнома** | [barnoma]
apresentação (f) | **намоиш, тамошо** | [namoiʃ], [tamoʃo]
número (m) | **баромад** | [baromad]

| | | |
|---|---|---|
| arena (f) | **саҳнаи сирк** | [sahnai sirk] |
| pantomima (f) | **пантомима** | [pantomima] |
| palhaço (m) | **масхарабоз** | [masχaraboz] |
| acrobata (m) | **дорбоз, акробат** | [dorboz], [akrobat] |
| acrobacia (f) | **дорбоза, акробатика** | [dorboza], [akrobatika] |
| ginasta (m) | **гимнаст** | [gimnast] |
| ginástica (f) | **гимнастика** | [gimnastika] |
| salto (m) mortal | **салто** | [salto] |
| homem forte (m) | **паҳлавон** | [pahlavon] |
| domador (m) | **ромкунанда, дастомӯз кунанда** | [romkunanda], [dastomœz kunanda] |
| cavaleiro (m) equilibrista | **човандоз** | [ʧovandoz] |
| assistente (m) | **ассистент** | [assistent] |
| truque (m) | **найранг, ҳила** | [najrang], [hila] |
| truque (m) de mágica | **найрангбозӣ** | [najrangbozi:] |
| mágico (m) | **найрангбоз** | [najrangboz] |
| malabarista (m) | **жонглёр** | [ʒongljɔr] |
| fazer malabarismos | **жонглёрӣ кардан** | [ʒongljɔrj kardan] |
| domador (m) | **ромкунанда** | [romkunanda] |
| adestramento (m) | **ром кардан** | [rom kardan] |
| adestrar (vt) | **ром кардан** | [rom kardan] |

## 154. Música. Música popular

| | | |
|---|---|---|
| música (f) | **мусиқӣ** | [musiqi:] |
| músico (m) | **мусиқачӣ** | [musiqaʧi:] |
| instrumento (m) musical | **асбоби мусиқӣ** | [asbobi musiqi:] |
| tocar ... | **навохтан** | [navoχtan] |
| guitarra (f) | **гитара** | [gitara] |
| violino (m) | **скрипка** | [skripka] |
| violoncelo (m) | **виолончел** | [violonʧel] |
| contrabaixo (m) | **контрабас** | [kontrabas] |
| harpa (f) | **уд** | [ud] |
| piano (m) | **пианино** | [pianino] |
| piano (m) de cauda | **роял** | [rojal] |
| órgão (m) | **арғунун** | [arʁunun] |
| oboé (m) | **гобой, сурнай** | [goboj], [surnaj] |
| saxofone (m) | **саксофон** | [saksofon] |
| clarinete (m) | **кларнет, сурнай** | [klarnet], [surnaj] |
| flauta (f) | **най** | [naj] |
| trompete (m) | **карнай** | [karnaj] |
| acordeão (m) | **аккордеон** | [akkordeon] |
| tambor (m) | **накора, табл** | [nakora], [tabl] |
| trio (m) | **трио** | [trio] |
| quarteto (m) | **квартет** | [kvartet] |

| | | |
|---|---|---|
| coro (m) | **хор** | [χor] |
| orquestra (f) | **оркестр** | [orkestr] |
| | | |
| música (f) pop | **поп-мусиқӣ** | [pop-musiqi:] |
| música (f) rock | **рок-мусиқӣ** | [rok-musiqi:] |
| grupo (m) de rock | **рок-даста** | [rok-dasta] |
| jazz (m) | **ҷаз** | [ʤaz] |
| | | |
| ídolo (m) | **бут, санам** | [but], [sanam] |
| fã, admirador (m) | **мухлис** | [muχlis] |
| | | |
| concerto (m) | **консерт** | [konsert] |
| sinfonia (f) | **симфония** | [simfonija] |
| composição (f) | **тасниф** | [tasnif] |
| compor (vt) | **навиштан** | [naviʃtan] |
| | | |
| canto (m) | **овозхонӣ** | [ovozχoni:] |
| canção (f) | **суруд** | [surud] |
| melodia (f) | **оҳанг** | [ohang] |
| ritmo (m) | **вазн, усул** | [vazn], [usul] |
| blues (m) | **блюз** | [bljuz] |
| | | |
| notas (f pl) | **нотаҳо** | [notaho] |
| batuta (f) | **чӯбчаи дирижёрӣ** | [ʧœbʧai diriʒjori:] |
| arco (m) | **камонча** | [kamonʧa] |
| corda (f) | **тор** | [tor] |
| estojo (m) | **ғилоф** | [ʁilof] |

# Descanso. Entretenimento. Viagens

## 155. Viagens

| | | |
|---|---|---|
| turismo (m) | **туризм, саёхат** | [turizm], [sajɔχat] |
| turista (m) | **саёҳатчӣ** | [sajɔhatʧi:] |
| viagem (f) | **саёҳат** | [sajɔhat] |
| aventura (f) | **саргузашт** | [sarguzaʃt] |
| viagem (f) | **сафар** | [safar] |
| férias (f pl) | **рухсатӣ** | [ruχsati:] |
| estar de férias | **дар рухсатӣ будан** | [dar ruχsati: budan] |
| descanso (m) | **истироҳат** | [istirohat] |
| comboio (m) | **поезд, қатор** | [poezd], [qator] |
| de comboio (chegar ~) | **бо қатора** | [bo qatora] |
| avião (m) | **ҳавопаймо** | [havopajmo] |
| de avião | **бо ҳавопаймо** | [bo havopajmo] |
| de carro | **бо мошин** | [bo moʃin] |
| de navio | **бо киштӣ** | [bo kiʃti:] |
| bagagem (f) | **бағоҷ, бор** | [baʁoʤ], [bor] |
| mala (f) | **ҷомадон** | [ʤomadon] |
| carrinho (m) | **аробаи боғочкашӣ** | [arobai boʁoʧkaʃi:] |
| passaporte (m) | **шиноснома** | [ʃinosnoma] |
| visto (m) | **виза** | [viza] |
| bilhete (m) | **билет** | [bilet] |
| bilhete (m) de avião | **чиптаи ҳавопаймо** | [ʧiptai havopajmo] |
| guia (m) de viagem | **роҳнома** | [rohnoma] |
| mapa (m) | **харита** | [χarita] |
| local (m), area (f) | **ҷой, маҳал** | [ʤoj], [mahal] |
| lugar, sítio (m) | **ҷой** | [ʤoj] |
| exotismo (m) | **ғароибот** | [ʁaroibot] |
| exótico | **... и ғароиб** | [i ʁaroib] |
| surpreendente | **ҳайратангез** | [hajratangez] |
| grupo (m) | **гурӯҳ** | [gurœh] |
| excursão (f) | **экскурсия, саёҳат** | [ɛkskursija], [sajɔhat] |
| guia (m) | **роҳбари экскурсия** | [rohbari ɛkskursija] |

## 156. Hotel

| | | |
|---|---|---|
| hotel (m) | **меҳмонхона** | [mehmonχona] |
| motel (m) | **меҳмонхона** | [mehmonχona] |
| três estrelas | **се ситорадор** | [se sitorador] |

| | | |
|---|---|---|
| cinco estrelas | **панҷ ситорадор** | [pandʒ sitorador] |
| ficar (~ num hotel) | **фуромадан** | [furomadan] |
| | | |
| quarto (m) | **ҳуҷра** | [hudʒra] |
| quarto (m) individual | **ҳуҷраи якнафара** | [hudʒrai jaknafara] |
| quarto (m) duplo | **ҳуҷраи дунафара** | [hudʒrai dunafara] |
| reservar um quarto | **банд кардани ҳуҷра** | [band kardani hudʒra] |
| | | |
| meia pensão (f) | **бо нимтаъминот** | [bo nimta'minot] |
| pensão (f) completa | **бо таъминоти пурра** | [bo ta'minoti purra] |
| | | |
| com banheira | **ваннадор** | [vannador] |
| com duche | **душдор** | [duʃdor] |
| televisão (m) satélite | **телевизиони спутникӣ** | [televizioni sputniki:] |
| ar (m) condicionado | **кондитсионер** | [konditsioner] |
| toalha (f) | **сачоқ** | [satʃoq] |
| chave (f) | **калид** | [kalid] |
| | | |
| administrador (m) | **маъмур, мудир** | [ma'mur], [mudir] |
| camareira (f) | **пешхизмат** | [peʃχizmat] |
| bagageiro (m) | **ҳаммол** | [hammol] |
| porteiro (m) | **дарбони меҳмонхона** | [darboni mehmonχona] |
| | | |
| restaurante (m) | **тарабхона** | [tarabχona] |
| bar (m) | **бар** | [bar] |
| pequeno-almoço (m) | **ноништа** | [noniʃta] |
| jantar (m) | **шом** | [ʃom] |
| buffet (m) | **мизи шведӣ** | [mizi ʃvedi:] |
| | | |
| hall (m) de entrada | **миёнсарой** | [mijɔnsaroj] |
| elevador (m) | **лифт** | [lift] |
| | | |
| NÃO PERTURBE | **ХАЛАЛ НАРАСОНЕД** | [χalal narasoned] |
| PROIBIDO FUMAR! | **ТАМОКУ НАКАШЕД!** | [tamoku nakaʃed] |

## 157. Livros. Leitura

| | | |
|---|---|---|
| livro (m) | **китоб** | [kitob] |
| autor (m) | **муаллиф** | [muallif] |
| escritor (m) | **нависанда** | [navisanda] |
| escrever (vt) | **навиштан** | [naviʃtan] |
| | | |
| leitor (m) | **хонанда** | [χonanda] |
| ler (vt) | **хондан** | [χondan] |
| leitura (f) | **хониш** | [χoniʃ] |
| | | |
| para si | **ба дили худ** | [ba dili χud] |
| em voz alta | **бо овози баланд** | [bo ovozi baland] |
| | | |
| publicar (vt) | **нашр кардан** | [naʃr kardan] |
| publicação (f) | **нашр** | [naʃr] |
| editor (m) | **ношир** | [noʃir] |
| editora (f) | **нашриёт** | [naʃrijɔt] |
| sair (vi) | **нашр шудан** | [naʃr ʃudan] |

| | | |
|---|---|---|
| lançamento (m) | **аз чоп баромадани** | [az ʧop baromadani] |
| tiragem (f) | **адади нашр** | [adadi naʃr] |
| | | |
| livraria (f) | **мағозаи китоб** | [maʁozai kitob] |
| biblioteca (f) | **китобхона** | [kitobχona] |
| | | |
| novela (f) | **нақл** | [naql] |
| conto (m) | **ҳикоя, ҳикоят** | [hikoja], [hikojat] |
| romance (m) | **роман** | [roman] |
| romance (m) policial | **детектив** | [detektiv] |
| | | |
| memórias (f pl) | **хотираҳо** | [χotiraho] |
| lenda (f) | **афсона** | [afsona] |
| mito (m) | **асотир, қисса** | [asotir], [qissa] |
| | | |
| poesia (f) | **шеърҳо** | [ʃe'rho] |
| autobiografia (f) | **тарҷумаи ҳоли худ, автобиография** | [tarʤumai holi χud], [avtobiografija] |
| obras (f pl) escolhidas | **асарҳои мунтахаб** | [asarhoi muntaχab] |
| ficção (f) científica | **фантастика** | [fantastika] |
| | | |
| título (m) | **ном** | [nom] |
| introdução (f) | **муқаддима** | [muqaddima] |
| folha (f) de rosto | **варақаи унвон** | [varaqai unvon] |
| | | |
| capítulo (m) | **ҷузъи китоб** | [ʤuz'i kitob] |
| excerto (m) | **порча** | [porʧa] |
| episódio (m) | **лавҳа** | [lavha] |
| | | |
| tema (m) | **сюжет** | [sjuʒet] |
| conteúdo (m) | **мундариҷа** | [mundariʤa] |
| índice (m) | **мундариҷа** | [mundariʤa] |
| protagonista (m) | **қаҳрамони асосӣ** | [qahramoni asosi:] |
| | | |
| tomo, volume (m) | **ҷилд** | [ʤild] |
| capa (f) | **мукова** | [mukova] |
| encadernação (f) | **муқова** | [muqova] |
| marcador (m) de livro | **хатчӯб, чӯбалиф** | [χatʧœb], [ʧœbalif] |
| | | |
| página (f) | **саҳифа** | [sahifa] |
| folhear (vt) | **варак задан** | [varak zadan] |
| margem (f) | **ҳошия** | [hoʃija] |
| anotação (f) | **нишона** | [niʃona] |
| nota (f) de rodapé | **поварақ** | [povaraq] |
| | | |
| texto (m) | **матн** | [matn] |
| fonte (f) | **ҳуруф** | [huruf] |
| gralha (f) | **саҳв, ғалат** | [sahv], [ʁalat] |
| | | |
| tradução (f) | **тарҷума** | [tarʤuma] |
| traduzir (vt) | **тарҷума кардан** | [tarʤuma kardan] |
| original (m) | **матни асл** | [matni asl] |
| | | |
| famoso | **машҳур** | [maʃhur] |
| desconhecido | **номаъруф** | [noma'ruf] |
| interessante | **шавқовар** | [ʃavqovar] |

| | | |
|---|---|---|
| best-seller (m) | **бестселлер** | [bestseller] |
| dicionário (m) | **луғат** | [luʁat] |
| manual (m) escolar | **китоби дарсӣ** | [kitobi darsi:] |
| enciclopédia (f) | **энсиклопедия** | [ɛnsiklopedija] |

## 158. Caça. Pesca

| | | |
|---|---|---|
| caça (f) | **шикор, сайд** | [ʃikor], [sajd] |
| caçador (m) | **шикорчӣ** | [ʃikortʃi:] |
| atirar (vi) | **тир задан** | [tir zadan] |
| caçadeira (f) | **милтиқ** | [miltiq] |
| cartucho (m) | **тир** | [tir] |
| chumbo (m) de caça | **сочма** | [sotʃma] |
| armadilha (f) | **қапқон** | [qapqon] |
| armadilha (com corda) | **дом** | [dom] |
| cair na armadilha | **ба қапқон афтодан** | [ba qapqon aftodan] |
| pôr a armadilha | **қапқон мондан** | [qapqon mondan] |
| caçador (m) furtivo | **қӯруқшикан** | [qœruqʃikan] |
| caça (f) | **сайд** | [sajd] |
| cão (m) de caça | **саги шикорӣ** | [sagi ʃikori:] |
| safári (m) | **сафари** | [safari] |
| animal (m) empalhado | **хӯса** | [χœsa] |
| pescador (m) | **моҳигир** | [mohigir] |
| pesca (f) | **моҳигирӣ** | [mohigiri:] |
| pescar (vt) | **моҳӣ гирифтан** | [mohi: giriftan] |
| cana (f) de pesca | **шаст** | [ʃast] |
| linha (f) de pesca | **ресмони шаст** | [resmoni ʃast] |
| anzol (m) | **қалмок** | [qalmok] |
| boia (f) | **ғаммозак** | [ʁammozak] |
| isca (f) | **хӯрхӯрак** | [χœrχœrak] |
| lançar a linha | **шаст партофтан** | [ʃast partoftan] |
| morder (vt) | **нул задан** | [nul zadan] |
| pesca (f) | **сайди моҳӣ** | [sajdi mohi:] |
| buraco (m) no gelo | **яхбурча** | [jaχburtʃa] |
| rede (f) | **тӯр** | [tœr] |
| barco (m) | **қаиқ** | [qaiq] |
| pescar com rede | **бо тӯр доштан** | [bo tœr doʃtan] |
| lançar a rede | **тӯр партофтан** | [tœr partoftan] |
| puxar a rede | **тӯр кашидан** | [tœr kaʃidan] |
| cair nas malhas | **ба тӯр афтодан** | [ba tœr aftodan] |
| baleeiro (m) | **шикори китҳо** | [ʃikori kitho] |
| baleeira (f) | **киштии шикори китҳо** | [kiʃti:i ʃikori kitho] |
| arpão (m) | **соскан** | [soskan] |

## 159. Jogos. Bilhar

| | | |
|---|---|---|
| bilhar (m) | **билярдбозӣ** | [biljardbozi:] |
| sala (f) de bilhar | **толори саққобозӣ** | [tolori saqqobozi:] |
| bola (f) de bilhar | **саққо** | [saqqo] |
| embolsar uma bola | **даровардани саққо** | [darovardani saqqo] |
| taco (m) | **кий** | [kij] |
| caçapa (f) | **тӯрхалтаи билярд** | [tœrχaltai biljard] |

## 160. Jogos. Jogar cartas

| | | |
|---|---|---|
| ouros (m pl) | **картаҳои хишт** | [qartahoi χiʃt] |
| espadas (f pl) | **қарамашшоқ** | [qaramaʃʃoq] |
| copas (f pl) | **дил** | [dil] |
| paus (m pl) | **картаҳои чилликхол** | [qartahoi ʧillikχol] |
| ás (m) | **зот** | [zot] |
| rei (m) | **шоҳ** | [ʃoh] |
| dama (f) | **модка** | [modka] |
| valete (m) | **валет** | [valet] |
| carta (f) de jogar | **картаи бозӣ** | [kartai bozi:] |
| cartas (f pl) | **қарта** | [qarta] |
| trunfo (m) | **кузур** | [kuzur] |
| baralho (m) | **дастаи қарта** | [dastai qarta] |
| ponto (m) | **хол** | [χol] |
| dar, distribuir (vt) | **кашидан** | [kaʃidan] |
| embaralhar (vt) | **тагу рӯ кардан** | [tagu rœ kardan] |
| vez, jogada (f) | **гашт** | [gaʃt] |
| batoteiro (m) | **қаллоб, ғиром** | [qallob], [ʁirom] |

## 161. Casino. Roleta

| | | |
|---|---|---|
| casino (m) | **казино** | [kazino] |
| roleta (f) | **қиморбозӣ** | [qimorbozi:] |
| aposta (f) | **пулмонӣ дар қимор** | [pulmoni: dar qimor] |
| apostar (vt) | **пул мондан** | [pul mondan] |
| vermelho (m) | **сурх** | [surχ] |
| preto (m) | **сиёҳ** | [sijɔh] |
| apostar no vermelho | **ба сурх мондан** | [ba surχ mondan] |
| apostar no preto | **ба сиёҳ мондан** | [ba sijɔh mondan] |
| crupiê (m, f) | **чӯталгир** | [ʧœtalgir] |
| girar a roda | **давр занондани барабан** | [davr zanondani baraban] |
| regras (f pl) do jogo | **қоидаи бозӣ** | [qoidai bozi:] |
| ficha (f) | **мӯҳрача** | [mœhraʧa] |
| ganhar (vi, vt) | **бурдан** | [burdan] |
| ganho (m) | **бурд** | [burd] |

| | | |
|---|---|---|
| perder (dinheiro) | **бохтан** | [boχtan] |
| perda (f) | **бой додан** | [boj dodan] |
| | | |
| jogador (m) | **бозингар** | [bozingar] |
| blackjack (m) | **блек чек** | [blek ʤek] |
| jogo (m) de dados | **мӯҳрабозӣ кардан** | [mœhrabozi: kardan] |
| dados (m pl) | **муҳра** | [muhra] |
| máquina (f) de jogo | **автомати бозӣ** | [avtomati bozi:] |

## 162. Descanso. Jogos. Diversos

| | | |
|---|---|---|
| passear (vi) | **сайр кардан** | [sajr kardan] |
| passeio (m) | **гардиш, гашт** | [gardiʃ], [gaʃt] |
| viagem (f) de carro | **сайрон** | [sajron] |
| aventura (f) | **саргузашт** | [sarguzaʃt] |
| piquenique (m) | **пикник** | [piknik] |
| | | |
| jogo (m) | **бозӣ** | [bozi:] |
| jogador (m) | **бозингар** | [bozingar] |
| partida (f) | **як бор бозӣ** | [jak bor bozi:] |
| | | |
| colecionador (m) | **коллексионер** | [kolleksioner] |
| colecionar (vt) | **коллексия кардан** | [kolleksija kardan] |
| coleção (f) | **коллексия** | [kolleksija] |
| | | |
| palavras (f pl) cruzadas | **кроссворд** | [krossvord] |
| hipódromo (m) | **ипподром** | [ippodrom] |
| discoteca (f) | **дискотека** | [diskoteka] |
| | | |
| sauna (f) | **сауна, ҳаммом** | [sauna], [hammom] |
| lotaria (f) | **лотерея** | [lotereja] |
| | | |
| campismo (m) | **роҳпаймоӣ** | [rohpajmoi:] |
| acampamento (m) | **лагер** | [lager] |
| tenda (f) | **хаймаи сайёҳон** | [χajmai sajjɔhon] |
| bússola (f) | **компас, қутбнамо** | [kompas], [qutbnamo] |
| campista (m) | **сайёҳ, турист** | [sajjɔh], [turist] |
| | | |
| ver (vt), assistir à ... | **нигоҳ кардан** | [nigoh kardan] |
| telespectador (m) | **бинанда** | [binanda] |
| programa (m) de TV | **теленамоиш** | [telenamoiʃ] |

## 163. Fotografia

| | | |
|---|---|---|
| máquina (f) fotográfica | **фотоаппарат** | [fotoapparat] |
| foto, fotografia (f) | **акс, сурат** | [aks], [surat] |
| | | |
| fotógrafo (m) | **суратгир** | [suratgir] |
| estúdio (m) fotográfico | **фотостудия** | [fotostudija] |
| álbum (m) de fotografias | **албоми сурат** | [albomi surat] |
| objetiva (f) | **объектив** | [ob'ektiv] |
| teleobjetiva (f) | **телеобъектив** | [teleob'ektiv] |

| | | |
|---|---|---|
| filtro (m) | **филтр** | [filtr] |
| lente (f) | **линза** | [linza] |
| ótica (f) | **оптика** | [optika] |
| abertura (f) | **диафрагма** | [diafragma] |
| exposição (f) | **дошт** | [doʃt] |
| visor (m) | **манзарачӯ** | [manzaraʤœ] |
| câmara (f) digital | **суратгираки рақамӣ** | [suratgiraki raqami:] |
| tripé (m) | **поя** | [poja] |
| flash (m) | **чароғак** | [ʧaroʁak] |
| fotografar (vt) | **сурат гирифтан** | [surat giriftan] |
| tirar fotos | **сурат гирифтан** | [surat giriftan] |
| fotografar-se | **сурати худро гирондан** | [surati χudro girondan] |
| foco (m) | **фокус** | [fokus] |
| focar (vt) | **ба рангҳои баланд мондан** | [ba ranghoi baland mondan] |
| nítido | **баланд** | [baland] |
| nitidez (f) | **баланди ранг** | [balandi rang] |
| contraste (m) | **акс** | [aks] |
| contrastante | **возеҳ** | [vozeh] |
| retrato (m) | **сурат** | [surat] |
| negativo (m) | **негатив** | [negativ] |
| filme (m) | **фотонавор** | [fotonavor] |
| fotograma (m) | **кадр** | [kadr] |
| imprimir (vt) | **чоп кардан** | [ʧop kardan] |

## 164. Praia. Natação

| | | |
|---|---|---|
| praia (f) | **пляж** | [pljaʒ] |
| areia (f) | **рег** | [reg] |
| deserto | **хилват** | [χilvat] |
| bronzeado (m) | **офтобхӯрӣ** | [oftobχœri:] |
| bronzear-se (vr) | **гандумгун шудан** | [gandumgun ʃudan] |
| bronzeado | **гандумгун** | [gandumgun] |
| protetor (m) solar | **креми офтобхӯрӣ** | [kremi oftobχœri:] |
| biquíni (m) | **бикини** | [bikini] |
| fato (m) de banho | **либоси оббозӣ** | [libosi obbozi:] |
| calção (m) de banho | **плавка** | [plavka] |
| piscina (f) | **ҳавз** | [havz] |
| nadar (vi) | **шино кардан** | [ʃino kardan] |
| mudar de roupa | **либоси дигар пӯшидан** | [libosi digar pœʃidan] |
| toalha (f) | **сачоқ** | [saʧoq] |
| barco (m) | **қаиқ** | [qaiq] |
| lancha (f) | **катер** | [kater] |
| esqui (m) aquático | **лижаҳои обӣ** | [liʒahoi obi:] |

| | | |
|---|---|---|
| barco (m) de pedais | **велосипеди обӣ** | [velosipedi obi:] |
| surf (m) | **серфинг** | [serfing] |
| surfista (m) | **серфингчӣ** | [serfingʧi:] |
| | | |
| equipamento (m) de mergulho | **акваланг** | [akvalang] |
| barbatanas (f pl) | **ластҳо** | [lastho] |
| máscara (f) | **ниқоб** | [niqob] |
| mergulhador (m) | **ғӯтазан** | [ʁœtazan] |
| mergulhar (vi) | **ғӯта задан** | [ʁœta zadan] |
| debaixo d'água | **таги об** | [tagi ob] |
| | | |
| guarda-sol (m) | **чатр** | [ʧatr] |
| espreguiçadeira (f) | **шезлонг** | [ʃezlong] |
| óculos (m pl) de sol | **айнаки сиёҳ** | [ajnaki sijɔh] |
| colchão (m) de ar | **матраси оббозӣ** | [matrasi obbozi:] |
| | | |
| brincar (vi) | **бозӣ кардан** | [bozi: kardan] |
| ir nadar | **оббозӣ кардан** | [obbozi: kardan] |
| | | |
| bola (f) de praia | **тӯб** | [tœb] |
| encher (vt) | **дам кардан** | [dam kardan] |
| inflável, de ar | **дамшаванда** | [damʃavanda] |
| | | |
| onda (f) | **мавҷ** | [mavʤ] |
| boia (f) | **шиноварак** | [ʃinovarak] |
| afogar-se (pessoa) | **ғарк шудан** | [ʁark ʃudan] |
| | | |
| salvar (vt) | **наҷот додан** | [nadʒot dodan] |
| colete (m) salva-vidas | **камзӯли наҷотдиҳанда** | [kamzœli nadʒotdihanda] |
| observar (vt) | **назорат кардан** | [nazorat kardan] |
| nadador-salvador (m) | **наҷотдиҳанда** | [nadʒotdihanda] |

# EQUIPAMENTO TÉCNICO. TRANSPORTES

## Equipamento técnico. Transportes

### 165. Computador

| | | |
|---|---|---|
| computador (m) | **компютер** | [kompjuter] |
| portátil (m) | **ноутбук** | [noutbuk] |
| | | |
| ligar (vt) | **даргирондан** | [dargirondan] |
| desligar (vt) | **куштан** | [kuʃtan] |
| | | |
| teclado (m) | **клавиатура** | [klaviatura] |
| tecla (f) | **тугмача** | [tugmatʃa] |
| rato (m) | **муш** | [muʃ] |
| tapete (m) de rato | **гилемчаи муш** | [gilemtʃai muʃ] |
| | | |
| botão (m) | **тугмача** | [tugmatʃa] |
| cursor (m) | **курсор** | [kursor] |
| | | |
| monitor (m) | **монитор** | [monitor] |
| ecrã (m) | **экран** | [ɛkran] |
| | | |
| disco (m) rígido | **диски сахт** | [diski saχt] |
| capacidade (f) do disco rígido | **ҳаҷми диски сахт** | [hadʒmi diski saχt] |
| memória (f) | **ҳофиза** | [hofiza] |
| memória RAM (f) | **хотираи фаврӣ** | [χotirai favri:] |
| | | |
| ficheiro (m) | **файл** | [fajl] |
| pasta (f) | **папка** | [papka] |
| abrir (vt) | **кушодан** | [kuʃodan] |
| fechar (vt) | **пӯшидан, бастан** | [pœʃidan], [bastan] |
| | | |
| guardar (vt) | **нигоҳ доштан** | [nigoh doʃtan] |
| apagar, eliminar (vt) | **нобуд кардан** | [nobud kardan] |
| copiar (vt) | **нусха бардоштан** | [nusχa bardoʃtan] |
| ordenar (vt) | **ба хелҳо ҷудо кардан** | [ba χelho dʒudo kardan] |
| copiar (vt) | **аз нав навиштан** | [az nav naviʃtan] |
| | | |
| programa (m) | **барнома** | [barnoma] |
| software (m) | **барномаи таъминотӣ** | [barnomai ta'minoti:] |
| programador (m) | **барномасоз** | [barnomasoz] |
| programar (vt) | **барномасозӣ кардан** | [barnomasozi: kardan] |
| | | |
| hacker (m) | **хакер** | [χaker] |
| senha (f) | **рамз** | [ramz] |
| vírus (m) | **вирус** | [virus] |
| detetar (vt) | **кашф кардан** | [kaʃf kardan] |
| byte (m) | **байт** | [bajt] |

| | | |
|---|---|---|
| megabyte (m) | **мегабайт** | [megabajt] |
| dados (m pl) | **маълумот** | [ma'lumot] |
| base (f) de dados | **манбаи маълумот** | [manbai ma'lumot] |
| | | |
| cabo (m) | **кабел** | [kabel] |
| desconectar (vt) | **ҷудо кардан** | [dʒudo kardan] |
| conetar (vt) | **васл кардан** | [vasl kardan] |

## 166. Internet. E-mail

| | | |
|---|---|---|
| internet (f) | **интернет** | [internet] |
| browser (m) | **браузер** | [brauzer] |
| motor (m) de busca | **манбаи ҷустуҷӯкунанда** | [manbai dʒustudʒœkunanda] |
| provedor (m) | **провайдер** | [provajder] |
| | | |
| webmaster (m) | **веб-мастер** | [veb-master] |
| website, sítio web (m) | **веб-сомона** | [veb-somona] |
| página (f) web | **веб-саҳифа** | [veb-sahifa] |
| | | |
| endereço (m) | **адрес, унвон** | [adres], [unvon] |
| livro (m) de endereços | **дафтари адресҳо** | [daftari adresho] |
| | | |
| caixa (f) de correio | **қуттии почта** | [qutti:i potʃta] |
| correio (m) | **почта** | [potʃta] |
| cheia (caixa de correio) | **пур** | [pur] |
| | | |
| mensagem (f) | **хабар** | [χabar] |
| mensagens (f pl) recebidas | **хабари дароянда** | [χabari darojanda] |
| mensagens (f pl) enviadas | **хабари бароянда** | [χabari barojanda] |
| | | |
| remetente (m) | **ирсолкунанда** | [irsolkunanda] |
| enviar (vt) | **ирсол кардан** | [irsol kardan] |
| envio (m) | **ирсол** | [irsol] |
| | | |
| destinatário (m) | **гиранда** | [giranda] |
| receber (vt) | **гирифтан** | [giriftan] |
| | | |
| correspondência (f) | **мукотиба** | [mukotiba] |
| corresponder-se (vr) | **мукотиба доштан** | [mukotiba doʃtan] |
| | | |
| ficheiro (m) | **файл** | [fajl] |
| fazer download, baixar | **нусха бардоштан** | [nusχa bardoʃtan] |
| criar (vt) | **сохтан** | [soχtan] |
| apagar, eliminar (vt) | **нобуд кардан** | [nobud kardan] |
| eliminado | **нобудшуда** | [nobudʃuda] |
| | | |
| conexão (f) | **алоқа** | [aloqa] |
| velocidade (f) | **суръат** | [sur'at] |
| modem (m) | **модем** | [modem] |
| acesso (m) | **даромадан** | [daromadan] |
| porta (f) | **порт** | [port] |
| | | |
| conexão (f) | **пайвастан** | [pajvastan] |
| conetar (vi) | **пайваст шудан** | [pajvast ʃudan] |

| | | |
|---|---|---|
| escolher (vt) | **интихоб кардан** | [intiχob kardan] |
| buscar (vt) | **ҷустан** | [ʤustan] |

## 167. Eletricidade

| | | |
|---|---|---|
| eletricidade (f) | **барқ** | [barq] |
| elétrico | **барқӣ** | [barqi:] |
| central (f) elétrica | **стансияи барқӣ** | [stansijai barqi:] |
| energia (f) | **қувва, қувват** | [quvva], [quvvat] |
| energia (f) elétrica | **кувваи электрикӣ** | [kuvvai ɛlektriki:] |
| lâmpada (f) | **лампача, чароғча** | [lampaʧa], [ʧaroʁʧa] |
| lanterna (f) | **фонуси дастӣ** | [fonusi dasti:] |
| poste (m) de iluminação | **фонуси кӯчагӣ** | [fonusi kœʧagi:] |
| luz (f) | **чароғ** | [ʧaroʁ] |
| ligar (vt) | **даргирондан** | [dargirondan] |
| desligar (vt) | **куштан** | [kuʃtan] |
| apagar a luz | **чароғро куштан** | [ʧaroʁro kuʃtan] |
| fundir (vi) | **сухтан** | [suχtan] |
| curto-circuito (m) | **расиши кӯтоҳ** | [rasiʃi kœtoh] |
| rutura (f) | **канда шуданӣ** | [kanda ʃudani:] |
| contacto (m) | **васл** | [vasl] |
| interruptor (m) | **калидак** | [kalidak] |
| tomada (f) | **розетка** | [rozetka] |
| ficha (f) | **вилка** | [vilka] |
| extensão (f) | **удлинител** | [udlinitel] |
| fusível (m) | **пешгирикунанда** | [peʃgirikunanda] |
| fio, cabo (m) | **сим** | [sim] |
| instalação (f) elétrica | **сими барқ** | [simi barq] |
| ampere (m) | **ампер** | [amper] |
| amperagem (f) | **қувваи барқ** | [quvvai barq] |
| volt (m) | **волт** | [volt] |
| voltagem (f) | **шиддат** | [ʃiddat] |
| aparelho (m) elétrico | **асбоби барқӣ** | [asbobi barqi:] |
| indicador (m) | **индикатор** | [indikator] |
| eletricista (m) | **барқчӣ** | [barqʧi:] |
| soldar (vt) | **лаҳим кардан** | [lahim kardan] |
| ferro (m) de soldar | **лаҳимкаш** | [lahimkaʃ] |
| corrente (f) elétrica | **барқ** | [barq] |

## 168. Ferramentas

| | | |
|---|---|---|
| ferramenta (f) | **абзор** | [abzor] |
| ferramentas (f pl) | **асбобу анҷом** | [asbobu anʤom] |
| equipamento (m) | **таҷҳизот** | [taʤhizot] |

| | | |
|---|---|---|
| martelo (m) | **болғача** | [bolʁatʃa] |
| chave (f) de fendas | **мурваттоб** | [murvattob] |
| machado (m) | **табар** | [tabar] |
| | | |
| serra (f) | **арра** | [arra] |
| serrar (vt) | **арра кардан** | [arra kardan] |
| plaina (f) | **ранда** | [randa] |
| aplainar (vt) | **ранда кардан** | [randa kardan] |
| ferro (m) de soldar | **лаҳимкаш** | [lahimkaʃ] |
| soldar (vt) | **лаҳим кардан** | [lahim kardan] |
| | | |
| lima (f) | **сӯҳон** | [sœhon] |
| tenaz (f) | **анбӯр** | [anbœr] |
| alicate (m) | **анбур** | [anbur] |
| formão (m) | **искана** | [iskana] |
| | | |
| broca (f) | **парма** | [parma] |
| berbequim (f) | **парма** | [parma] |
| furar (vt) | **парма кардан** | [parma kardan] |
| | | |
| faca (f) | **корд** | [kord] |
| lâmina (f) | **теғ, дам** | [teʁ], [dam] |
| | | |
| afiado | **тез** | [tez] |
| cego | **кунд** | [kund] |
| embotar-se (vr) | **кунд шудан** | [kund ʃudan] |
| afiar, amolar (vt) | **тез кардан** | [tez kardan] |
| | | |
| parafuso (m) | **болт** | [bolt] |
| porca (f) | **гайка** | [gajka] |
| rosca (f) | **рахапеч** | [raχapetʃ] |
| parafuso (m) para madeira | **мехи печдор** | [meχi petʃdor] |
| | | |
| prego (m) | **мех** | [meχ] |
| cabeça (f) do prego | **сари мех** | [sari meχ] |
| | | |
| régua (f) | **ҷадвал** | [dʒadval] |
| fita (f) métrica | **чентаноб** | [tʃentanob] |
| nível (m) | **уровен** | [uroven] |
| lupa (f) | **лупа, пурбин** | [lupa], [purbin] |
| | | |
| medidor (m) | **асбоби ченкунӣ** | [asbobi tʃenkuni:] |
| medir (vt) | **чен кардан** | [tʃen kardan] |
| escala (f) | **ҷадвал** | [dʒadval] |
| indicação (f), registo (m) | **нишондод** | [niʃondod] |
| | | |
| compressor (m) | **компрессор** | [kompressor] |
| microscópio (m) | **микроскоп, заррабин** | [mikroskop], [zarrabin] |
| | | |
| bomba (f) | **насос, обдуздак** | [nasos], [obduzdak] |
| robô (m) | **робот** | [robot] |
| laser (m) | **лазер** | [lazer] |
| | | |
| chave (f) de boca | **калиди гайка** | [kalidi gajka] |
| fita (f) adesiva | **скоч** | [skotʃ] |
| cola (f) | **елим, шилм** | [elim], [ʃilm] |

| | | |
|---|---|---|
| lixa (f) | **коғази сунбода** | [koʁazi sunboda] |
| mola (f) | **пружин** | [pruʒin] |
| íman (m) | **магнит, оҳанрабо** | [magnit], [ohanrabo] |
| luvas (f pl) | **дастпӯшак** | [dastpœʃak] |
| corda (f) | **арғамчин, таноб** | [arʁamʧin], [tanob] |
| cordel (m) | **ресмон** | [resmon] |
| fio (m) | **сим** | [sim] |
| cabo (m) | **кабел** | [kabel] |
| marreta (f) | **босқон** | [bosqon] |
| pé de cabra (m) | **мисрон** | [misron] |
| escada (f) de mão | **зина, зинапоя** | [zina], [zinapoja] |
| escadote (m) | **нардбонча** | [nardbonʧa] |
| enroscar (vt) | **тофтан, тоб додан** | [toftan], [tob dodan] |
| desenroscar (vt) | **тоб дода кушодан** | [tob doda kuʃodan] |
| apertar (vt) | **фишурдан** | [fiʃurdan] |
| colar (vt) | **часпонидан** | [ʧasponidan] |
| cortar (vt) | **буридан** | [buridan] |
| falha (mau funcionamento) | **нодурустӣ, носозӣ** | [nodurusti:], [nosozi:] |
| conserto (m) | **таъмир** | [ta'mir] |
| consertar, reparar (vt) | **таъмир кардан** | [ta'mir kardan] |
| regular, ajustar (vt) | **танзим кардан** | [tanzim kardan] |
| verificar (vt) | **тафтиш кардан** | [taftiʃ kardan] |
| verificação (f) | **тафтиш** | [taftiʃ] |
| indicação (f), registo (m) | **нишондод** | [niʃondod] |
| seguro | **боэътимод** | [boɛ'timod] |
| complicado | **мураккаб** | [murakkab] |
| enferrujar (vi) | **занг задан** | [zang zadan] |
| enferrujado | **зангзада** | [zangzada] |
| ferrugem (f) | **занг** | [zang] |

# Transportes

## 169. Avião

| | | |
|---|---|---|
| avião (m) | **ҳавопаймо** | [havopajmo] |
| bilhete (m) de avião | **чиптаи ҳавопаймо** | [ʧiptai havopajmo] |
| companhia (f) aérea | **ширкати ҳавопаймоӣ** | [ʃirkati havopajmoi:] |
| aeroporto (m) | **аэропорт** | [aɛroport] |
| supersónico | **фавқуссадо** | [favqussado] |
| | | |
| comandante (m) do avião | **фармондеҳи киштӣ** | [farmondehi kiʃti:] |
| tripulação (f) | **экипаж** | [ɛkipaʒ] |
| piloto (m) | **сарнишин** | [sarniʃin] |
| hospedeira (f) de bordo | **стюардесса** | [stjuardessa] |
| copiloto (m) | **штурман** | [ʃturman] |
| | | |
| asas (f pl) | **қанот** | [qanot] |
| cauda (f) | **дум** | [dum] |
| cabine (f) de pilotagem | **кабина** | [kabina] |
| motor (m) | **муҳаррик** | [muharrik] |
| trem (m) de aterragem | **шассӣ** | [ʃassi:] |
| turbina (f) | **турбина** | [turbina] |
| | | |
| hélice (f) | **пропеллер** | [propeller] |
| caixa-preta (f) | **қуттии сиёҳ** | [qutti:i sijɔh] |
| coluna (f) de controlo | **суккон** | [sukkon] |
| combustível (m) | **сӯзишворӣ** | [sœziʃvori:] |
| | | |
| instruções (f pl) de segurança | **дастурамали бехатарӣ** | [dasturamali beχatari:] |
| máscara (f) de oxigénio | **ниқоби ҳавои тоза** | [niqobi havoi toza] |
| uniforme (m) | **либоси расмӣ** | [libosi rasmi:] |
| | | |
| colete (m) salva-vidas | **камзӯли наҷотдиҳанда** | [kamzœli nadʒotdihanda] |
| paraquedas (m) | **парашют** | [paraʃʃut] |
| | | |
| descolagem (f) | **парвоз** | [parvoz] |
| descolar (vi) | **парвоз кардан** | [parvoz kardan] |
| pista (f) de descolagem | **хати парвоз** | [χati parvoz] |
| | | |
| visibilidade (f) | **софии ҳаво** | [sofi:i havo] |
| voo (m) | **парвоз** | [parvoz] |
| | | |
| altura (f) | **баландӣ** | [balandi:] |
| poço (m) de ar | **чоҳи ҳаво** | [ʧohi havo] |
| | | |
| assento (m) | **ҷой** | [dʒoj] |
| auscultadores (m pl) | **гӯшак, гӯшпӯшак** | [gœʃak], [gœʃpœʃak] |
| mesa (f) rebatível | **мизчаи вошаванда** | [miztʃai voʃavanda] |
| vigia (f) | **иллюминатор** | [illjuminator] |
| passagem (f) | **гузаргоҳ** | [guzargoh] |

## 170. Comboio

| | | |
|---|---|---|
| comboio (m) | **поезд, қатор** | [poezd], [qator] |
| comboio (m) suburbano | **қатораи барқӣ** | [qatorai barqi:] |
| comboio (m) rápido | **қатораи тезгард** | [qatorai tezgard] |
| locomotiva (f) diesel | **тепловоз** | [teplovoz] |
| locomotiva (f) a vapor | **паровоз** | [parovoz] |
| carruagem (f) | **вагон** | [vagon] |
| carruagem restaurante (f) | **вагон-ресторан** | [vagon-restoran] |
| carris (m pl) | **релсҳо** | [relsho] |
| caminho de ferro (m) | **роҳи оҳан** | [rohi ohan] |
| travessa (f) | **шпала** | [ʃpala] |
| plataforma (f) | **платформа** | [platforma] |
| linha (f) | **роҳ** | [roh] |
| semáforo (m) | **семафор** | [semafor] |
| estação (f) | **истгоҳ** | [istgoh] |
| maquinista (m) | **мошинист** | [moʃinist] |
| bagageiro (m) | **ҳаммол** | [hammol] |
| hospedeiro, -a (da carruagem) | **роҳбалад** | [rohbalad] |
| passageiro (m) | **мусофир** | [musofir] |
| revisor (m) | **нозир** | [nozir] |
| corredor (m) | **коридор** | [koridor] |
| freio (m) de emergência | **стоп-кран** | [stop-kran] |
| compartimento (m) | **купе** | [kupe] |
| cama (f) | **кат** | [kat] |
| cama (f) de cima | **кати боло** | [kati bolo] |
| cama (f) de baixo | **кати поён** | [kati pojɔn] |
| roupa (f) de cama | **чилдҳои болишту бистар** | [ʤildhoi boliʃtu bistar] |
| bilhete (m) | **билет** | [bilet] |
| horário (m) | **ҷадвал** | [ʤadval] |
| painel (m) de informação | **ҷадвал** | [ʤadval] |
| partir (vt) | **дур шудан** | [dur ʃudan] |
| partida (f) | **равон кардан** | [ravon kardan] |
| chegar (vi) | **омадан** | [omadan] |
| chegada (f) | **омадан** | [omadan] |
| chegar de comboio | **бо қатора омадан** | [bo qatora omadan] |
| apanhar o comboio | **ба қатора нишастан** | [ba qatora niʃastan] |
| sair do comboio | **фаромадан** | [faromadan] |
| acidente (m) ferroviário | **садама** | [sadama] |
| descarrilar (vi) | **аз релс баромадан** | [az rels baromadan] |
| locomotiva (f) a vapor | **паровоз** | [parovoz] |
| fogueiro (m) | **алавмон** | [alavmon] |
| fornalha (f) | **оташдон** | [otaʃdon] |
| carvão (m) | **ангишт** | [angiʃt] |

## 171. Barco

| | | |
|---|---|---|
| navio (m) | **киштӣ** | [kiʃti:] |
| embarcação (f) | **киштӣ** | [kiʃti:] |
| vapor (m) | **пароход** | [paroχod] |
| navio (m) | **теплоход** | [teploχod] |
| transatlântico (m) | **лайнер** | [lajner] |
| cruzador (m) | **крейсер** | [krejser] |
| iate (m) | **яхта** | [jaχta] |
| rebocador (m) | **таноби ядак** | [tanobi jadak] |
| barcaça (f) | **баржа** | [barʒa] |
| ferry (m) | **паром** | [parom] |
| veleiro (m) | **киштии бодбондор** | [kiʃti:i bodbondor] |
| bergantim (m) | **бригантина** | [brigantina] |
| quebra-gelo (m) | **киштии яхшикан** | [kiʃti:i jaχʃikan] |
| submarino (m) | **киштии зериобӣ** | [kiʃti:i zeriobi:] |
| bote, barco (m) | **қаиқ** | [qaiq] |
| bote, dingue (m) | **қаиқ** | [qaiq] |
| bote (m) salva-vidas | **завраqи наҷот** | [zavraqi nadʒot] |
| lancha (f) | **катер** | [kater] |
| capitão (m) | **капитан** | [kapitan] |
| marinheiro (m) | **баҳрчӣ, маллоҳ** | [bahrtʃi:], [malloh] |
| marujo (m) | **баҳрчӣ** | [bahrtʃi:] |
| tripulação (f) | **экипаж** | [ɛkipaʒ] |
| contramestre (m) | **ботсман** | [botsman] |
| grumete (m) | **маллоҳбача** | [mallohbatʃa] |
| cozinheiro (m) de bordo | **кок, ошпази киштӣ** | [kok], [oʃpazi kiʃti:] |
| médico (m) de bordo | **духтури киштӣ** | [duχturi kiʃti:] |
| convés (m) | **саҳни киштӣ** | [sahni kiʃti:] |
| mastro (m) | **сутуни киштӣ** | [sutuni kiʃti:] |
| vela (f) | **бодбон** | [bodbon] |
| porão (m) | **таҳхонаи киштӣ** | [tahχonai kiʃti:] |
| proa (f) | **сари кишти** | [sari kiʃti] |
| popa (f) | **думи киштӣ** | [dumi kiʃti:] |
| remo (m) | **бели завраҳ** | [beli zavraq] |
| hélice (f) | **винт** | [vint] |
| camarote (m) | **каюта** | [kajuta] |
| sala (f) dos oficiais | **кают-компания** | [kajut-kompanija] |
| sala (f) das máquinas | **шӯъбаи мошинҳо** | [ʃœ'bai moʃinho] |
| ponte (m) de comando | **арша** | [arʃa] |
| sala (f) de comunicações | **радиохона** | [radioχona] |
| onda (f) de rádio | **мавҷ** | [mavdʒ] |
| diário (m) de bordo | **журнали киштӣ** | [ʒurnali kiʃti:] |
| luneta (f) | **дурбин** | [durbin] |
| sino (m) | **ноқус, зангӯла** | [noqus], [zangœla] |

bandeira (f) — **байрак** — [bajrak]
cabo (m) — **арғамчини ғафс** — [arʁamʧini ʁafs]
nó (m) — **гиреҳ** — [gireh]

corrimão (m) — **даста барои қапидан** — [dasta baroi qapidan]
prancha (f) de embarque — **зинапоя** — [zinapoja]

âncora (f) — **лангар** — [langar]
recolher a âncora — **лангар бардоштан** — [langar bardoʃtan]
lançar a âncora — **лангар андохтан** — [langar andoχtan]
amarra (f) — **занҷири лангар** — [zanʤiri langar]

porto (m) — **бандар** — [bandar]
cais, amarradouro (m) — **ҷои киштибандӣ** — [ʤoi kiʃtibandi:]
atracar (vi) — **ба соҳил овардан** — [ba sohil ovardan]
desatracar (vi) — **ҳаракат кардан** — [harakat kardan]

viagem (f) — **саёҳат** — [sajɔhat]
cruzeiro (m) — **круиз** — [kruiz]
rumo (m), rota (f) — **самт** — [samt]
itinerário (m) — **маршрут** — [marʃrut]

canal (m) navegável — **маъбар** — [ma'bar]
banco (m) de areia — **тунукоба** — [tunukoba]
encalhar (vt) — **ба тунукоба шиштан** — [ba tunukoba ʃiʃtan]

tempestade (f) — **тӯфон, бӯрои** — [tœfon], [bœroi]
sinal (m) — **бонг, ишорат** — [bong], [iʃorat]
afundar-se (vr) — **ғарк шудан** — [ʁark ʃudan]
Homem ao mar! — **Одам дар об!** — [odam dar ob]
SOS — **SOS** — [sos]
boia (f) salva-vidas — **чамбари наҷот** — [ʧambari naʤot]

## 172. Aeroporto

aeroporto (m) — **аэропорт** — [aɛroport]
avião (m) — **ҳавопаймо** — [havopajmo]
companhia (f) aérea — **ширкати ҳавопаймоӣ** — [ʃirkati havopajmoi:]
controlador (m) de tráfego aéreo — **диспечер** — [dispeʧer]

partida (f) — **парвоз** — [parvoz]
chegada (f) — **парида омадан** — [parida omadan]
chegar (~ de avião) — **парида омадан** — [parida omadan]

hora (f) de partida — **вақти паридан** — [vaqti paridan]
hora (f) de chegada — **вақти шиштан** — [vaqti ʃiʃtan]

estar atrasado — **боздоштан** — [bozdoʃtan]
atraso (m) de voo — **боздоштани парвоз** — [bozdoʃtani parvoz]

painel (m) de informação — **тахтаи ахборот** — [taχtai aχborot]
informação (f) — **ахборот** — [aχborot]
anunciar (vt) — **эълон кардан** — [ɛ'lon kardan]

| | | |
|---|---|---|
| voo (m) | **сафар, рейс** | [safar], [rejs] |
| alfândega (f) | **гумрукхона** | [gumrukχona] |
| funcionário (m) da alfândega | **гумрукчӣ** | [gumruktʃi:] |
| | | |
| declaração (f) alfandegária | **декларатсияи гумрукӣ** | [deklaratsijai gumruki:] |
| preencher (vt) | **пур кардан** | [pur kardan] |
| preencher a declaração | **пур кардани декларатсия** | [pur kardani deklaratsija] |
| controlo (m) de passaportes | **назорати шиноснома** | [nazorati ʃinosnoma] |
| | | |
| bagagem (f) | **бағоҷ, бор** | [baʁodʒ], [bor] |
| bagagem (f) de mão | **бори дастӣ** | [bori dasti:] |
| carrinho (m) | **аробаи боғочкашӣ** | [arobai boʁotʃkaʃi:] |
| | | |
| aterragem (f) | **фуруд** | [furud] |
| pista (f) de aterragem | **хати нишаст** | [χati niʃast] |
| aterrar (vi) | **нишастан** | [niʃastan] |
| escada (f) de avião | **зинапояи киштӣ** | [zinapojai kiʃti:] |
| | | |
| check-in (m) | **бақайдгирӣ** | [baqajdgiri:] |
| balcão (m) do check-in | **қатори бақайдгирӣ** | [qatori baqajdgiri:] |
| fazer o check-in | **қайд кунондан** | [qajd kunondan] |
| cartão (m) de embarque | **талони саворшавӣ** | [taloni savorʃavi:] |
| porta (f) de embarque | **баромадан** | [baromadan] |
| | | |
| trânsito (m) | **транзит** | [tranzit] |
| esperar (vi, vt) | **поидан** | [poidan] |
| sala (f) de espera | **толори интизорӣ** | [tolori intizori:] |
| despedir-se de ... | **гусел кардан** | [gusel kardan] |
| despedir-se (vr) | **падруд гуфтан** | [padrud guftan] |

## 173. Bicicleta. Motocicleta

| | | |
|---|---|---|
| bicicleta (f) | **велосипед** | [velosiped] |
| scotter, lambreta (f) | **мотороллер** | [motoroller] |
| mota (f) | **мотосикл** | [motosikl] |
| | | |
| ir de bicicleta | **бо велосипед рафтан** | [bo velosiped raftan] |
| guiador (m) | **рул** | [rul] |
| pedal (m) | **педал** | [pedal] |
| travões (m pl) | **тормозҳо** | [tormozho] |
| selim (m) | **зин** | [zin] |
| | | |
| bomba (f) de ar | **насос** | [nasos] |
| porta-bagagens (m) | **бағоҷмонак** | [baʁodʒmonak] |
| lanterna (f) | **фонус** | [fonus] |
| capacete (m) | **хӯд** | [χœd] |
| | | |
| roda (f) | **чарх** | [tʃarχ] |
| guarda-lamas (m) | **чархпӯш** | [tʃarχpœʃ] |
| aro (m) | **чанбар** | [tʃanbar] |
| raio (m) | **парра** | [parra] |

# Carros

## 174. Tipos de carros

| | | |
|---|---|---|
| carro, automóvel (m) | **автомобил** | [avtomobil] |
| carro (m) desportivo | **мошини варзишӣ** | [moʃini varziʃi:] |
| limusine (f) | **лимузин** | [limuzin] |
| todo o terreno (m) | **ҳарҷогард, ҷип** | [hardʒogard], [dʒip] |
| descapotável (m) | **кабриолет** | [kabriolet] |
| minibus (m) | **микроавтобус** | [mikroavtobus] |
| ambulância (f) | **ёрии таъҷилӣ** | [jɔri:i ta'dʒili:] |
| limpa-neve (m) | **мошини барфрӯб** | [moʃini barfrœb] |
| camião (m) | **мошини боркаш** | [moʃini borkaʃ] |
| camião-cisterna (m) | **бензинкаш** | [benzinkaʃ] |
| carrinha (f) | **автомобили боркаш** | [avtomobili borkaʃ] |
| camião-trator (m) | **ядакмошин** | [jadakmoʃin] |
| atrelado (m) | **шатак** | [ʃatak] |
| confortável | **бароҳат** | [barohat] |
| usado | **нимдошт** | [nimdoʃt] |

## 175. Carros. Carroçaria

| | | |
|---|---|---|
| capô (m) | **капот** | [kapot] |
| guarda-lamas (m) | **чархпӯш** | [ʧarχpœʃ] |
| tejadilho (m) | **бом** | [bom] |
| para-brisa (m) | **оинаи шамолпанох** | [oinai ʃamolpanoh] |
| espelho (m) retrovisor | **оинаи манзараи ақиб** | [oinai manzarai aqib] |
| lavador (m) | **шӯянда** | [ʃœjanda] |
| limpa-para-brisas (m) | **чӯткаҳои оинатозакунак** | [ʧœtkahoi oinatozakunak] |
| vidro (m) lateral | **паҳлӯоина** | [pahlœoina] |
| elevador (m) do vidro | **оинабардор** | [oinabardor] |
| antena (f) | **антенна** | [antenna] |
| teto solar (m) | **люк** | [ljuk] |
| para-choques (m pl) | **бампер** | [bamper] |
| bagageira (f) | **бағоҷмонак** | [baʁodʒmonak] |
| bagageira (f) de tejadilho | **бормонак** | [bormonak] |
| porta (f) | **дарича** | [dariʧa] |
| maçaneta (f) | **дастак** | [dastak] |
| fechadura (f) | **қулф** | [qulf] |
| matrícula (f) | **рақам** | [raqam] |
| silenciador (m) | **садонишонак** | [sadoniʃonak] |

| | | |
|---|---|---|
| tanque (m) de gasolina | **баки бензин** | [baki benzin] |
| tubo (m) de escape | **лӯлаи дудбаро** | [lœlai dudbaro] |
| | | |
| acelerador (m) | **газ** | [gaz] |
| pedal (m) | **педал** | [pedal] |
| pedal (m) do acelerador | **педали газ** | [pedali gaz] |
| | | |
| travão (m) | **тормоз** | [tormoz] |
| pedal (m) do travão | **педали тормоз** | [pedali tormoz] |
| travar (vt) | **тормоз додан** | [tormoz dodan] |
| travão (m) de mão | **тормози дастӣ** | [tormozi dasti:] |
| | | |
| embraiagem (f) | **муфт** | [muft] |
| pedal (m) da embraiagem | **педали муфт** | [pedali muft] |
| disco (m) de embraiagem | **чархмолаи пайвасткунӣ** | [ʧarχmolai pajvastkuni:] |
| amortecedor (m) | **амортизатор** | [amortizator] |
| | | |
| roda (f) | **чарх** | [ʧarχ] |
| pneu (m) sobresselente | **чархи эҳтиётӣ** | [ʧarχi ɛhtijɔti:] |
| pneu (m) | **покришка** | [pokriʃka] |
| tampão (m) de roda | **колпак** | [kolpak] |
| | | |
| rodas (f pl) motrizes | **чархҳои баранда** | [ʧarχhoi baranda] |
| de tração dianteira | **бо чархони пеш ҳаракаткунанда** | [bo ʧarχoni peʃ harakatkunanda] |
| de tração traseira | **бо чархони ақиб амалкунанда** | [bo ʧarχoni aqib amalkunanda] |
| de tração às 4 rodas | **бо чор чарх ҳаракаткунанда** | [bo ʧor ʧarχ harakatkunanda] |
| | | |
| caixa (f) de mudanças | **суръатқуттӣ** | [sur'atqutti:] |
| automático | **автоматӣ** | [avtomati:] |
| mecânico | **механикӣ** | [meχaniki:] |
| alavanca (f) das mudanças | **фишанги суръатқуттӣ** | [fiʃangi sur'atqutti:] |
| | | |
| farol (m) | **чароғ** | [ʧaroʁ] |
| faróis, luzes | **чароғҳо** | [ʧaroʁho] |
| | | |
| médios (m pl) | **чароғи наздик** | [ʧaroʁi nazdik] |
| máximos (m pl) | **чароғи дур** | [ʧaroʁi dur] |
| luzes (f pl) de stop | **стоп-сигнал** | [stop-signal] |
| | | |
| mínimos (m pl) | **чароғаки габаритӣ** | [ʧaroʁaki gabariti:] |
| luzes (f pl) de emergência | **чароғаки садамавӣ** | [ʧaroʁaki sadamavi:] |
| faróis (m pl) antinevoeiro | **чароғаки зидди туман** | [ʧaroʁaki ziddi tuman] |
| pisca-pisca (m) | **нишондиҳандаи гардиш** | [niʃondihandai gardiʃ] |
| luz (f) de marcha atrás | **чароғаки ақибравӣ** | [ʧaroʁaki aqibravi:] |

## 176. Carros. Habitáculo

| | | |
|---|---|---|
| interior (m) do carro | **салони мошин** | [saloni moʃin] |
| de couro, de pele | **... и чармин** | [i ʧarmin] |
| de veludo | **велюрӣ** | [veljuri:] |
| estofos (m pl) | **рӯйкаш** | [rœjkaʃ] |

| | | |
|---|---|---|
| indicador (m) | **асбоб** | [asbob] |
| painel (m) de instrumentos | **лавҳаи асбобҳо** | [lavhai asbobho] |
| velocímetro (m) | **суръатсанҷ** | [sur'atsandʒ] |
| ponteiro (m) | **акрабак** | [akrabak] |
| conta-quilómetros (m) | **ҳисобкунаки масофа** | [hisobkunaki masofa] |
| sensor (m) | **хабардиҳанда** | [χabardihanda] |
| nível (m) | **сатҳ** | [sath] |
| luz (f) avisadora | **чароғак** | [ʧaroʁak] |
| volante (m) | **рул** | [rul] |
| buzina (f) | **сигнал** | [signal] |
| botão (m) | **тугмача** | [tugmaʧa] |
| interruptor (m) | **калид** | [kalid] |
| assento (m) | **курсӣ** | [kursi:] |
| costas (f pl) do assento | **пуштаки курсӣ** | [puʃtaki kursi:] |
| cabeceira (f) | **сармонаки курсӣ** | [sarmonaki kursi:] |
| cinto (m) de segurança | **тасмаи бехатарӣ** | [tasmai beχatari:] |
| apertar o cinto | **тасма гузарондан** | [tasma guzarondan] |
| regulação (f) | **танзим** | [tanzim] |
| airbag (m) | **кисаи ҳаво** | [kisai havo] |
| ar (m) condicionado | **кондитсионер** | [konditsioner] |
| rádio (m) | **радио** | [radio] |
| leitor (m) de CD | **CD-монак** | [ɔɛ-monak] |
| ligar (vt) | **даргирондан** | [dargirondan] |
| antena (f) | **антенна** | [antenna] |
| porta-luvas (m) | **ҷойи дастпӯшакҳо** | [ʤoji dastpœʃakho] |
| cinzeiro (m) | **хокистардон** | [χokistardon] |

## 177. Carros. Motor

| | | |
|---|---|---|
| motor (m) | **муҳаррик** | [muharrik] |
| motor (m) | **мотор** | [motor] |
| diesel | **дизелӣ** | [dizeli:] |
| a gasolina | **бо бензин коркунанда** | [bo benzin korkunanda] |
| cilindrada (f) | **ҳаҷми муҳаррик** | [haʤmi muharrik] |
| potência (f) | **иқтидор** | [iqtidor] |
| cavalo-vapor (m) | **қувваи асп** | [quvvai asp] |
| pistão (m) | **поршен** | [porʃen] |
| cilindro (m) | **силиндр** | [silindr] |
| válvula (f) | **клапан** | [klapan] |
| injetor (m) | **инжектор** | [inʒektor] |
| gerador (m) | **генератор** | [generator] |
| carburador (m) | **карбюратор** | [karbjurator] |
| óleo (m) para motor | **равғани муҳаррик** | [ravʁani muharrik] |
| radiador (m) | **радиатор** | [radiator] |
| refrigerante (m) | **моеи хунуккунанда** | [moei χunukkunanda] |
| ventilador (m) | **бодкаш** | [bodkaʃ] |

| | | |
|---|---|---|
| bateria (f) | **аккумулятор** | [akkumuljator] |
| dispositivo (m) de arranque | **корандози муҳаррик** | [korandozi muharrik] |
| ignição (f) | **даргиронӣ** | [dargironi:] |
| vela (f) de ignição | **свечаи мошин** | [svetʃai moʃin] |
| borne (m) | **пайвандак** | [pajvandak] |
| borne (m) positivo | **ҷамъ** | [dʒam'] |
| borne (m) negativo | **тарҳ** | [tarh] |
| fusível (m) | **пешгирикунанда** | [peʃgirikunanda] |
| filtro (m) de ar | **филтри ҳаво** | [filtri havo] |
| filtro (m) de óleo | **филтри равған** | [filtri ravʁan] |
| filtro (m) de combustível | **филтри сӯзишворӣ** | [filtri sœziʃvori:] |

## 178. Carros. Batidas. Reparação

| | | |
|---|---|---|
| acidente (m) de carro | **садама** | [sadama] |
| acidente (m) rodoviário | **садамаи нақлиётӣ** | [sadamai naqlijɔti:] |
| ir contra … | **бархӯрдан** | [barχœrdan] |
| sofrer um acidente | **маҷрӯҳ шудан** | [madʒrœh ʃudan] |
| danos (m pl) | **осеб** | [oseb] |
| intato | **саломат** | [salomat] |
| avaria (no motor, etc.) | **садама** | [sadama] |
| avariar (vi) | **шикастан** | [ʃikastan] |
| cabo (m) de reboque | **трос** | [tros] |
| furo (m) | **кафидааст** | [kafidaast] |
| estar furado | **холӣ шудан** | [χoli: ʃudan] |
| encher (vt) | **дам кардан** | [dam kardan] |
| pressão (f) | **фишор** | [fiʃor] |
| verificar (vt) | **тафтиш кардан** | [taftiʃ kardan] |
| reparação (f) | **таъмир** | [ta'mir] |
| oficina (f) de reparação de carros | **автосервис** | [avtoservis] |
| peça (f) sobresselente | **қисми эҳтиётӣ** | [qismi ɛhtijɔti:] |
| peça (f) | **қисм** | [qism] |
| parafuso (m) | **болт** | [bolt] |
| parafuso (m) | **винт** | [vint] |
| porca (f) | **гайка** | [gajka] |
| anilha (f) | **шайба** | [ʃajba] |
| rolamento (m) | **подшипник** | [podʃipnik] |
| tubo (m) | **найча** | [najtʃa] |
| junta (f) | **мағзӣ** | [maʁzi:] |
| fio, cabo (m) | **сим** | [sim] |
| macaco (m) | **домкрат** | [domkrat] |
| chave (f) de boca | **калиди гайка** | [kalidi gajka] |
| martelo (m) | **болғача** | [bolʁatʃa] |
| bomba (f) | **насос** | [nasos] |
| chave (f) de fendas | **мурваттоб** | [murvattob] |

| | | |
|---|---|---|
| extintor (m) | **оташнишон** | [otaʃniʃon] |
| triângulo (m) de emergência | **секунҷаи садамавӣ** | [sekundʒai sadamavi:] |
| | | |
| parar (vi) (motor) | **аз кор мондан** | [az kor mondan] |
| paragem (f) | **хомӯш кардан** | [χomœʃ kardan] |
| estar quebrado | **шикастан** | [ʃikastan] |
| | | |
| superaquecer-se (vr) | **тафсидан** | [tafsidan] |
| entupir-se (vr) | **аз чирк маҳкам шудан** | [az ʧirk mahkam ʃudan] |
| congelar-se (vr) | **ях бастан** | [jaχ bastan] |
| rebentar (vi) | **кафидан** | [kafidan] |
| | | |
| pressão (f) | **фишор** | [fiʃor] |
| nível (m) | **сатҳ** | [sath] |
| frouxo | **суст шудааст** | [sust ʃudaast] |
| | | |
| mossa (f) | **пачақ** | [paʧaq] |
| ruído (m) | **овоз, садо** | [ovoz], [sado] |
| fissura (f) | **тарқиш** | [tarqiʃ] |
| arranhão (m) | **харош** | [χaroʃ] |

## 179. Carros. Estrada

| | | |
|---|---|---|
| estrada (f) | **роҳ, раҳ** | [roh], [rah] |
| autoestrada (f) | **автомагистрал** | [avtomagistral] |
| rodovia (f) | **шоссе** | [ʃosse] |
| direção (f) | **самт** | [samt] |
| distância (f) | **масофат** | [masofat] |
| | | |
| ponte (f) | **пул, кӯпрук** | [pul], [kœpruk] |
| parque (m) de estacionamento | **ҷойи мошинмонӣ** | [dʒoji moʃinmoni:] |
| praça (f) | **майдон** | [majdon] |
| nó (m) rodoviário | **чорсӯ** | [ʧorsœ] |
| túnel (m) | **туннел** | [tunnel] |
| | | |
| posto (m) de gasolina | **колонкаи бензингири** | [kolonkai benzingiri] |
| parque (m) de estacionamento | **истгоҳи мошинҳо** | [istgohi moʃinho] |
| bomba (f) de gasolina | **бензокалонка** | [benzokalonka] |
| oficina (f) de reparação de carros | **автосервис** | [avtoservis] |
| abastecer (vt) | **пур кардан** | [pur kardan] |
| combustível (m) | **сӯзишворӣ** | [sœziʃvori:] |
| bidão (m) de gasolina | **канистра** | [kanistra] |
| | | |
| asfalto (m) | **асфалт** | [asfalt] |
| marcação (f) de estradas | **нишонагузорӣ** | [niʃonaguzori:] |
| lancil (m) | **ҳошия, канора** | [hoʃija], [kanora] |
| proteção (f) guard-rail | **деворак** | [devorak] |
| valeta (f) | **ҷӯйбор** | [dʒœjbor] |
| berma (f) da estrada | **канори роҳ** | [kanori roh] |
| poste (m) de luz | **сутун** | [sutun] |
| | | |
| conduzir, guiar (vt) | **рондан** | [rondan] |
| virar (ex. ~ à direita) | **гардонидан** | [gardonidan] |

| | | |
|---|---|---|
| dar retorno | **тоб хӯрдан** | [tob χœrdan] |
| marcha-atrás (f) | **ақиб рафтан** | [aqib raftan] |
| | | |
| buzinar (vi) | **сигнал додан** | [signal dodan] |
| buzina (f) | **бонг** | [bong] |
| atolar-se (vr) | **дармондан** | [darmondan] |
| patinar (na lama) | **андармон шудан** | [andarmon ʃudan] |
| desligar (vt) | **хомӯш кардан** | [χomœʃ kardan] |
| | | |
| velocidade (f) | **суръат** | [sur'at] |
| exceder a velocidade | **суръат баланд кардан** | [sur'at baland kardan] |
| multar (vt) | **ҷарима андохтан** | [ʤarima andoχtan] |
| semáforo (m) | **чароғи раҳнамо** | [ʧaroʁi rahnamo] |
| carta (f) de condução | **ҳуҷҷати ронандагӣ** | [huʤʤati ronandagi:] |
| | | |
| passagem (f) de nível | **гузаргоҳ** | [guzargoh] |
| cruzamento (m) | **чорраҳа** | [ʧorraha] |
| passadeira (f) | **гузаргоҳи пиёдагардон** | [guzargohi pijɔdagardon] |
| curva (f) | **гардиш** | [gardiʃ] |
| zona (f) pedonal | **роҳи пиёдагард** | [rohi pijɔdagard] |

## 180. Sinais de trânsito

| | | |
|---|---|---|
| código (m) da estrada | **қоидаи ҳаракати роҳ** | [qoidai harakati roh] |
| sinal (m) de trânsito | **нишонаи роҳ** | [niʃonai roh] |
| ultrapassagem (f) | **пешкунӣ** | [peʃkuni:] |
| curva (f) | **гардиш** | [gardiʃ] |
| inversão (f) de marcha | **ҳамгашт** | [hamgaʃt] |
| rotunda (f) | **ҳаракати гирдобагирд** | [harakati girdobagird] |
| | | |
| sentido proibido | **даромадан манъ аст** | [daromadan man' ast] |
| trânsito proibido | **ҳаракат манъ аст** | [harakat man' ast] |
| proibição de ultrapassar | **пешкунӣ манъ аст** | [peʃkuni: man' ast] |
| estacionamento proibido | **таваққуф манъ аст** | [tavaqquf man' ast] |
| paragem proibida | **истодан манъ аст** | [istodan man' ast] |
| | | |
| curva (f) perigosa | **хамгашти сахт** | [χamgaʃti saχt] |
| descida (f) perigosa | **нишеби рост** | [niʃebi rost] |
| trânsito de sentido único | **ҳаракати якҷониба** | [harakati jakʤoniba] |
| passadeira (f) | **гузаргоҳи пиёдагардон** | [guzargohi pijɔdagardon] |
| pavimento (m) escorregadio | **роҳи лағжон** | [rohi laʁʒon] |
| cedência de passagem | **роҳ додан** | [roh dodan] |

# PESSOAS. EVENTOS

## Eventos

### 181. Férias. Evento

| | | |
|---|---|---|
| festa (f) | **ид, ҷашн** | [id], [ʤaʃn] |
| festa (f) nacional | **иди миллӣ** | [idi milli:] |
| feriado (m) | **рӯзи ид** | [rœzi id] |
| festejar (vt) | **ид кардан** | [id kardan] |
| evento (festa, etc.) | **воқеа, ҳодиса** | [voqea], [hodisa] |
| evento (banquete, etc.) | **чорабинӣ** | [ʧorabini:] |
| banquete (m) | **зиёфати бошукӯҳ** | [zijɔfati boʃukœh] |
| receção (f) | **қабул, зиёфат** | [qabul], [zijɔfat] |
| festim (m) | **базм** | [bazm] |
| aniversário (m) | **солгард, солагӣ** | [solgard], [solagi:] |
| jubileu (m) | **ҷашн** | [ʤaʃn] |
| celebrar (vt) | **ҷашн гирифтан** | [ʤaʃn giriftan] |
| Ano (m) Novo | **Соли Нав** | [soli nav] |
| Feliz Ano Novo! | **Соли нав муборак!** | [soli nav muborak] |
| Pai (m) Natal | **Бобои барфӣ** | [boboi barfi:] |
| Natal (m) | **Мавлуди Исо** | [mavludi iso] |
| Feliz Natal! | **Иди мавлуд муборак!** | [idi mavlud muborak] |
| árvore (f) de Natal | **арчаи солинавӣ** | [arʧai solinavi:] |
| fogo (m) de artifício | **салют** | [saljut] |
| boda (f) | **тӯй, тӯйи арӯсӣ** | [tœj], [tœji arœsi:] |
| noivo (m) | **домод, домодшаванда** | [domod], [domodʃavanda] |
| noiva (f) | **арӯс** | [arœs] |
| convidar (vt) | **даъват кардан** | [da'vat kardan] |
| convite (m) | **даъватнома** | [da'vatnoma] |
| convidado (m) | **меҳмон** | [mehmon] |
| visitar (vt) | **ба меҳмонӣ рафтан** | [ba mehmoni: raftan] |
| receber os hóspedes | **қабули меҳмонҳо** | [qabuli mehmonho] |
| presente (m) | **тӯҳфа** | [tœhfa] |
| oferecer (vt) | **бахшидан** | [baχʃidan] |
| receber presentes | **туҳфа гирифтан** | [tuhfa giriftan] |
| ramo (m) de flores | **дастаи гул** | [dastai gul] |
| felicitações (f pl) | **муборакбод** | [muborakbod] |
| felicitar (dar os parabéns) | **муборакбод гуфтан** | [muborakbod guftan] |
| cartão (m) de parabéns | **аткриткаи табрикӣ** | [atkritkai tabriki:] |

| | | |
|---|---|---|
| enviar um postal | **фиристодани аткритка** | [firistodani atkritka] |
| receber um postal | **аткритка гирифтан** | [atkritka giriftan] |
| | | |
| brinde (m) | **нӯшбод** | [nœʃbod] |
| oferecer (vt) | **зиёфат кардан** | [zijɔfat kardan] |
| champanhe (m) | **шампан** | [ʃampan] |
| | | |
| divertir-se (vr) | **хурсандӣ кардан** | [χursandi: kardan] |
| diversão (f) | **шодӣ, хурсандӣ** | [ʃodi:], [χursandi:] |
| alegria (f) | **шодӣ** | [ʃodi:] |
| | | |
| dança (f) | **ракс** | [raks] |
| dançar (vi) | **рақсидан** | [raqsidan] |
| | | |
| valsa (f) | **валс** | [vals] |
| tango (m) | **танго** | [tango] |

## 182. Funerais. Enterro

| | | |
|---|---|---|
| cemitério (m) | **гӯристон, қабристон** | [gœriston], [qabriston] |
| sepultura (f), túmulo (m) | **гӯр, кабр** | [gœr], [kabr] |
| cruz (f) | **салиб** | [salib] |
| lápide (f) | **санги қабр** | [sangi qabr] |
| cerca (f) | **панҷара** | [pandʒara] |
| capela (f) | **калисои хурд** | [kalisoi χurd] |
| | | |
| morte (f) | **марг** | [marg] |
| morrer (vi) | **мурдан** | [murdan] |
| defunto (m) | **раҳматӣ** | [rahmati:] |
| luto (m) | **мотам** | [motam] |
| | | |
| enterrar, sepultar (vt) | **гӯр кардан** | [gœr kardan] |
| agência (f) funerária | **бюрои дафнкунӣ** | [bjuroi dafnkuni:] |
| funeral (m) | **дафн, ҷаноза** | [dafn], [dʒanoza] |
| coroa (f) de flores | **гулчанбар** | [gultʃanbar] |
| caixão (m) | **тобут** | [tobut] |
| carro (m) funerário | **аробаи тобуткашӣ** | [arobai tobutkaʃi] |
| mortalha (f) | **кафан** | [kafan] |
| | | |
| procissão (f) funerária | **ҷараёни дафнкунӣ** | [dʒarajɔni dafnkuni:] |
| urna (f) funerária | **зарфи хокистари мурдаи сӯзондашуда** | [zarfi χokistari murdai sœzondaʃuda] |
| crematório (m) | **хонаи мурдасӯзӣ** | [χonai murdasœzi:] |
| | | |
| obituário (m), necrologia (f) | **таъзиянома** | [ta'zijanoma] |
| chorar (vi) | **гиря кардан** | [girja kardan] |
| soluçar (vi) | **нолидан** | [nolidan] |

## 183. Guerra. Soldados

| | | |
|---|---|---|
| pelotão (m) | **взвод** | [vzvod] |
| companhia (f) | **рота** | [rota] |

| | | |
|---|---|---|
| regimento (m) | **полк** | [polk] |
| exército (m) | **армия, қӯшун** | [armija], [qœʃun] |
| divisão (f) | **дивизия** | [divizija] |
| destacamento (m) | **даста** | [dasta] |
| hoste (f) | **қӯшун** | [qœʃun] |
| soldado (m) | **аскар** | [askar] |
| oficial (m) | **афсар** | [afsar] |
| soldado (m) raso | **аскари қаторӣ** | [askari qatori:] |
| sargento (m) | **сержант** | [serʒant] |
| tenente (m) | **лейтенант** | [lejtenant] |
| capitão (m) | **капитан** | [kapitan] |
| major (m) | **майор** | [majɔr] |
| coronel (m) | **полковник** | [polkovnik] |
| general (m) | **генерал** | [general] |
| marujo (m) | **баҳрчӣ** | [bahrʧi:] |
| capitão (m) | **капитан** | [kapitan] |
| contramestre (m) | **ботсман** | [botsman] |
| artilheiro (m) | **артиллерися** | [artillerisja] |
| soldado (m) paraquedista | **десантчӣ** | [desantʧi:] |
| piloto (m) | **лётчик** | [ljɔtʧik] |
| navegador (m) | **штурман** | [ʃturman] |
| mecânico (m) | **механик** | [meχanik] |
| sapador (m) | **сапёр** | [sapjɔr] |
| paraquedista (m) | **парашютчӣ** | [paraʃjutʧi:] |
| explorador (m) | **разведкачӣ** | [razvedkaʧi:] |
| franco-atirador (m) | **мерган** | [mergan] |
| patrulha (f) | **посбон** | [posbon] |
| patrulhar (vt) | **посбонӣ кардан** | [posboni: kardan] |
| sentinela (f) | **посбон** | [posbon] |
| guerreiro (m) | **ҷанговар, аскар** | [ʤangovar], [askar] |
| patriota (m) | **ватандӯст** | [vatandœst] |
| herói (m) | **қаҳрамон** | [qahramon] |
| heroína (f) | **қаҳрамонзан** | [qahramonzan] |
| traidor (m) | **хоин, хиёнаткор** | [χoin], [χijɔnatkor] |
| trair (vt) | **хиёнат кардан** | [χijɔnat kardan] |
| desertor (m) | **гуреза, фирорӣ** | [gureza], [firori:] |
| desertar (vt) | **фирор кардан** | [firor kardan] |
| mercenário (m) | **зархарид** | [zarχarid] |
| recruta (m) | **аскари нав** | [askari nav] |
| voluntário (m) | **довталаб** | [dovtalab] |
| morto (m) | **кушташуда** | [kuʃtaʃuda] |
| ferido (m) | **захмдор** | [zaχmdor] |
| prisioneiro (m) de guerra | **асир** | [asir] |

## 184. Guerra. Ações militares. Parte 1

| | | |
|---|---|---|
| guerra (f) | **чанг** | [ʤang] |
| guerrear (vt) | **чангидан** | [ʤangidan] |
| guerra (f) civil | **чанги граждани̅** | [ʤangi graʒdani:] |
| perfidamente | **аҳдшиканона** | [ahdʃikanona] |
| declaração (f) de guerra | **эълони чанг** | [ɛ'loni ʤang] |
| declarar (vt) guerra | **эълон кардан** | [ɛ'lon kardan] |
| agressão (f) | **тачовуз, агрессия** | [tadʒovuz], [agressija] |
| atacar (vt) | **ҳучум кардан** | [huʤum kardan] |
| invadir (vt) | **забт кардан** | [zabt kardan] |
| invasor (m) | **забткунанда** | [zabtkunanda] |
| conquistador (m) | **забткунанда** | [zabtkunanda] |
| defesa (f) | **мудофиа** | [mudofia] |
| defender (vt) | **мудофиа кардан** | [mudofia kardan] |
| defender-se (vr) | **худро мудофиа кардан** | [χudro mudofia kardan] |
| inimigo (m) | **душман** | [duʃman] |
| adversário (m) | **рақиб** | [raqib] |
| inimigo | **... и душман** | [i duʃman] |
| estratégia (f) | **стратегия** | [strategija] |
| tática (f) | **тактика** | [taktika] |
| ordem (f) | **фармон** | [farmon] |
| comando (m) | **фармон** | [farmon] |
| ordenar (vt) | **фармон додан** | [farmon dodan] |
| missão (f) | **супориш** | [suporiʃ] |
| secreto | **пинҳони̅** | [pinhoni:] |
| batalha (f) | **чанг** | [ʤang] |
| combate (m) | **муҳориба** | [muhoriba] |
| ataque (m) | **ҳамла** | [hamla] |
| assalto (m) | **ҳучум** | [huʤum] |
| assaltar (vt) | **ҳучуми қатъи̅ кардан** | [huʤumi qat'i: kardan] |
| assédio, sítio (m) | **муҳосира** | [muhosira] |
| ofensiva (f) | **ҳучум** | [huʤum] |
| passar à ofensiva | **ҳучум кардан** | [huʤum kardan] |
| retirada (f) | **ақибнишини̅** | [aqibniʃini:] |
| retirar-se (vr) | **ақиб гаштан** | [aqib gaʃtan] |
| cerco (m) | **муҳосира, иҳота** | [muhosira], [ihota] |
| cercar (vt) | **муҳосира кардан** | [muhosira kardan] |
| bombardeio (m) | **бомбаандози̅** | [bombaandozi:] |
| lançar uma bomba | **бомба партофтан** | [bomba partoftan] |
| bombardear (vt) | **бомбаборон кардан** | [bombaboron kardan] |
| explosão (f) | **таркиш, таркидан** | [tarkiʃ], [tarkidan] |
| tiro (m) | **тир, тирпарронӣ** | [tir], [tirparroni:] |

| | | |
|---|---|---|
| disparar um tiro | **тир паррондан** | [tir parrondan] |
| tiroteio (m) | **тирпарронӣ** | [tirparroni:] |
| | | |
| apontar para … | **нишон гирифтан** | [niʃon giriftan] |
| apontar (vt) | **рост кардан** | [rost kardan] |
| acertar (vt) | **задан** | [zadan] |
| | | |
| afundar (um navio) | **ғарқ кардан** | [ʁarq kardan] |
| brecha (f) | **сӯрох** | [sœroχ] |
| afundar-se (vr) | **ғарқ шудан** | [ʁarq ʃudan] |
| | | |
| frente (m) | **фронт, ҷабха** | [front], [ʤabχa] |
| evacuação (f) | **тахлия** | [taχlija] |
| evacuar (vt) | **тахлия кардан** | [taχlija kardan] |
| | | |
| trincheira (f) | **хандақ** | [χandaq] |
| arame (m) farpado | **симхор** | [simχor] |
| obstáculo (m) anticarro | **садд** | [sadd] |
| torre (f) de vigia | **бурчи дидбонӣ** | [burʧi didboni:] |
| | | |
| hospital (m) | **беморхонаи ҳарбӣ** | [bemorχonai harbi:] |
| ferir (vt) | **захмдор кардан** | [zaχmdor kardan] |
| ferida (f) | **захм, реш** | [zaχm], [reʃ] |
| ferido (m) | **захмдор** | [zaχmdor] |
| ficar ferido | **захм бардоштан** | [zaχm bardoʃtan] |
| grave (ferida ~) | **вазнин** | [vaznin] |

## 185. Guerra. Ações militares. Parte 2

| | | |
|---|---|---|
| cativeiro (m) | **асирӣ** | [asiri:] |
| capturar (vt) | **асир гирифтан** | [asir giriftan] |
| estar em cativeiro | **дар асирӣ будан** | [dar asiri: budan] |
| ser aprisionado | **асир афтидан** | [asir aftidan] |
| | | |
| campo (m) de concentração | **лагери консентратсионӣ** | [lageri konsentratsioni:] |
| prisioneiro (m) de guerra | **асир** | [asir] |
| escapar (vi) | **гурехтан** | [gureχtan] |
| | | |
| trair (vt) | **хиёнат кардан** | [χijɔnat kardan] |
| traidor (m) | **хоин, хиёнаткор** | [χoin], [χijɔnatkor] |
| traição (f) | **хиёнат, хоинӣ** | [χijɔnat], [χoini:] |
| | | |
| fuzilar, executar (vt) | **тирборон кардан** | [tirboron kardan] |
| fuzilamento (m) | **тирборон** | [tirboron] |
| | | |
| equipamento (m) | **либоси ҳарбӣ** | [libosi harbi:] |
| platina (f) | **пагон** | [pagon] |
| máscara (f) antigás | **ниқоби зидди газ** | [niqobi ziddi gaz] |
| | | |
| rádio (m) | **ратсия** | [ratsija] |
| cifra (f), código (m) | **рамз** | [ramz] |
| conspiração (f) | **пинҳонкунӣ** | [pinhonkuni:] |
| senha (f) | **рамз** | [ramz] |
| mina (f) | **мина** | [mina] |

| | | |
|---|---|---|
| minar (vt) | **мина гузоштан** | [mina guzoʃtan] |
| campo (m) minado | **майдони минадор** | [majdoni minador] |
| | | |
| alarme (m) aéreo | **бонги хатари ҳавоӣ** | [bongi χatari havoi:] |
| alarme (m) | **бонги хатар** | [bongi χatar] |
| sinal (m) | **бонг, ишорат** | [bong], [iʃorat] |
| sinalizador (m) | **ракетаи хабардиҳанда** | [raketai χabardihanda] |
| | | |
| estado-maior (m) | **штаб** | [ʃtab] |
| reconhecimento (m) | **разведкачиён** | [razvedkatʃijɔn] |
| situação (f) | **вазъият** | [vaz'ijat] |
| relatório (m) | **гузориш, рапорт** | [guzoriʃ], [raport] |
| emboscada (f) | **камин** | [kamin] |
| reforço (m) | **мадади ҳарбӣ** | [madadi harbi:] |
| | | |
| alvo (m) | **ҳадаф, нишон** | [hadaf], [niʃon] |
| campo (m) de tiro | **майдони тирандозӣ** | [majdoni tirandozi:] |
| manobras (f pl) | **манёвр** | [manjɔvr] |
| | | |
| pânico (m) | **воҳима** | [vohima] |
| devastação (f) | **хародӣ** | [χarodi:] |
| ruínas (f pl) | **харобазор** | [χarobazor] |
| destruir (vt) | **харод кардан** | [χarod kardan] |
| | | |
| sobreviver (vi) | **зинда мондан** | [zinda mondan] |
| desarmar (vt) | **беярок кардан** | [bejarok kardan] |
| manusear (vt) | **кор фармудан** | [kor farmudan] |
| | | |
| Firmes! | **Ором!** | [orom] |
| Descansar! | **Озод!** | [ozod] |
| | | |
| façanha (f) | **корнома** | [kornoma] |
| juramento (m) | **қасам** | [qasam] |
| jurar (vi) | **қасам хурдан** | [qasam χurdan] |
| | | |
| condecoração (f) | **мукофот** | [mukofot] |
| condecorar (vt) | **мукофот додан** | [mukofot dodan] |
| medalha (f) | **медал** | [medal] |
| ordem (f) | **орден, нишон** | [orden], [niʃon] |
| | | |
| vitória (f) | **ғалаба** | [ʁalaba] |
| derrota (f) | **шикаст хӯрдан** | [ʃikast χœrdan] |
| armistício (m) | **сулҳи муваққати** | [sulhi muvakqati] |
| | | |
| bandeira (f) | **байрақ** | [bajraq] |
| glória (f) | **шараф, шӯҳрат** | [ʃaraf], [ʃœhrat] |
| desfile (m) militar | **расмигузашт** | [rasmiguzaʃt] |
| marchar (vi) | **қадамзании низомӣ** | [qadamzani:i nizomi:] |

## 186. Armas

| | | |
|---|---|---|
| arma (f) | **яроқ, силоҳ** | [jaroq], [siloh] |
| arma (f) de fogo | **аслиҳаи оташфишон** | [aslihai otaʃfiʃon] |
| arma (f) branca | **яроқи беоташ** | [jaroqi beotaʃ] |

| | | |
|---|---|---|
| arma (f) química | **силоҳи химиявӣ** | [silohi χimijavi:] |
| nuclear | **... и ядро, ядрой** | [i jadro], [jadroi:] |
| arma (f) nuclear | **аслиҳаи ядрой** | [aslihai jadroi:] |
| bomba (f) | **бомба** | [bomba] |
| bomba (f) atómica | **бомбаи атомӣ** | [bombai atomi:] |
| pistola (f) | **тапонча** | [tapontʃa] |
| caçadeira (f) | **милтиқ** | [miltiq] |
| pistola-metralhadora (f) | **автомат** | [avtomat] |
| metralhadora (f) | **пулемёт** | [pulemjɔt] |
| boca (f) | **даҳони мил** | [dahoni mil] |
| cano (m) | **мил** | [mil] |
| calibre (m) | **калибр** | [kalibr] |
| gatilho (m) | **куланги силоҳи оташфишон** | [kulangi silohi otaʃfiʃon] |
| mira (f) | **нишон** | [niʃon] |
| carregador (m) | **тирдон** | [tirdon] |
| coronha (f) | **қундоқ** | [qundoq] |
| granada (f) de mão | **гранатаи дастӣ** | [granatai dasti:] |
| explosivo (m) | **моддаи тарканда** | [moddai tarkanda] |
| bala (f) | **тир** | [tir] |
| cartucho (m) | **тир** | [tir] |
| carga (f) | **заряд** | [zarjad] |
| munições (f pl) | **лавозимоти ҷангӣ** | [lavozimoti dʒangi:] |
| bombardeiro (m) | **самолёти бомбаандоз** | [samoljɔti bombaandoz] |
| avião (m) de caça | **қиркунанда** | [qirkunanda] |
| helicóptero (m) | **вертолёт** | [vertoljɔt] |
| canhão (m) antiaéreo | **тӯпи зенитӣ** | [tœpi zeniti:] |
| tanque (m) | **танк** | [tank] |
| canhão (de um tanque) | **тӯп** | [tœp] |
| artilharia (f) | **артиллерия** | [artillerija] |
| canhão (m) | **тӯп** | [tœp] |
| fazer a pontaria | **рост кардан** | [rost kardan] |
| obus (m) | **тир, тири тӯп** | [tir], [tiri tœp] |
| granada (f) de morteiro | **минаи миномёт** | [minai minomjɔt] |
| morteiro (m) | **миномёт** | [minomjɔt] |
| estilhaço (m) | **тикка** | [tikka] |
| submarino (m) | **киштии зериобӣ** | [kiʃti:i zeriobi:] |
| torpedo (m) | **торпеда** | [torpeda] |
| míssil (m) | **ракета** | [raketa] |
| carregar (uma arma) | **тир пур кардан** | [tir pur kardan] |
| atirar, disparar (vi) | **тир задан** | [tir zadan] |
| apontar para ... | **нишон гирифтан** | [niʃon giriftan] |
| baioneta (f) | **найза** | [najza] |
| espada (f) | **шамшер** | [ʃamʃer] |

| | | |
|---|---|---|
| sabre (m) | **шамшер, шоф** | [ʃamʃer], [ʃof] |
| lança (f) | **найза** | [najza] |
| arco (m) | **камон** | [kamon] |
| flecha (f) | **тир** | [tir] |
| mosquete (m) | **туфанг** | [tufang] |
| besta (f) | **камон, камонғӯлак** | [kamon], [kamonʁœlak] |

## 187. Povos da antiguidade

| | | |
|---|---|---|
| primitivo | **ибтидоӣ** | [ibtidoi:] |
| pré-histórico | **пеш аз таърих** | [peʃ az ta'riχ] |
| antigo | **қадим** | [qadim] |
| Idade (f) da Pedra | **Асри сангин** | [asri sangin] |
| Idade (f) do Bronze | **Давраи биринҷӣ** | [davrai birindʒi:] |
| período (m) glacial | **Давраи яхбандӣ** | [davrai jaχbandi:] |
| tribo (f) | **қабила** | [qabila] |
| canibal (m) | **одамхӯр** | [odamχœr] |
| caçador (m) | **шикорчӣ** | [ʃikortʃi:] |
| caçar (vi) | **шикор кардан** | [ʃikor kardan] |
| mamute (m) | **мамонт** | [mamont] |
| caverna (f) | **ғор** | [ʁor] |
| fogo (m) | **оташ** | [otaʃ] |
| fogueira (f) | **гулхан** | [gulχan] |
| pintura (f) rupestre | **нақшҳои рӯйи санг** | [naqʃhoi rœji sang] |
| ferramenta (f) | **олати меҳнат** | [olati mehnat] |
| lança (f) | **найза** | [najza] |
| machado (m) de pedra | **табари сангин** | [tabari sangin] |
| guerrear (vt) | **ҷангидан** | [dʒangidan] |
| domesticar (vt) | **дастомӯз кардан** | [dastomœz kardan] |
| ídolo (m) | **бут, санам** | [but], [sanam] |
| adorar, venerar (vt) | **парастидан** | [parastidan] |
| superstição (f) | **хурофот** | [χurofot] |
| ritual (m) | **расм, маросим** | [rasm], [marosim] |
| evolução (f) | **таҳаввул** | [tahavvul] |
| desenvolvimento (m) | **пешравӣ** | [peʃravi:] |
| desaparecimento (m) | **нест шудан** | [nest ʃudan] |
| adaptar-se (vr) | **мувофиқат кардан** | [muvofiqat kardan] |
| arqueologia (f) | **археология** | [arχeologija] |
| arqueólogo (m) | **археолог** | [arχeolog] |
| arqueológico | **археологӣ** | [arχeologi:] |
| local (m) das escavações | **ҳафриёт** | [hafrijɔt] |
| escavações (f pl) | **ҳафриёт** | [hafrijɔt] |
| achado (m) | **бозёфт** | [bozjɔft] |
| fragmento (m) | **порча** | [portʃa] |

## 188. Idade média

| | | |
|---|---|---|
| povo (m) | **халқ** | [χalq] |
| povos (m pl) | **халқҳо** | [χalqho] |
| tribo (f) | **қабила** | [qabila] |
| tribos (f pl) | **қабилаҳо** | [qabilaho] |
| | | |
| bárbaros (m pl) | **барбарҳо** | [barbarho] |
| gauleses (m pl) | **галлҳо** | [gallho] |
| godos (m pl) | **готҳо** | [gotho] |
| eslavos (m pl) | **сақлоб** | [saqlob] |
| víquingues (m pl) | **викингҳо** | [vikingho] |
| | | |
| romanos (m pl) | **румиҳо** | [rumiho] |
| romano | **... и Рим, римӣ** | [i rim], [rimi:] |
| | | |
| bizantinos (m pl) | **византиягиҳо** | [vizantijagiho] |
| Bizâncio | **Византия** | [vizantija] |
| bizantino | **византиягӣ** | [vizantijagi:] |
| | | |
| imperador (m) | **император** | [imperator] |
| líder (m) | **пешво, роҳбар** | [peʃvo], [rohbar] |
| poderoso | **тавоно** | [tavono] |
| rei (m) | **шоҳ** | [ʃoh] |
| governante (m) | **ҳукмдор** | [hukmdor] |
| | | |
| cavaleiro (m) | **баҳодур** | [bahodur] |
| senhor feudal (m) | **феодал** | [feodal] |
| feudal | **феодалӣ** | [feodali:] |
| vassalo (m) | **вассал** | [vassal] |
| | | |
| duque (m) | **гертсог** | [gertsog] |
| conde (m) | **граф** | [graf] |
| barão (m) | **барон** | [baron] |
| bispo (m) | **епископ** | [episkop] |
| | | |
| armadura (f) | **либосу аслиҳаи ҷангӣ** | [libosu aslihai ʧangi:] |
| escudo (m) | **сипар** | [sipar] |
| espada (f) | **шамшер** | [ʃamʃer] |
| viseira (f) | **рӯйпӯши тоскулоҳ** | [rœjpœʃi toskuloh] |
| cota (f) de malha | **зиреҳ** | [zireh] |
| | | |
| cruzada (f) | **юриши салибдорон** | [juriʃi salibdoron] |
| cruzado (m) | **салибдор** | [salibdor] |
| | | |
| território (m) | **хок** | [χok] |
| atacar (vt) | **ҳуҷум кардан** | [huʤum kardan] |
| conquistar (vt) | **забт кардан** | [zabt kardan] |
| ocupar, invadir (vt) | **ғасб кардан** | [ʁasb kardan] |
| | | |
| assédio, sítio (m) | **муҳосира** | [muhosira] |
| sitiado | **муҳосирашуда** | [muhosiraʃuda] |
| assediar, sitiar (vt) | **муҳосира кардан** | [muhosira kardan] |
| inquisição (f) | **инквизитсия** | [inkvizitsija] |
| inquisidor (m) | **инквизитор** | [inkvizitor] |

| | | |
|---|---|---|
| tortura (f) | **шиканҷа** | [ʃikandʒa] |
| cruel | **берахм** | [berahm] |
| herege (m) | **бидъаткор** | [bid'atkor] |
| heresia (f) | **бидъат** | [bid'at] |
| navegação (f) marítima | **бахрнавардӣ** | [bahrnavardi:] |
| pirata (m) | **роҳзани баҳрӣ** | [rohzani bahri:] |
| pirataria (f) | **роҳзании баҳрӣ** | [rohzani:i bahri:] |
| abordagem (f) | **абордаж** | [abordaʒ] |
| presa (f), butim (m) | **сайд, ғанимат** | [sajd], [ʁanimat] |
| tesouros (m pl) | **ганҷ** | [gandʒ] |
| descobrimento (m) | **кашф** | [kaʃf] |
| descobrir (novas terras) | **кашф кардан** | [kaʃf kardan] |
| expedição (f) | **экспедитсия** | [ɛkspeditsija] |
| mosqueteiro (m) | **туфангдор** | [tufangdor] |
| cardeal (m) | **кардинал** | [kardinal] |
| heráldica (f) | **гербшиносӣ** | [gerbʃinosi:] |
| heráldico | **... и гербшиносӣ** | [i gerbʃinosi:] |

## 189. Líder. Chefe. Autoridades

| | | |
|---|---|---|
| rei (m) | **шоҳ** | [ʃoh] |
| rainha (f) | **малика** | [malika] |
| real | **шоҳӣ, ... и шоҳ** | [ʃohi:], [i ʃoh] |
| reino (m) | **шоҳигарӣ** | [ʃohigari:] |
| príncipe (m) | **шоҳзода** | [ʃohzoda] |
| princesa (f) | **шоҳдухтар** | [ʃohduχtar] |
| presidente (m) | **президент** | [prezident] |
| vice-presidente (m) | **ноиб-президент** | [noib-prezident] |
| senador (m) | **сенатор** | [senator] |
| monarca (m) | **монарх, подшоҳ** | [monarχ], [podʃoh] |
| governante (m) | **ҳукмдор** | [hukmdor] |
| ditador (m) | **ҳукмфармо** | [hukmfarmo] |
| tirano (m) | **мустабид** | [mustabid] |
| magnata (m) | **магнат** | [magnat] |
| diretor (m) | **директор, мудир** | [direktor], [mudir] |
| chefe (m) | **сардор** | [sardor] |
| dirigente (m) | **идоракунанда** | [idorakunanda] |
| patrão (m) | **хӯҷаин, саркор** | [χœdʒain], [sarkor] |
| dono (m) | **соҳиб, хӯҷаин** | [sohib], [χœdʒain] |
| líder, chefe (m) | **сарвар, роҳбар** | [sarvar], [rohbar] |
| chefe (~ de delegação) | **сардор** | [sardor] |
| autoridades (f pl) | **ҳукумат** | [hukumat] |
| superiores (m pl) | **сардорон** | [sardoron] |
| governador (m) | **губернатор** | [gubernator] |
| cônsul (m) | **консул** | [konsul] |

| | | |
|---|---|---|
| diplomata (m) | **дипломат** | [diplomat] |
| Presidente (m) da Câmara | **мир** | [mir] |
| xerife (m) | **шериф** | [ʃerif] |
| | | |
| imperador (m) | **император** | [imperator] |
| czar (m) | **шоҳ** | [ʃoh] |
| faraó (m) | **фиръавн** | [fir'avn] |
| cã (m) | **хон** | [χon] |

## 190. Estrada. Caminho. Direções

| | | |
|---|---|---|
| estrada (f) | **роҳ, раҳ** | [roh], [rah] |
| caminho (m) | **роҳ** | [roh] |
| | | |
| rodovia (f) | **шоссе** | [ʃosse] |
| autoestrada (f) | **автомагистрал** | [avtomagistral] |
| estrada (f) nacional | **роҳи миллӣ** | [rohi milli:] |
| | | |
| estrada (f) principal | **роҳи асосӣ** | [rohi asosi:] |
| caminho (m) de terra batida | **роҳи деҳот** | [rohi dehot] |
| | | |
| trilha (f) | **пайраҳа** | [pajraha] |
| vereda (f) | **пайраҳа** | [pajraha] |
| | | |
| Onde? | **Дар куҷо?** | [dar kuʤo] |
| Para onde? | **Куҷо?** | [kuʤo] |
| De onde? | **Аз куҷо?** | [az kuʤo] |
| | | |
| direção (f) | **самт** | [samt] |
| indicar (orientar) | **нишон додан** | [niʃon dodan] |
| | | |
| para esquerda | **ба тарафи чап** | [ba tarafi ʧap] |
| para direita | **ба тарафи рост** | [ba tarafi rost] |
| em frente | **рост** | [rost] |
| para trás | **ақиб** | [aqib] |
| | | |
| curva (f) | **гардиш** | [gardiʃ] |
| virar (ex. ~ à direita) | **гардонидан** | [gardonidan] |
| dar retorno | **тоб хӯрдан** | [tob χœrdan] |
| | | |
| estar visível | **намоён будан** | [namojɔn budan] |
| aparecer (vi) | **намудор шудан** | [namudor ʃudan] |
| | | |
| paragem (pausa) | **истгоҳ** | [istgoh] |
| descansar (vi) | **истироҳат кардан** | [istirohat kardan] |
| descanso (m) | **истироҳат** | [istirohat] |
| | | |
| perder-se (vr) | **роҳ гум кардан** | [roh gum kardan] |
| conduzir (caminho) | **бурдан ба** | [burdan ba] |
| chegar a … | **баромадан ба …** | [baromadan ba] |
| trecho (m) | **қисм, қитъа** | [qism], [qit'a] |
| | | |
| asfalto (m) | **асфалт** | [asfalt] |
| lancil (m) | **ҳошия, канора** | [hoʃija], [kanora] |

| | | |
|---|---|---|
| valeta (f) | **ҷӯй** | [ʤœj] |
| tampa (f) de esgoto | **люк** | [ljuk] |
| berma (f) da estrada | **канори роҳ** | [kanori roh] |
| buraco (m) | **чуқурӣ** | [ʧuquri:] |
| | | |
| ir (a pé) | **рафтан** | [raftan] |
| ultrapassar (vt) | **пеш карда гузаштан** | [peʃ karda guzaʃtan] |
| | | |
| passo (m) | **қадам** | [kadam] |
| a pé | **пои пиёда** | [poi pijɔda] |
| | | |
| bloquear (vt) | **банд кардан** | [band kardan] |
| cancela (f) | **ғав** | [ʁav] |
| beco (m) sem saída | **кӯчаи бумбаста** | [kœʧai bumbasta] |

## 191. Viloação da lei. Criminosos. Parte 1

| | | |
|---|---|---|
| bandido (m) | **роҳзан** | [rohzan] |
| crime (m) | **ҷиноят** | [ʤinojat] |
| criminoso (m) | **ҷиноятkор** | [ʤinojatkor] |
| | | |
| ladrão (m) | **дузд** | [duzd] |
| roubar (vt) | **дуздидан** | [duzdidan] |
| furto (m) | **дуздӣ** | [duzdi:] |
| furto (m) | **ғорат** | [ʁorat] |
| | | |
| raptar (ex. ~ uma criança) | **дуздидан** | [duzdidan] |
| rapto (m) | **одамдуздӣ** | [odamduzdi:] |
| raptor (m) | **одамдузд** | [odamduzd] |
| | | |
| resgate (m) | **фидия** | [fidija] |
| pedir resgate | **фидия талаб кардан** | [fidija talab kardan] |
| | | |
| roubar (vt) | **ғорат кардан** | [ʁorat kardan] |
| assalto, roubo (m) | **ғорат** | [ʁorat] |
| assaltante (m) | **ғоратгар** | [ʁoratgar] |
| | | |
| extorquir (vt) | **тамаъ ҷустан** | [tama' ʤustan] |
| extorsionário (m) | **тамаъкор** | [tama'kor] |
| extorsão (f) | **тамаъҷӯӣ** | [tama'ʤœi:] |
| | | |
| matar, assassinar (vt) | **куштан** | [kuʃtan] |
| homicídio (m) | **қатл, куштор** | [qatl], [kuʃtor] |
| homicida, assassino (m) | **кушанда** | [kuʃanda] |
| | | |
| tiro (m) | **тир, тирпарронӣ** | [tir], [tirparroni:] |
| dar um tiro | **тир паррондан** | [tir parrondan] |
| matar a tiro | **паррондан** | [parrondan] |
| atirar, disparar (vi) | **тир задан** | [tir zadan] |
| tiroteio (m) | **тирандозӣ** | [tirandozi:] |
| | | |
| incidente (m) | **ҳодиса** | [hodisa] |
| briga (~ de rua) | **занозанӣ** | [zanozani:] |
| Socorro! | **Ёри диҳед!** | [jɔri dihed] |

| | | |
|---|---|---|
| vítima (f) | **қурбонӣ, қурбон** | [qurboni:], [qurbon] |
| danificar (vt) | **осеб расонидан** | [oseb rasonidan] |
| dano (m) | **зарар** | [zarar] |
| cadáver (m) | **ҷасад** | [dʒasad] |
| grave | **вазнин** | [vaznin] |
| | | |
| atacar (vt) | **ҳуҷум кардан** | [hudʒum kardan] |
| bater (espancar) | **задан** | [zadan] |
| espancar (vt) | **лату кӯб кардан** | [latu kœb kardan] |
| tirar, roubar (dinheiro) | **кашида гирифтан** | [kaʃida giriftan] |
| esfaquear (vt) | **сар буридан** | [sar buridan] |
| mutilar (vt) | **маъюб кардан** | [ma'jub kardan] |
| ferir (vt) | **захмдор кардан** | [zaχmdor kardan] |
| | | |
| chantagem (f) | **таҳдид** | [tahdid] |
| chantagear (vt) | **таҳдид кардан** | [tahdid kardan] |
| chantagista (m) | **таҳдидгар** | [tahdidgar] |
| | | |
| extorsão (em troca de proteção) | **рэкет** | [rɛket] |
| extorsionário (m) | **рэкетчӣ** | [rɛketʧi:] |
| gângster (m) | **роҳзан, ғоратгар** | [rohzan], [ʁoratgar] |
| máfia (f) | **мафия** | [mafija] |
| | | |
| carteirista (m) | **кисабур** | [kisabur] |
| assaltante, ladrão (m) | **дузди қулфшикан** | [duzdi qulfʃikan] |
| contrabando (m) | **қочоқчигӣ** | [qoʧoqʧigi:] |
| contrabandista (m) | **қочоқчӣ** | [qoʧoqʧi:] |
| | | |
| falsificação (f) | **сохтакорӣ** | [soχtakori:] |
| falsificar (vt) | **сохтакорӣ кардан** | [soχtakori: kardan] |
| falsificado | **қалбакӣ** | [qalbaqi:] |

## 192. Viloação da lei. Criminosos. Parte 2

| | | |
|---|---|---|
| violação (f) | **таҷовуз ба номус** | [tadʒovuz ba nomus] |
| violar (vt) | **ба номус таҷовуз кардан** | [ba nomus tadʒovuz kardan] |
| violador (m) | **зӯрикунанда** | [zœrikunanda] |
| maníaco (m) | **васвосӣ, савдоӣ** | [vasvosi:], [savdoi:] |
| | | |
| prostituta (f) | **фоҳиша** | [fohiʃa] |
| prostituição (f) | **фоҳишагӣ** | [fohiʃagi:] |
| chulo (m) | **занҷаллоб** | [zandʒallob] |
| | | |
| toxicodependente (m) | **нашъаманд** | [naʃ'amand] |
| traficante (m) | **нашъаҷаллоб** | [naʃ'adʒallob] |
| | | |
| explodir (vt) | **таркондан** | [tarkondan] |
| explosão (f) | **таркиш, таркидан** | [tarkiʃ], [tarkidan] |
| incendiar (vt) | **оташ задан** | [otaʃ zadan] |
| incendiário (m) | **оташзананда** | [otaʃzananda] |
| | | |
| terrorismo (m) | **терроризм** | [terrorizm] |
| terrorista (m) | **террорчӣ** | [terrorʧi:] |

| | | |
|---|---|---|
| refém (m) | **шахси гаравӣ, гаравгон** | [ʃaχsi garavi:], [garavgon] |
| enganar (vt) | **фиреб додан, фирефтан** | [fireb dodan], [fireftan] |
| engano (m) | **фиреб** | [fireb] |
| vigarista (m) | **фиребгар** | [firebgar] |
| | | |
| subornar (vt) | **пора додан** | [pora dodan] |
| suborno (atividade) | **пора додан** | [pora dodan] |
| suborno (dinheiro) | **пора, ришва** | [pora], [riʃva] |
| | | |
| veneno (m) | **заҳр** | [zahr] |
| envenenar (vt) | **заҳр додан** | [zahr dodan] |
| envenenar-se (vr) | **заҳр хӯрдан** | [zahr χœrdan] |
| | | |
| suicídio (m) | **худкушӣ** | [χudkuʃi:] |
| suicida (m) | **худкуш** | [χudkuʃ] |
| | | |
| ameaçar (vt) | **дӯғ задан** | [dœʁ zadan] |
| ameaça (f) | **дӯғ, пӯписа** | [dœʁ], [pœpisa] |
| atentar contra a vida de ... | **суиқасд кардан** | [suiqasd kardan] |
| atentado (m) | **суиқасд** | [suiqasd] |
| | | |
| roubar (o carro) | **дуздидан** | [duzdidan] |
| desviar (o avião) | **дуздидан** | [duzdidan] |
| | | |
| vingança (f) | **интиқом** | [intiqom] |
| vingar (vt) | **интиқом гирифтан** | [intiqom giriftan] |
| | | |
| torturar (vt) | **шиканҷа кардан** | [ʃikandʒa kardan] |
| tortura (f) | **шиканҷа** | [ʃikandʒa] |
| atormentar (vt) | **азоб додан** | [azob dodan] |
| | | |
| pirata (m) | **роҳзани баҳрӣ** | [rohzani bahri:] |
| desordeiro (m) | **бадахлоқ** | [badaχloq] |
| armado | **мусаллаҳ** | [musallah] |
| violência (f) | **таҷовуз** | [tadʒovuz] |
| ilegal | **ғайрилегалӣ** | [ʁajrilegali:] |
| | | |
| espionagem (f) | **ҷосусӣ** | [dʒosusi:] |
| espionar (vi) | **ҷосусӣ кардан** | [dʒosusi: kardan] |

## 193. Polícia. Lei. Parte 1

| | | |
|---|---|---|
| justiça (f) | **адлия** | [adlija] |
| tribunal (m) | **суд** | [sud] |
| | | |
| juiz (m) | **довар** | [dovar] |
| jurados (m pl) | **суди халқӣ** | [sudi χalqi:] |
| tribunal (m) do júri | **суди касамиён** | [sudi kasamijɔn] |
| julgar (vt) | **суд кардан** | [sud kardan] |
| | | |
| advogado (m) | **адвокат, ҳимоягар** | [advokat], [himojagar] |
| réu (m) | **айбдор** | [ajbdor] |
| banco (m) dos réus | **курсии судшаванда** | [kursi:i sudʃavanda] |
| acusação (f) | **айбдоркунӣ** | [ajbdorkuni:] |

| | | |
|---|---|---|
| acusado (m) | **айбдоршаванда** | [ajbdorʃavanda] |
| sentença (f) | **ҳукм, ҳукмнома** | [hukm], [hukmnoma] |
| sentenciar (vt) | **ҳукм кардан** | [hukm kardan] |
| culpado (m) | **гунаҳкор, айбдор** | [gunahkor], [ajbdor] |
| punir (vt) | **ҷазо додан** | [ʤazo dodan] |
| punição (f) | **ҷазо** | [ʤazo] |
| multa (f) | **ҷарима** | [ʤarima] |
| prisão (f) perpétua | **ҳабси якумрӣ** | [habsi jakumri:] |
| pena (f) de morte | **ҷазои қатл** | [ʤazoi qatl] |
| cadeira (f) elétrica | **курсии барқӣ** | [kursi:i barqi:] |
| forca (f) | **дор** | [dor] |
| executar (vt) | **қатл кардан** | [qatl kardan] |
| execução (f) | **ҳукми куш** | [hukmi kuʃ] |
| prisão (f) | **маҳбас** | [mahbas] |
| cela (f) de prisão | **камера** | [kamera] |
| escolta (f) | **қаравулон** | [qaravulon] |
| guarda (m) prisional | **назоратчии ҳабсхона** | [nazoratʧi:i habsχona] |
| preso (m) | **маҳбус** | [mahbus] |
| algemas (f pl) | **дастбанд** | [dastband] |
| algemar (vt) | **ба даст кишан андохтан** | [ba dast kiʃan andoχtan] |
| fuga, evasão (f) | **гурез** | [gurez] |
| fugir (vi) | **гурехтан** | [gureχtan] |
| desaparecer (vi) | **гум шудан** | [gum ʃudan] |
| soltar, libertar (vt) | **озод кардан** | [ozod kardan] |
| amnistia (f) | **амнистия, афви умумӣ** | [amnistija], [afvi umumi:] |
| polícia (instituição) | **полис** | [polis] |
| polícia (m) | **полис** | [polis] |
| esquadra (f) de polícia | **милисахона** | [milisaχona] |
| cassetete (m) | **чӯбдасти резинӣ** | [ʧœbdasti rezini:] |
| megafone (m) | **баландгӯяк** | [balandgœjak] |
| carro (m) de patrulha | **мошини дидбонӣ** | [moʃini didboni:] |
| sirene (f) | **бурғу** | [burʁu] |
| ligar a sirene | **даргиронидани сирена** | [dargironidani sirena] |
| toque (m) da sirene | **ҳувводи сирена** | [huvvosi sirena] |
| cena (f) do crime | **ҷойи ҷиноят** | [ʤoji ʤinojat] |
| testemunha (f) | **шоҳид** | [ʃohid] |
| liberdade (f) | **озодӣ** | [ozodi:] |
| cúmplice (m) | **шарик** | [ʃarik] |
| escapar (vi) | **паноҳ шудан** | [panoh ʃudan] |
| traço (não deixar ~s) | **пай** | [paj] |

## 194. Polícia. Lei. Parte 2

| | | |
|---|---|---|
| procura (f) | **ҷустуҷӯ** | [ʤustuʤœ] |
| procurar (vt) | **ҷустуҷӯ кардан** | [ʤustuʤœ kardan] |

| | | |
|---|---|---|
| suspeita (f) | **шубҳа** | [ʃubha] |
| suspeito | **шубҳанок** | [ʃubhanok] |
| parar (vt) | **нигоҳ доштан** | [nigoh doʃtan] |
| deter (vt) | **дастгир кардан** | [dastgir kardan] |
| caso (criminal) | **кори ҷиноятӣ** | [kori dʒinojati:] |
| investigação (f) | **тафтиш** | [taftiʃ] |
| detetive (m) | **муфаттиши махфӣ** | [mufattiʃi maχfi:] |
| investigador (m) | **муфаттиш** | [mufattiʃ] |
| versão (f) | **версия** | [versija] |
| motivo (m) | **ангеза** | [angeza] |
| interrogatório (m) | **истинток кардан** | [istintok kardan] |
| interrogar (vt) | **истинток** | [istintok] |
| questionar (vt) | **райпурсӣ кардан** | [rajpursi: kardan] |
| verificação (f) | **тафтиш** | [taftiʃ] |
| batida (f) policial | **муҳосира,иҳота** | [muhosira,ihota] |
| busca (f) | **кофтуков** | [koftukov] |
| perseguição (f) | **таъқиб** | [ta'qib] |
| perseguir (vt) | **таъқиб кардан** | [ta'qib kardan] |
| seguir (vt) | **поидан** | [poidan] |
| prisão (f) | **ҳабс** | [habs] |
| prender (vt) | **ҳабс кардан** | [habs kardan] |
| pegar, capturar (vt) | **дастгир кардан** | [dastgir kardan] |
| captura (f) | **дастгир карданӣ** | [dastgir kardani:] |
| documento (m) | **ҳуҷҷат, санад** | [hudʒdʒat], [sanad] |
| prova (f) | **исбот** | [isbot] |
| provar (vt) | **исбот кардан** | [isbot kardan] |
| pegada (f) | **из, пай** | [iz], [paj] |
| impressões (f pl) digitais | **нақши ангуштон** | [naqʃi anguʃton] |
| prova (f) | **далел** | [dalel] |
| álibi (m) | **алиби** | [alibi] |
| inocente | **бегуноҳ, беайб** | [begunoh], [beajb] |
| injustiça (f) | **беадолатӣ** | [beadolati:] |
| injusto | **беинсоф** | [beinsof] |
| criminal | **ҷиноятӣ** | [dʒinojati:] |
| confiscar (vt) | **мусодира кардан** | [musodira kardan] |
| droga (f) | **маводи нашъадор** | [mavodi naʃ'ador] |
| arma (f) | **яроқ** | [jaroq] |
| desarmar (vt) | **беярок кардан** | [bejarok kardan] |
| ordenar (vt) | **фармон додан** | [farmon dodan] |
| desaparecer (vi) | **гум шудан** | [gum ʃudan] |
| lei (f) | **қонун** | [qonun] |
| legal | **конунӣ, ... и конун** | [konuni:], [i konun] |
| ilegal | **ғайриқонунӣ** | [ʁajriqonuni:] |
| responsabilidade (f) | **ҷавобгарӣ** | [dʒavobgari:] |
| responsável | **ҷавобгар** | [dʒavobgar] |

# NATUREZA

## A Terra. Parte 1

### 195. Espaço sideral

| | | |
|---|---|---|
| cosmos (m) | **кайҳон** | [kajhon] |
| cósmico | **... и кайҳон** | [i kajhon] |
| espaço (m) cósmico | **фазои кайҳон** | [fazoi kajhon] |
| mundo (m) | **ҷаҳон** | [dʒahon] |
| universo (m) | **коинот** | [koinot] |
| galáxia (f) | **галактика** | [galaktika] |
| estrela (f) | **ситора** | [sitora] |
| constelação (f) | **бурҷ** | [burdʒ] |
| planeta (m) | **сайёра** | [sajjɔra] |
| satélite (m) | **радиф** | [radif] |
| meteorito (m) | **метеорит, шиҳобпора** | [meteorit], [ʃihobpora] |
| cometa (m) | **ситораи думдор** | [sitorai dumdor] |
| asteroide (m) | **астероид** | [asteroid] |
| órbita (f) | **мадор** | [mador] |
| girar (vi) | **давр задан** | [davr zadan] |
| atmosfera (f) | **атмосфера** | [atmosfera] |
| Sol (m) | **Офтоб** | [oftob] |
| Sistema (m) Solar | **манзумаи шамсӣ** | [manzumai ʃamsi:] |
| eclipse (m) solar | **гирифтани офтоб** | [giriftani oftob] |
| Terra (f) | **Замин** | [zamin] |
| Lua (f) | **Моҳ** | [moh] |
| Marte (m) | **Миррих** | [mirriχ] |
| Vénus (f) | **Зӯҳра, Ноҳид** | [zœhra], [nohid] |
| Júpiter (m) | **Муштарӣ** | [muʃtari:] |
| Saturno (m) | **Кайвон** | [kajvon] |
| Mercúrio (m) | **Уторид** | [utorid] |
| Urano (m) | **Уран** | [uran] |
| Neptuno (m) | **Нептун** | [neptun] |
| Plutão (m) | **Плутон** | [pluton] |
| Via Láctea (f) | **Роҳи Каҳкашон** | [rohi kahkaʃon] |
| Ursa Maior (f) | **Дубби Акбар** | [dubbi akbar] |
| Estrela Polar (f) | **Ситораи қутбӣ** | [sitorai qutbi:] |
| marciano (m) | **миррихӣ** | [mirriχi:] |
| extraterrestre (m) | **инопланетянҳо** | [inoplanetjanho] |

| | | |
|---|---|---|
| alienígena (m) | **махлуқӣ кайҳонӣ** | [maχluqi: kajhoni:] |
| disco (m) voador | **табақи парвозкунанда** | [tabaqi parvozkunanda] |
| nave (f) espacial | **киштии кайҳонӣ** | [kiʃti:i kajhoni:] |
| estação (f) orbital | **стантсияи мадорӣ** | [stantsijai madori:] |
| lançamento (m) | **оғоз** | [oʁoz] |
| motor (m) | **муҳаррик** | [muharrik] |
| bocal (m) | **сопло** | [soplo] |
| combustível (m) | **сӯзишворӣ** | [sœziʃvori:] |
| cabine (f) | **кабина** | [kabina] |
| antena (f) | **антенна** | [antenna] |
| vigia (f) | **иллюминатор** | [illjuminator] |
| bateria (f) solar | **батареи офтобӣ** | [batarei oftobi:] |
| traje (m) espacial | **скафандр** | [skafandr] |
| imponderabilidade (f) | **бевазнӣ** | [bevazni:] |
| oxigénio (m) | **оксиген** | [oksigen] |
| acoplagem (f) | **пайваст** | [pajvast] |
| fazer uma acoplagem | **пайваст кардан** | [pajvast kardan] |
| observatório (m) | **расадхона** | [rasadχona] |
| telescópio (m) | **телескоп** | [teleskop] |
| observar (vt) | **мушоҳида кардан** | [muʃohida kardan] |
| explorar (vt) | **таҳқиқ кардан** | [tahqiq kardan] |

## 196. A Terra

| | | |
|---|---|---|
| Terra (f) | **Замин** | [zamin] |
| globo terrestre (Terra) | **кураи замин** | [kurai zamin] |
| planeta (m) | **сайёра** | [sajjɔra] |
| atmosfera (f) | **атмосфера** | [atmosfera] |
| geografia (f) | **география** | [geografija] |
| natureza (f) | **табиат** | [tabiat] |
| globo (mapa esférico) | **глобус** | [globus] |
| mapa (m) | **харита** | [χarita] |
| atlas (m) | **атлас** | [atlas] |
| Ásia (f) | **Осиё** | [osijɔ] |
| África (f) | **Африқо** | [afriqo] |
| Austrália (f) | **Австралия** | [avstralija] |
| América (f) | **Америка** | [amerika] |
| América (f) do Norte | **Америкаи Шимолӣ** | [amerikai ʃimoli:] |
| América (f) do Sul | **Америкаи Ҷанубӣ** | [amerikai dʒanubi:] |
| Antártida (f) | **Антарктида** | [antarktida] |
| Ártico (m) | **Арктика** | [arktika] |

## 197. Pontos cardeais

| | | |
|---|---|---|
| norte (m) | **шимол** | [ʃimol] |
| para norte | **ба шимол** | [ba ʃimol] |
| no norte | **дар шимол** | [dar ʃimol] |
| do norte | **шимолӣ, ... и шимол** | [ʃimoli:], [i ʃimol] |
| sul (m) | **ҷануб** | [ʤanub] |
| para sul | **ба ҷануб** | [ba ʤanub] |
| no sul | **дар ҷануб** | [dar ʤanub] |
| do sul | **ҷанубӣ, ... и ҷануб** | [ʤanubi:], [i ʤanub] |
| oeste, ocidente (m) | **ғарб** | [ʁarb] |
| para oeste | **ба ғарб** | [ba ʁarb] |
| no oeste | **дар ғарб** | [dar ʁarb] |
| ocidental | **ғарбӣ, ... и ғарб** | [ʁarbi:], [i ʁarb] |
| leste, oriente (m) | **шарқ** | [ʃarq] |
| para leste | **ба шарқ** | [ba ʃarq] |
| no leste | **дар шарқ** | [dar ʃarq] |
| oriental | **шарқӣ** | [ʃarqi:] |

## 198. Mar. Oceano

| | | |
|---|---|---|
| mar (m) | **баҳр** | [bahr] |
| oceano (m) | **уқёнус** | [uqjɔnus] |
| golfo (m) | **халиҷ** | [χaliʤ] |
| estreito (m) | **гулӯгоҳ** | [gulœgoh] |
| terra (f) firme | **хушкӣ, замин** | [χuʃki:], [zamin] |
| continente (m) | **материк, қитъа** | [materik], [qit'a] |
| ilha (f) | **ҷазира** | [ʤazira] |
| península (f) | **нимҷазира** | [nimʤazira] |
| arquipélago (m) | **галаҷазира** | [galaʤazira] |
| baía (f) | **халиҷ** | [χaliʤ] |
| porto (m) | **бандар** | [bandar] |
| lagoa (f) | **лагуна** | [laguna] |
| cabo (m) | **димоға** | [dimoʁa] |
| atol (m) | **атолл** | [atoll] |
| recife (m) | **харсанги зериобӣ** | [χarsangi zeriobi:] |
| coral (m) | **марҷон** | [marʤon] |
| recife (m) de coral | **обсанги марҷонӣ** | [obsangi marʤoni:] |
| profundo | **чуқур** | [ʧuqur] |
| profundidade (f) | **чуқурӣ** | [ʧuquri:] |
| abismo (m) | **қаър** | [qa'r] |
| fossa (f) oceânica | **чуқурӣ** | [ʧuquri:] |
| corrente (f) | **ҷараён** | [ʤarajɔn] |
| banhar (vt) | **шустан** | [ʃustan] |

| | | |
|---|---|---|
| litoral (m) | **соҳил, соҳили баҳр** | [sohil], [sohili bahr] |
| costa (f) | **соҳил** | [sohil] |
| | | |
| maré (f) alta | **мадд** | [madd] |
| refluxo (m), maré (f) baixa | **ҷазр** | [ʤazr] |
| restinga (f) | **пастоб** | [pastob] |
| fundo (m) | **қаър** | [qa'r] |
| | | |
| onda (f) | **мавҷ** | [mavʤ] |
| crista (f) da onda | **теғаи мавҷ** | [teʁai mavʤ] |
| espuma (f) | **кафк** | [kafk] |
| | | |
| tempestade (f) | **тӯфон, бӯрон** | [tœfon], [bœroi] |
| furacão (m) | **тундбод** | [tundbod] |
| tsunami (m) | **сунами** | [sunami] |
| calmaria (f) | **сукунати ҳаво** | [sukunati havo] |
| calmo | **ором** | [orom] |
| | | |
| polo (m) | **қутб** | [qutb] |
| polar | **қутбӣ** | [qutbi:] |
| | | |
| latitude (f) | **арз** | [arz] |
| longitude (f) | **тӯл** | [tœl] |
| paralela (f) | **параллел** | [parallel] |
| equador (m) | **хати истиво** | [χati istivo] |
| | | |
| céu (m) | **осмон** | [osmon] |
| horizonte (m) | **уфуқ** | [ufuq] |
| ar (m) | **ҳаво** | [havo] |
| | | |
| farol (m) | **мино** | [mino] |
| mergulhar (vi) | **ғӯта задан** | [ʁœta zadan] |
| afundar-se (vr) | **ғарқ шудан** | [ʁarq ʃudan] |
| tesouros (m pl) | **ганҷ** | [ganʤ] |

## 199. Nomes de Mares e Oceanos

| | | |
|---|---|---|
| Oceano (m) Atlântico | **Уқёнуси Атлантик** | [uqjɔnusi atlantik] |
| Oceano (m) Índico | **Уқёнуси Ҳинд** | [uqjɔnusi hind] |
| Oceano (m) Pacífico | **Уқёнуси Ором** | [uqjɔnusi orom] |
| Oceano (m) Ártico | **Уқёнуси яхбастаи шимолӣ** | [uqjɔnusi jaχbastai ʃimoli:] |
| | | |
| Mar (m) Negro | **Баҳри Сиёҳ** | [bahri sijɔh] |
| Mar (m) Vermelho | **Баҳри Сурх** | [bahri surχ] |
| Mar (m) Amarelo | **Баҳри Зард** | [bahri zard] |
| Mar (m) Branco | **Баҳри Сафед** | [bahri safed] |
| | | |
| Mar (m) Cáspio | **Баҳри Хазар** | [bahri χazar] |
| Mar (m) Morto | **Баҳри Майит** | [bahri majit] |
| Mar (m) Mediterrâneo | **Баҳри Миёназамин** | [bahri mijɔnazamin] |
| | | |
| Mar (m) Egeu | **Баҳри Эгей** | [bahri ɛgej] |
| Mar (m) Adriático | **Баҳри Адриатика** | [bahri adriatika] |
| Mar (m) Arábico | **Баҳри Арави** | [bahri aravi] |

| | | |
|---|---|---|
| Mar (m) do Japão | **Баҳри Ҷопон** | [bahri ʤopon] |
| Mar (m) de Bering | **Баҳри Беринг** | [bahri bering] |
| Mar (m) da China Meridional | **Баҳри Хитойи Ҷанубӣ** | [bahri χitoji ʤanubi:] |
| Mar (m) de Coral | **Баҳри Марҷон** | [bahri marʤon] |
| Mar (m) de Tasman | **Баҳри Тасман** | [bahri tasman] |
| Mar (m) do Caribe | **Баҳри Кариб** | [bahri karib] |
| Mar (m) de Barents | **Баҳри Баренс** | [bahri barens] |
| Mar (m) de Kara | **Баҳри Кара** | [bahri kara] |
| Mar (m) do Norte | **Баҳри Шимолӣ** | [bahri ʃimoli:] |
| Mar (m) Báltico | **Баҳри Балтика** | [bahri baltika] |
| Mar (m) da Noruega | **Баҳри Норвегия** | [bahri norvegija] |

## 200. Montanhas

| | | |
|---|---|---|
| montanha (f) | **кӯҳ** | [kœh] |
| cordilheira (f) | **силсилакӯҳ** | [silsilakœh] |
| serra (f) | **қаторкӯҳ** | [qatorkœh] |
| cume (m) | **кулла** | [kulla] |
| pico (m) | **қулла** | [qulla] |
| sopé (m) | **доманаи кӯҳ** | [domanai kœh] |
| declive (m) | **нишебӣ** | [niʃebi:] |
| vulcão (m) | **вулқон** | [vulqon] |
| vulcão (m) ativo | **вулқони амалкунанда** | [vulqoni amalkunanda] |
| vulcão (m) extinto | **вулқони хомӯшшуда** | [vulqoni χomœʃʃuda] |
| erupção (f) | **оташфишонӣ** | [otaʃfiʃoni:] |
| cratera (f) | **танӯра** | [tanœra] |
| magma (m) | **магма, тафта** | [magma], [tafta] |
| lava (f) | **гудоза** | [gudoza] |
| fundido (lava ~a) | **тафта** | [tafta] |
| desfiladeiro (m) | **оббурда, дара** | [obburda], [dara] |
| garganta (f) | **дара** | [dara] |
| fenda (f) | **тангно** | [tangno] |
| precipício (m) | **партгоҳ** | [partgoh] |
| passo, colo (m) | **ағба** | [aʁba] |
| planalto (m) | **пуштаи кӯҳ** | [puʃtai kœh] |
| falésia (f) | **шух** | [ʃuχ] |
| colina (f) | **теппа** | [teppa] |
| glaciar (m) | **пирях** | [pirjaχ] |
| queda (f) d'água | **шаршара** | [ʃarʃara] |
| géiser (m) | **гейзер** | [gejzer] |
| lago (m) | **кул** | [kul] |
| planície (f) | **ҳамворӣ** | [hamvori:] |
| paisagem (f) | **манзара** | [manzara] |
| eco (m) | **акси садо** | [aksi sado] |

| | | |
|---|---|---|
| alpinista (m) | **кӯҳнавард** | [kœhnavard] |
| escalador (m) | **шухпаймо** | [ʃuχpajmo] |
| conquistar (vt) | **фатҳ кардан** | [fath kardan] |
| subida, escalada (f) | **болобарой** | [bolobaroi:] |

## 201. Nomes de montanhas

| | | |
|---|---|---|
| Alpes (m pl) | **Кӯҳҳои Алп** | [kœhhoi alp] |
| monte Branco (m) | **Монблан** | [monblan] |
| Pirineus (m pl) | **Кӯҳҳои Пиреней** | [kœhhoi pirenej] |
| Cárpatos (m pl) | **Кӯҳҳои Карпат** | [kœhhoi karpat] |
| montes (m pl) Urais | **Кӯҳҳои Урал** | [kœhhoi ural] |
| Cáucaso (m) | **Кӯҳҳои Кавказ** | [kœhhoi kavkaz] |
| Elbrus (m) | **Елбруз** | [elbruz] |
| Altai (m) | **Алтай** | [altaj] |
| Tian Shan (m) | **Тиёншон** | [tijɔnʃon] |
| Pamir (m) | **Кӯҳҳои Помир** | [kœhhoi pomir] |
| Himalaias (m pl) | **Ҳимолой** | [himoloj] |
| monte (m) Everest | **Эверест** | [ɛverest] |
| Cordilheira (f) dos Andes | **Кӯҳҳои Анд** | [kœhhoi and] |
| Kilimanjaro (m) | **Килиманҷаро** | [kilimandʒaro] |

## 202. Rios

| | | |
|---|---|---|
| rio (m) | **дарё** | [darjɔ] |
| fonte, nascente (f) | **чашма** | [ʧaʃma] |
| leito (m) do rio | **маҷрои дарё** | [madʒroi darjɔ] |
| bacia (f) | **ҳавза** | [havza] |
| desaguar no ... | **рехтан ба ...** | [reχtan ba] |
| afluente (m) | **шохоб** | [ʃoχob] |
| margem (do rio) | **соҳил** | [sohil] |
| corrente (f) | **ҷараён** | [dʒarajɔn] |
| rio abaixo | **мувофиқи рафти об** | [muvofiqi rafti ob] |
| rio acima | **муқобили самти об** | [muqobili samti ob] |
| inundação (f) | **обхезӣ** | [obχezi:] |
| cheia (f) | **обхез** | [obχez] |
| transbordar (vi) | **дамидан** | [damidan] |
| inundar (vt) | **зер кардан** | [zer kardan] |
| banco (m) de areia | **тунукоба** | [tunukoba] |
| rápidos (m pl) | **мавҷрез** | [mavdʒrez] |
| barragem (f) | **сарбанд** | [sarband] |
| canal (m) | **канал** | [kanal] |
| reservatório (m) de água | **обанбор** | [obanbor] |
| eclusa (f) | **шлюз** | [ʃljuz] |

| | | |
|---|---|---|
| corpo (m) de água | **обанбор** | [obanbor] |
| pântano (m) | **ботлоқ, ботқоқ** | [botloq], [botqoq] |
| tremedal (m) | **ботлоқ** | [botloq] |
| remoinho (m) | **гирдоб** | [girdob] |
| | | |
| arroio, regato (m) | **ҷӯй** | [ʤœj] |
| potável | **нӯшиданӣ** | [nœʃidani:] |
| doce (água) | **ширин** | [ʃirin] |
| | | |
| gelo (m) | **ях** | [jaχ] |
| congelar-se (vr) | **ях бастан** | [jaχ bastan] |

## 203. Nomes de rios

| | | |
|---|---|---|
| rio Sena (m) | **Сена** | [sena] |
| rio Loire (m) | **Луара** | [luara] |
| | | |
| rio Tamisa (m) | **Темза** | [temza] |
| rio Reno (m) | **Рейн** | [rejn] |
| rio Danúbio (m) | **Дунай** | [dunaj] |
| | | |
| rio Volga (m) | **Волга** | [volga] |
| rio Don (m) | **Дон** | [don] |
| rio Lena (m) | **Лена** | [lena] |
| | | |
| rio Amarelo (m) | **Хуанхе** | [χuanχe] |
| rio Yangtzé (m) | **Янсзи** | [janszi] |
| rio Mekong (m) | **Меконг** | [mekong] |
| rio Ganges (m) | **Ганга** | [ganga] |
| | | |
| rio Nilo (m) | **Нил** | [nil] |
| rio Congo (m) | **Конго** | [kongo] |
| rio Cubango (m) | **Окаванго** | [okavango] |
| rio Zambeze (m) | **Замбези** | [zambezi] |
| rio Limpopo (m) | **Лимпопо** | [limpopo] |
| rio Mississípi (m) | **Миссисипи** | [missisipi] |

## 204. Floresta

| | | |
|---|---|---|
| floresta (f), bosque (m) | **ҷангал** | [ʤangal] |
| florestal | **ҷангалӣ** | [ʤangali:] |
| | | |
| mata (f) cerrada | **ҷангалзор** | [ʤangalzor] |
| arvoredo (m) | **дарахтзор** | [daraχtzor] |
| clareira (f) | **чаман** | [ʧaman] |
| | | |
| matagal (m) | **буттазор** | [buttazor] |
| mato (m) | **буттазор** | [buttazor] |
| | | |
| vereda (f) | **пайраҳа** | [pajraha] |
| ravina (f) | **оббурда** | [obburda] |
| árvore (f) | **дарахт** | [daraχt] |

| | | |
|---|---|---|
| folha (f) | **барг** | [barg] |
| folhagem (f) | **баргҳои дарахт** | [barghoi daraχt] |
| queda (f) das folhas | **баргрезӣ** | [bargrezi:] |
| cair (vi) | **рехтан** | [reχtan] |
| topo (m) | **нӯг** | [nœg] |
| ramo (m) | **шох, шохча** | [ʃoχ], [ʃoχʧa] |
| galho (m) | **шохи дарахг** | [ʃoχi daraχg] |
| botão, rebento (m) | **муғча** | [muʁʤa] |
| agulha (f) | **сӯзан** | [sœzan] |
| pinha (f) | **ҷалғӯза** | [ʤalʁœza] |
| buraco (m) de árvore | **сӯрохи дарахт** | [sœroχi daraχt] |
| ninho (m) | **ошёна, лона** | [oʃjɔna], [lona] |
| toca (f) | **хона** | [χona] |
| tronco (m) | **тана** | [tana] |
| raiz (f) | **реша** | [reʃa] |
| casca (f) de árvore | **пӯсти дарахт** | [pœsti daraχt] |
| musgo (m) | **ушна** | [uʃna] |
| arrancar pela raiz | **реша кофтан** | [reʃa koftan] |
| cortar (vt) | **зада буридан** | [zada buridan] |
| desflorestar (vt) | **бурида нест кардан** | [burida nest kardan] |
| toco, cepo (m) | **кундаи дарахт** | [kundai daraχt] |
| fogueira (f) | **гулхан** | [gulχan] |
| incêndio (m) florestal | **сӯхтор, оташ** | [sœχtor], [otaʃ] |
| apagar (vt) | **хомӯш кардан** | [χomœʃ kardan] |
| guarda-florestal (m) | **ҷангалбон** | [ʤangalbon] |
| proteção (f) | **нигоҳбонӣ** | [nigohboni:] |
| proteger (a natureza) | **нигоҳбонӣ кардан** | [nigohboni: kardan] |
| caçador (m) furtivo | **қӯруқшикан** | [qœruqʃikan] |
| armadilha (f) | **қапқон, дом** | [qapqon], [dom] |
| colher (cogumelos, bagas) | **чидан** | [ʧidan] |
| perder-se (vr) | **роҳ гум кардан** | [roh gum kardan] |

## 205. Recursos naturais

| | | |
|---|---|---|
| recursos (m pl) naturais | **захираҳои табиӣ** | [zaχirahoi tabi:i:] |
| minerais (m pl) | **маъданҳои фоиданок** | [ma'danhoi foidanok] |
| depósitos (m pl) | **кон, маъдаи** | [kon], [ma'dai] |
| jazida (f) | **кон** | [kon] |
| extrair (vt) | **кандан** | [kandan] |
| extração (f) | **канданӣ** | [kandani:] |
| minério (m) | **маъдан** | [ma'dan] |
| mina (f) | **кон** | [kon] |
| poço (m) de mina | **чоҳ** | [ʧoh] |
| mineiro (m) | **конкан** | [konkan] |
| gás (m) | **газ** | [gaz] |

gasoduto (m) **қубури газ** [quburi gaz]
petróleo (m) **нефт** [neft]
oleoduto (m) **қубури нефт** [quburi neft]
poço (m) de petróleo **чоҳи нафт** [ʧohi naft]
torre (f) petrolífera **бурҷи нафткашӣ** [burʤi naftkaʃi:]
petroleiro (m) **танкер** [tanker]

areia (f) **рег** [reg]
calcário (m) **оҳаксанг** [ohaksang]
cascalho (m) **сангреза, шағал** [sangreza], [ʃaʁal]
turfa (f) **торф** [torf]
argila (f) **гил** [gil]
carvão (m) **ангишт** [angiʃt]

ferro (m) **оҳан** [ohan]
ouro (m) **зар, тилло** [zar], [tillo]
prata (f) **нуқра** [nuqra]
níquel (m) **никел** [nikel]
cobre (m) **мис** [mis]

zinco (m) **руҳ** [ruh]
manganês (m) **манган** [mangan]
mercúrio (m) **симоб** [simob]
chumbo (m) **сурб** [surb]

mineral (m) **минерал, маъдан** [mineral], [ma'dan]
cristal (m) **булӯр, шӯша** [bulœr], [ʃœʃa]
mármore (m) **мармар** [marmar]
urânio (m) **уран** [uran]

# A Terra. Parte 2

## 206. Tempo

| | | |
|---|---|---|
| tempo (m) | **обу ҳаво** | [obu havo] |
| previsão (f) do tempo | **пешгӯии ҳаво** | [peʃgœi:i havo] |
| temperatura (f) | **ҳарорат** | [harorat] |
| termómetro (m) | **ҳароратсанҷ** | [haroratsandʒ] |
| barómetro (m) | **барометр, ҳавосанҷ** | [barometr], [havosandʒ] |
| húmido | **намнок** | [namnok] |
| humidade (f) | **намӣ, рутубат** | [nami:], [rutubat] |
| calor (m) | **гармӣ** | [garmi:] |
| cálido | **тафсон** | [tafson] |
| está muito calor | **ҳаво тафсон аст** | [havo tafson ast] |
| está calor | **ҳаво гарм аст** | [havo garm ast] |
| quente | **гарм** | [garm] |
| está frio | **ҳаво сард аст** | [havo sard ast] |
| frio | **хунук, сард** | [χunuk], [sard] |
| sol (m) | **офтоб** | [oftob] |
| brilhar (vi) | **тобидан** | [tobidan] |
| de sol, ensolarado | **... и офтоб** | [i oftob] |
| nascer (vi) | **баромадан** | [baromadan] |
| pôr-se (vr) | **паст шудан** | [past ʃudan] |
| nuvem (f) | **абр** | [abr] |
| nublado | **... и абр, абрӣ** | [i abr], [abri:] |
| nuvem (f) preta | **абри сиёҳ** | [abri sijɔh] |
| escuro, cinzento | **абрнок** | [abrnok] |
| chuva (f) | **борон** | [boron] |
| está a chover | **борон меборад** | [boron meborad] |
| chuvoso | **серборон** | [serboron] |
| chuviscar (vi) | **сим-сим боридан** | [sim-sim boridan] |
| chuva (f) torrencial | **борони сахт** | [boroni saχt] |
| chuvada (f) | **борони сел** | [boroni sel] |
| forte (chuva) | **сахт** | [saχt] |
| poça (f) | **кӯлмак** | [kœlmak] |
| molhar-se (vr) | **шилтиқ шудан** | [ʃiltiq ʃudan] |
| nevoeiro (m) | **туман** | [tuman] |
| de nevoeiro | **... и туман** | [i tuman] |
| neve (f) | **барф** | [barf] |
| está a nevar | **барф меборад** | [barf meborad] |

## 207. Tempo extremo. Catástrofes naturais

| | | |
|---|---|---|
| trovoada (f) | **раъду барк** | [ra'du bark] |
| relâmpago (m) | **барқ** | [barq] |
| relampejar (vi) | **дурахшидан** | [duraχʃidan] |
| trovão (m) | **тундар** | [tundar] |
| trovejar (vi) | **гулдуррос задан** | [guldurros zadan] |
| está a trovejar | **раъд гулдуррос мезанад** | [ra'd guldurros mezanad] |
| granizo (m) | **жола** | [ʒola] |
| está a cair granizo | **жола меборад** | [ʒola meborad] |
| inundar (vt) | **зер кардан** | [zer kardan] |
| inundação (f) | **обхезӣ** | [obχezi:] |
| terremoto (m) | **заминҷунбӣ** | [zamindʒunbi:] |
| abalo, tremor (m) | **заминҷунбӣ,такон** | [zamindʒunbi:,takon] |
| epicentro (m) | **эпимарказ** | [ɛpimarkaz] |
| erupção (f) | **оташфишонӣ** | [otaʃfiʃoni:] |
| lava (f) | **гудоза** | [gudoza] |
| turbilhão (m) | **гирдбод** | [girdbod] |
| tornado (m) | **торнадо** | [tornado] |
| tufão (m) | **тӯфон** | [tœfon] |
| furacão (m) | **тундбод** | [tundbod] |
| tempestade (f) | **тӯфон, бӯрои** | [tœfon], [bœroi] |
| tsunami (m) | **сунами** | [sunami] |
| ciclone (m) | **сиклон** | [siklon] |
| mau tempo (m) | **ҳавои бад** | [havoi bad] |
| incêndio (m) | **сӯхтор, оташ** | [sœχtor], [otaʃ] |
| catástrofe (f) | **садама, фалокат** | [sadama], [falokat] |
| meteorito (m) | **метеорит, шиҳобпора** | [meteorit], [ʃihobpora] |
| avalanche (f) | **тарма** | [tarma] |
| deslizamento (m) de neve | **тарма** | [tarma] |
| nevasca (f) | **бӯрони барфӣ** | [bœroni barfi:] |
| tempestade (f) de neve | **бӯрон** | [bœron] |

## 208. Ruídos. Sons

| | | |
|---|---|---|
| silêncio (m) | **хомӯшӣ** | [χomœʃi:] |
| som (m) | **садо** | [sado] |
| ruído, barulho (m) | **мағал** | [maʁal] |
| fazer barulho | **мағал кардан** | [maʁal kardan] |
| ruidoso, barulhento | **сермағал** | [sermaʁal] |
| alto (adv) | **баланд** | [baland] |
| alto (adj) | **баланд** | [baland] |
| constante (ruído, etc.) | **доимӣ, ҳамешагӣ** | [doimi:], [hameʃagi:] |

| | | |
|---|---|---|
| grito (m) | **дод, фарёд** | [dod], [farjɔd] |
| gritar (vi) | **дод задан** | [dod zadan] |
| sussurro (m) | **пичиррос** | [pitʃirros] |
| sussurrar (vt) | **пичиррос задан** | [pitʃirros zadan] |
| | | |
| latido (m) | **аккос** | [akkos] |
| latir (vi) | **аккос задан** | [akkos zadan] |
| | | |
| gemido (m) | **нолиш, нола** | [noliʃ], [nola] |
| gemer (vi) | **нолиш кардан** | [noliʃ kardan] |
| tosse (f) | **сулфа** | [sulfa] |
| tossir (vi) | **сулфидан** | [sulfidan] |
| | | |
| assobio (m) | **ҳуштак** | [huʃtak] |
| assobiar (vi) | **ҳуштак кашидан** | [huʃtak kaʃidan] |
| batida (f) | **тақ-тақ** | [taq-taq] |
| bater (vi) | **тақ-тақ кардан** | [taq-taq kardan] |
| | | |
| estalar (vi) | **қарс-қурс кардан** | [qars-qurs kardan] |
| estalido (m) | **қарс-курс** | [qars-kurs] |
| | | |
| sirene (f) | **бурғу** | [burʁu] |
| apito (m) | **гудок** | [gudok] |
| apitar (vi) | **гудок кашидан** | [gudok kaʃidan] |
| buzina (f) | **сигнал** | [signal] |
| buzinar (vi) | **сигнал додан** | [signal dodan] |

## 209. Inverno

| | | |
|---|---|---|
| inverno (m) | **зимистон** | [zimiston] |
| de inverno | **зимистонӣ, ... и зимистон** | [zimistoni:], [i zimiston] |
| no inverno | **дар зимистон** | [dar zimiston] |
| | | |
| neve (f) | **барф** | [barf] |
| está a nevar | **барф меборад** | [barf meborad] |
| queda (f) de neve | **бориши барф** | [boriʃi barf] |
| amontoado (m) de neve | **барфтӯда** | [barftœda] |
| | | |
| floco (m) de neve | **барфак** | [barfak] |
| bola (f) de neve | **барф** | [barf] |
| boneco (m) de neve | **одами барфин** | [odami barfin] |
| sincelo (m) | **шӯша** | [ʃœʃa] |
| | | |
| dezembro (m) | **декабр** | [dekabr] |
| janeiro (m) | **январ** | [janvar] |
| fevereiro (m) | **феврал** | [fevral] |
| | | |
| gelo (m) | **хунукӣ** | [χunuki:] |
| gelado, glacial | **бисёр хунук** | [bisjɔr χunuk] |
| | | |
| abaixo de zero | **аз сифр поён** | [az sifr pojɔn] |
| geada (f) | **сармои бармаҳал** | [sarmoi barmahal] |
| geada (f) branca | **қирав** | [qirav] |
| frio (m) | **хунукӣ, сардӣ** | [χunuki:], [sardi:] |

| | | |
|---|---|---|
| está frio | **сард аст** | [sard ast] |
| casaco (m) de peles | **пӯстин** | [pœstin] |
| mitenes (f pl) | **дастпӯшаки бепанҷа** | [dastpœʃaki bepandʒa] |
| | | |
| adoecer (vi) | **бемор шудан** | [bemor ʃudan] |
| constipação (f) | **шамол хӯрдани** | [ʃamol χœrdani] |
| constipar-se (vr) | **шамол хӯрдан** | [ʃamol χœrdan] |
| | | |
| gelo (m) | **ях** | [jaχ] |
| gelo (m) na estrada | **яхча** | [jaχʧa] |
| congelar-se (vr) | **ях бастан** | [jaχ bastan] |
| bloco (m) de gelo | **яхпора** | [jaχpora] |
| | | |
| esqui (m) | **лижа** | [liʒa] |
| esquiador (m) | **лижарон** | [liʒaron] |
| esquiar (vi) | **лижаронӣ** | [liʒaroni:] |
| patinar (vi) | **конкибозӣ** | [konkibozi:] |

# Fauna

## 210. Mamíferos. Predadores

| | | |
|---|---|---|
| predador (m) | **дарранда** | [darranda] |
| tigre (m) | **бабр, паланг** | [babr], [palang] |
| leão (m) | **шер** | [ʃer] |
| lobo (m) | **гург** | [gurg] |
| raposa (f) | **рӯбоҳ** | [rœboh] |
| jaguar (m) | **юзи ало** | [juzi alo] |
| leopardo (m) | **паланг** | [palang] |
| chita (f) | **юз** | [juz] |
| pantera (f) | **пантера** | [pantera] |
| puma (m) | **пума** | [puma] |
| leopardo-das-neves (m) | **шерпаланг** | [ʃerpalang] |
| lince (m) | **силовсин** | [silovsin] |
| coiote (m) | **койот** | [kojɔt] |
| chacal (m) | **шагол** | [ʃagol] |
| hiena (f) | **кафтор** | [kaftor] |

## 211. Animais selvagens

| | | |
|---|---|---|
| animal (m) | **ҳайвон** | [hajvon] |
| besta (f) | **ҳайвони ваҳшӣ** | [hajvoni vahʃi:] |
| esquilo (m) | **санҷоб** | [sandʒob] |
| ouriço (m) | **хорпушт** | [χorpuʃt] |
| lebre (f) | **заргӯш** | [zargœʃ] |
| coelho (m) | **харгӯш** | [χargœʃ] |
| texugo (m) | **қашқалдоқ** | [qaʃqaldoq] |
| guaxinim (m) | **енот** | [enot] |
| hamster (m) | **миримӯшон** | [mirimœʃon] |
| marmota (f) | **суғур** | [suʁur] |
| toupeira (f) | **кӯрмуш** | [kœrmuʃ] |
| rato (m) | **муш** | [muʃ] |
| ratazana (f) | **калламуш** | [kallamuʃ] |
| morcego (m) | **кӯршапарак** | [kœrʃaparak] |
| arminho (m) | **қоқум** | [qoqum] |
| zibelina (f) | **самур** | [samur] |
| marta (f) | **савсор** | [savsor] |
| doninha (f) | **росу** | [rosu] |
| vison (m) | **вашақ** | [vaʃaq] |

| | | |
|---|---|---|
| castor (m) | **кундуз** | [kunduz] |
| lontra (f) | **сагоби** | [sagobi] |
| | | |
| cavalo (m) | **асп** | [asp] |
| alce (m) | **шоҳгавазн** | [ʃohgavazn] |
| veado (m) | **гавазн** | [gavazn] |
| camelo (m) | **шутур, уштур** | [ʃutur], [uʃtur] |
| | | |
| bisão (m) | **бизон** | [bizon] |
| auroque (m) | **гови ваҳшӣ** | [govi vahʃi:] |
| búfalo (m) | **говмеш** | [govmeʃ] |
| | | |
| zebra (f) | **гӯрхар** | [gœrχar] |
| antílope (m) | **антилопа, ғизол** | [antilopa], [ʁizol] |
| corça (f) | **оҳу** | [ohu] |
| gamo (m) | **оҳу** | [ohu] |
| camurça (f) | **нахчир, бузи кӯҳӣ** | [naχʧir], [buzi kœhi:] |
| javali (m) | **хуки ваҳши** | [χuki vahʃi] |
| | | |
| baleia (f) | **кит, наҳанг** | [kit], [nahang] |
| foca (f) | **тюлен** | [tjulen] |
| morsa (f) | **морж** | [morʒ] |
| urso-marinho (m) | **гурбаи обӣ** | [gurbai obi:] |
| golfinho (m) | **делфин** | [delfin] |
| | | |
| urso (m) | **хирс** | [χirs] |
| urso (m) branco | **хирси сафед** | [χirsi safed] |
| panda (m) | **панда** | [panda] |
| | | |
| macaco (em geral) | **маймун** | [majmun] |
| chimpanzé (m) | **шимпанзе** | [ʃimpanze] |
| orangotango (m) | **орангутанг** | [orangutang] |
| gorila (m) | **горилла** | [gorilla] |
| macaco (m) | **макака** | [makaka] |
| gibão (m) | **гиббон** | [gibbon] |
| | | |
| elefante (m) | **фил** | [fil] |
| rinoceronte (m) | **карк, каркадан** | [kark], [karkadan] |
| girafa (f) | **заррофа** | [zarrofa] |
| hipopótamo (m) | **баҳмут** | [bahmut] |
| | | |
| canguru (m) | **кенгуру** | [kenguru] |
| coala (m) | **коала** | [koala] |
| | | |
| mangusto (m) | **росу** | [rosu] |
| chinchila (m) | **вашақ** | [vaʃaq] |
| doninha-fedorenta (f) | **скунс** | [skuns] |
| porco-espinho (m) | **ҷайра, дугпушт** | [dʒajra], [dugpuʃt] |

## 212. Animais domésticos

| | | |
|---|---|---|
| gata (f) | **гурба** | [gurba] |
| gato (m) macho | **гурбаи нар** | [gurbai nar] |
| cão (m) | **саг** | [sag] |

cavalo (m) **асп** [asp]
garanhão (m) **айғир, аспи нар** [ajʁir], [aspi nar]
égua (f) **модиён, байтал** [modijɔn], [bajtal]

vaca (f) **гов** [gov]
touro (m) **барзагов** [barzagov]
boi (m) **барзагов** [barzagov]

ovelha (f) **меш, гӯсфанд** [meʃ], [gœsfand]
carneiro (m) **гӯсфанд** [gœsfand]
cabra (f) **буз** [buz]
bode (m) **така, серка** [taka], [serka]

burro (m) **хар, маркаб** [χar], [markab]
mula (f) **хачир** [χatʃir]

porco (m) **хуқ** [χuq]
leitão (m) **хукбача** [χukbatʃa]
coelho (m) **харгӯш** [χargœʃ]

galinha (f) **мурғ** [murʁ]
galo (m) **хурӯс** [χurœs]

pata (f) **мурғобӣ** [murʁobi:]
pato (macho) **мурғобии нар** [murʁobi:i nar]
ganso (m) **қоз, ғоз** [qoz], [ʁoz]

peru (m) **хурӯси мурғи марҷон** [χurœsi murʁi mardʒon]
perua (f) **мокиёни мурғи марҷон** [mokijɔni murʁi mardʒon]

animais (m pl) domésticos **ҳайвони хонагӣ** [hajvoni χonagi:]
domesticado **ромшуда** [romʃuda]
domesticar (vt) **дастомӯз кардан** [dastomœz kardan]
criar (vt) **калон кардан** [kalon kardan]

quinta (f) **ферма** [ferma]
aves (f pl) domésticas **паррандаи хонагӣ** [parrandai χonagi:]
gado (m) **чорво** [tʃorvo]
rebanho (m), manada (f) **пода** [poda]

estábulo (m) **саисхона, аспхона** [saisχona], [aspχona]
pocilga (f) **хукхона** [χukχona]
estábulo (m) **оғил, говхона** [oʁil], [govχona]
coelheira (f) **харгӯшхона** [χargœʃχona]
galinheiro (m) **мурғхона** [murʁχona]

## 213. Cães. Raças de cães

cão (m) **саг** [sag]
cão pastor (m) **саги чӯпонӣ** [sagi tʃœponi:]
pastor-alemão (m) **афчаркаи немисӣ** [aftʃarkai nemisi:]
caniche (m) **пудел** [pudel]
teckel (m) **такса** [taksa]
buldogue (m) **булдог** [buldog]

| | | |
|---|---|---|
| boxer (m) | **боксёр** | [boksjɔr] |
| mastim (m) | **мастиф** | [mastif] |
| rottweiler (m) | **ротвейлер** | [rotvejler] |
| dobermann (m) | **доберман** | [doberman] |
| basset (m) | **бассет** | [basset] |
| pastor inglês (m) | **бобтейл** | [bobtejl] |
| dálmata (m) | **далматинес** | [dalmatines] |
| cocker spaniel (m) | **кокер-спаниел** | [koker-spaniel] |
| terra-nova (m) | **нюфаунленд** | [njufaunlend] |
| são-bernardo (m) | **сенбернар** | [senbernar] |
| husky (m) | **хаски** | [χaski] |
| Chow-chow (m) | **чау-чау** | [ʧau-ʧau] |
| spitz alemão (m) | **шпитс** | [ʃpits] |
| carlindogue (m) | **мопс, саги хонагӣ** | [mops], [sagi χonagi:] |

## 214. Sons produzidos pelos animais

| | | |
|---|---|---|
| latido (m) | **аккос** | [akkos] |
| latir (vi) | **аккос задан** | [akkos zadan] |
| miar (vi) | **мияв-мияв кардан** | [mijav-mijav kardan] |
| ronronar (vi) | **мав-мав кардан** | [mav-mav kardan] |
| mugir (vaca) | **маос задан** | [maos zadan] |
| bramir (touro) | **ғурридан** | [ʁurridan] |
| rosnar (vi) | **ғуррос задан** | [ʁurros zadan] |
| uivo (m) | **уллос** | [ullos] |
| uivar (vi) | **уллос кашидан** | [ullos kaʃidan] |
| ganir (vi) | **мингос задан** | [mingos zadan] |
| balir (vi) | **баос задан** | [baos zadan] |
| grunhir (porco) | **хур-хур кардан** | [χur-χur kardan] |
| guinchar (vi) | **вангас кардан** | [vangas kardan] |
| coaxar (sapo) | **вақ-вақ кардан** | [vaq-vaq kardan] |
| zumbir (inseto) | **виззос задан** | [vizzos zadan] |
| estridular, ziziar (vi) | **чиррос задан** | [ʧirros zadan] |

## 215. Animais jovens

| | | |
|---|---|---|
| cria (f), filhote (m) | **бача** | [baʧa] |
| gatinho (m) | **гурбача** | [gurbaʧa] |
| ratinho (m) | **мушбача** | [muʃbaʧa] |
| cãozinho (m) | **сагбача** | [sagbaʧa] |
| filhote (m) de lebre | **харгӯшбача** | [χargœʃbaʧa] |
| coelhinho (m) | **харгӯшча** | [χargœʃʧa] |
| lobinho (m) | **гургбача** | [gurgbaʧa] |
| raposinho (m) | **рӯбоҳча** | [rœbohʧa] |

ursinho (m) | **хирсбача** | [χirsbaʧa]
leãozinho (m) | **шербача** | [ʃerbaʧa]
filhote (m) de tigre | **бабрак** | [babrak]
filhote (m) de elefante | **филбача** | [filbaʧa]

leitão (m) | **хукбача** | [χukbaʧa]
bezerro (m) | **гӯсола** | [gœsola]
cabrito (m) | **бузғола, бузбача** | [buzʁola], [buzbaʧa]
cordeiro (m) | **барра** | [barra]
cria (f) de veado | **оҳубача** | [ohubaʧa]
cria (f) de camelo | **шутурбача, уш ча** | [ʃuturbaʧa], [uʃ ʧa]

filhote (m) de serpente | **морбача** | [morbaʧa]
cria (f) de rã | **қурбоққача** | [qurboqqaʧa]

cria (f) de ave | **чӯҷа** | [ʧœʤa]
pinto (m) | **чӯҷа** | [ʧœʤa]
patinho (m) | **мурғобича** | [murʁobiʧa]

## 216. Pássaros

pássaro (m), ave (f) | **паранда** | [paranda]
pombo (m) | **кафтар** | [kaftar]
pardal (m) | **гунҷишк, чумчук** | [gunʤiʃk], [ʧumʧuk]
chapim-real (m) | **фотимачумчуқ** | [fotimaʧumʧuq]
pega-rabuda (f) | **акка** | [akka]

corvo (m) | **зоғ** | [zoʁ]
gralha (f) cinzenta | **зоғи ало** | [zoʁi alo]
gralha-de-nuca-cinzenta (f) | **зоғча** | [zoʁʧa]
gralha-calva (f) | **шӯрнӯл** | [ʃœrnœl]

pato (m) | **мурғобӣ** | [murʁobi:]
ganso (m) | **қоз, ғоз** | [qoz], [ʁoz]
faisão (m) | **тазарв** | [tazarv]

águia (f) | **укоб** | [ukob]
açor (m) | **пайғу** | [pajʁu]
falcão (m) | **боз, шоҳин** | [boz], [ʃohin]
abutre (m) | **каргас** | [kargas]
condor (m) | **кондор** | [kondor]

cisne (m) | **қу** | [qu]
grou (m) | **куланг, турна** | [kulang], [turna]
cegonha (f) | **лаклак** | [laklak]

papagaio (m) | **тӯтӣ** | [tœti:]
beija-flor (m) | **колибри** | [kolibri]
pavão (m) | **товус** | [tovus]

avestruz (m) | **шутурмурғ** | [ʃuturmurʁ]
garça (f) | **ҳавосил** | [havosil]
flamingo (m) | **бутимор** | [butimor]
pelicano (m) | **мурғи саққо** | [murʁi saqqo]

| | | |
|---|---|---|
| rouxinol (m) | **булбул** | [bulbul] |
| andorinha (f) | **фароштурук** | [faroʃturuk] |
| tordo-zornal (m) | **дурроҷ** | [durrodʒ] |
| tordo-músico (m) | **дурроҷи хушхон** | [durrodʒi χuʃχon] |
| melro-preto (m) | **дурроҷи сиёҳ** | [durrodʒi sijɔh] |
| andorinhão (m) | **досак** | [dosak] |
| cotovia (f) | **ҷӯр, чаковак** | [dʒœr], [tʃakovak] |
| codorna (f) | **бедона** | [bedona] |
| cuco (m) | **фохтак** | [foχtak] |
| coruja (f) | **бум, чуғз** | [bum], [dʒuʁz] |
| corujão, bufo (m) | **чуғз** | [tʃuʁz] |
| tetraz-grande (m) | **дурроҷ** | [durrodʒ] |
| tetraz-lira (m) | **титав** | [titav] |
| perdiz-cinzenta (f) | **кабк, каклик** | [kabk], [kaklik] |
| estorninho (m) | **сор, соч** | [sor], [sotʃ] |
| canário (m) | **канарейка** | [kanarejka] |
| galinha-do-mato (f) | **рябчик** | [rjabtʃik] |
| tentilhão (m) | **саъва** | [sa'va] |
| dom-fafe (m) | **севғар** | [sevʁar] |
| gaivota (f) | **моҳихӯрак** | [mohiχœrak] |
| albatroz (m) | **уқоби баҳрӣ** | [uqobi bahri:] |
| pinguim (m) | **пингвин** | [pingvin] |

## 217. Pássaros. Canto e sons

| | | |
|---|---|---|
| cantar (vi) | **хондан** | [χondan] |
| gritar (vi) | **наъра кашидан** | [na'ra kaʃidan] |
| cantar (o galo) | **ҷеғи хурӯс** | [dʒeʁi χurœs] |
| cocorocó (m) | **қу-қу-қу-ку** | [qu-qu-qu-ku] |
| cacarejar (vi) | **қут-қут кардан** | [qut-qut kardan] |
| crocitar (vi) | **қарқар кардан** | [qarqar kardan] |
| grasnar (vi) | **ғоқ-ғок кардан** | [ʁoq-ʁok kardan] |
| piar (vi) | **чӣ-чӣ кардан** | [tʃi:-tʃi: kardan] |
| chilrear, gorjear (vi) | **чириқ-чириқ кардан** | [tʃiriq-tʃiriq kardan] |

## 218. Peixes. Animais marinhos

| | | |
|---|---|---|
| brema (f) | **симмоҳӣ** | [simmohi:] |
| carpa (f) | **капур** | [kapur] |
| perca (f) | **аломоҳӣ** | [alomohi:] |
| siluro (m) | **лаққамоҳӣ** | [laqqamohi:] |
| lúcio (m) | **шӯртан** | [ʃœrtan] |
| salmão (m) | **озодмоҳӣ** | [ozodmohi:] |
| esturjão (m) | **тосмоҳӣ** | [tosmohi:] |
| arenque (m) | **шӯрмоҳӣ** | [ʃœrmohi:] |

| | | |
|---|---|---|
| salmão (m) | **озодмоҳӣ** | [ozodmoχi:] |
| cavala, sarda (f) | **зағӯтамоҳӣ** | [zaʁœtamohi:] |
| solha (f) | **камбала** | [kambala] |
| lúcio perca (m) | **суфмоҳӣ** | [sufmohi:] |
| bacalhau (m) | **равғанмоҳӣ** | [ravʁanmohi:] |
| atum (m) | **самак** | [samak] |
| truta (f) | **гулмоҳӣ** | [gulmohi:] |
| enguia (f) | **мормоҳӣ** | [mormohi:] |
| raia elétrica (f) | **скати барқдор** | [skati barqdor] |
| moreia (f) | **мурена** | [murena] |
| piranha (f) | **пираня** | [piranja] |
| tubarão (m) | **наҳанг** | [nahang] |
| golfinho (m) | **делфин** | [delfin] |
| baleia (f) | **кит, наҳанг** | [kit], [nahang] |
| caranguejo (m) | **харчанг** | [χartʃang] |
| medusa, alforreca (f) | **медуза** | [meduza] |
| polvo (m) | **ҳаштпо** | [haʃtpo] |
| estrela-do-mar (f) | **ситораи баҳрӣ** | [sitorai bahri:] |
| ouriço-do-mar (m) | **хорпушти баҳрӣ** | [χorpuʃti bahri:] |
| cavalo-marinho (m) | **аспакмоҳӣ** | [aspakmohi:] |
| ostra (f) | **садафак** | [sadafak] |
| camarão (m) | **креветка** | [krevetka] |
| lavagante (m) | **харчанги баҳрӣ** | [χartʃangi bahri:] |
| lagosta (f) | **лангуст** | [langust] |

## 219. Amfíbios. Répteis

| | | |
|---|---|---|
| serpente, cobra (f) | **мор** | [mor] |
| venenoso | **заҳрдор** | [zahrdor] |
| víbora (f) | **мори афъӣ** | [mori af'i:] |
| cobra-capelo, naja (f) | **мори айнакдор, кӯбро** | [mori ajnakdor], [kœbro] |
| pitão (m) | **мори печон** | [mori petʃon] |
| jiboia (f) | **мори печон** | [mori petʃon] |
| cobra-de-água (f) | **мори обӣ** | [mori obi:] |
| cascavel (f) | **шақшақамор** | [ʃaqʃaqamor] |
| anaconda (f) | **анаконда** | [anakonda] |
| lagarto (m) | **калтакалос** | [kaltakalos] |
| iguana (f) | **сусмор, игуана** | [susmor], [iguana] |
| varano (m) | **сусмор** | [susmor] |
| salamandra (f) | **калтакалос** | [kaltakalos] |
| camaleão (m) | **бӯқаламун** | [bœqalamun] |
| escorpião (m) | **каждум** | [kaʒdum] |
| tartaruga (f) | **сангпушт** | [sangpuʃt] |
| rã (f) | **қурбоққа** | [qurboqqa] |

| | | |
|---|---|---|
| sapo (m) | **ғук, қурбоққаи чӯлӣ** | [ʁuk], [qurboqqai ʧœli:] |
| crocodilo (m) | **тимсоҳ** | [timsoh] |

## 220. Insetos

| | | |
|---|---|---|
| inseto (m) | **ҳашарот** | [haʃarot] |
| borboleta (f) | **шапалак** | [ʃapalak] |
| formiga (f) | **мӯрча** | [mœrʧa] |
| mosca (f) | **магас** | [magas] |
| mosquito (m) | **пашша** | [paʃʃa] |
| escaravelho (m) | **гамбуск** | [gambusk] |
| vespa (f) | **ору** | [oru] |
| abelha (f) | **занбӯри асал** | [zanbœri asal] |
| mamangava (f) | **говзанбӯр** | [govzanbœr] |
| moscardo (m) | **ғурмагас** | [ʁurmagas] |
| aranha (f) | **тортанак** | [tortanak] |
| teia (f) de aranha | **тори тортанак** | [tori tortanak] |
| libélula (f) | **сӯзанак** | [sœzanak] |
| gafanhoto-do-campo (m) | **малах** | [malaχ] |
| traça (f) | **шапалак** | [ʃapalak] |
| barata (f) | **нонхӯрак** | [nonχœrak] |
| carraça (f) | **кана** | [kana] |
| pulga (f) | **кайк** | [kajk] |
| borrachudo (m) | **пашша** | [paʃʃa] |
| gafanhoto (m) | **малах** | [malaχ] |
| caracol (m) | **тӯкумшуллуқ** | [tœkumʃulluq] |
| grilo (m) | **чирчирак** | [ʧirʧirak] |
| pirilampo (m) | **шабтоб** | [ʃabtob] |
| joaninha (f) | **момохолак** | [momoχolak] |
| besouro (m) | **гамбуски саврӣ** | [gambuski savri:] |
| sanguessuga (f) | **шуллук** | [ʃulluk] |
| lagarta (f) | **кирм** | [kirm] |
| minhoca (f) | **кирм** | [kirm] |
| larva (f) | **кирм** | [kirm] |

## 221. Animais. Partes do corpo

| | | |
|---|---|---|
| bico (m) | **нӯл, минқор** | [nœl], [minqor] |
| asas (f pl) | **қанот** | [qanot] |
| pata (f) | **пой** | [poj] |
| plumagem (f) | **болу пар** | [bolu par] |
| pena, pluma (f) | **пар** | [par] |
| crista (f) | **пӯпӣ** | [pœpi:] |
| brânquias, guelras (f pl) | **ғалсама** | [ʁalsama] |
| ovas (f pl) | **тухм** | [tuχm] |

| | | |
|---|---|---|
| larva (f) | **кирм, кирмак** | [kirm], [kirmak] |
| barbatana (f) | **қаноти моҳӣ** | [qanoti mohi:] |
| escama (f) | **пулакча** | [pulaktʃa] |
| | | |
| canino (m) | **дандони ашк** | [dandoni aʃk] |
| pata (f) | **панҷа** | [pandʒa] |
| focinho (m) | **фук** | [fuk] |
| boca (f) | **даҳон** | [dahon] |
| cauda (f), rabo (m) | **дум** | [dum] |
| bigodes (m pl) | **муйлаб, бурут** | [mujlab], [burut] |
| | | |
| casco (m) | **сум** | [sum] |
| corno (m) | **шох** | [ʃoχ] |
| | | |
| carapaça (f) | **косаи сангпушт** | [kosai sangpuʃt] |
| concha (f) | **гӯшмоҳӣ, садаф** | [gœʃmohi:], [sadaf] |
| casca (f) de ovo | **пӯчоқи тухм** | [pœtʃoqi tuχm] |
| | | |
| pelo (m) | **пашм** | [paʃm] |
| pele (f), couro (m) | **пуст** | [pust] |

## 222. Ações dos animais

| | | |
|---|---|---|
| voar (vi) | **паридан** | [paridan] |
| dar voltas | **давр задан** | [davr zadan] |
| voar (para longe) | **парида рафтан** | [parida raftan] |
| bater as asas | **пар задан** | [par zadan] |
| | | |
| bicar (vi) | **дона чидан** | [dona tʃidan] |
| incubar (vt) | **болои тухмҳо нишастан** | [boloi tuχmho niʃastan] |
| | | |
| sair do ovo | **аз тухм баромадан** | [az tuχm baromadan] |
| fazer o ninho | **лона сохтан** | [lona soχtan] |
| | | |
| rastejar (vi) | **хазидан** | [χazidan] |
| picar (vt) | **неш задан** | [neʃ zadan] |
| morder (vt) | **газидан** | [gazidan] |
| | | |
| cheirar (vt) | **бӯй гирифтан** | [bœj giriftan] |
| latir (vi) | **аккос задан** | [akkos zadan] |
| silvar (vi) | **фашшос задан** | [faʃʃos zadan] |
| | | |
| assustar (vt) | **тарсондан** | [tarsondan] |
| atacar (vt) | **ҳуҷум кардан** | [hudʒum kardan] |
| | | |
| roer (vt) | **хоидан** | [χoidan] |
| arranhar (vt) | **харошидан** | [χaroʃidan] |
| esconder-se (vr) | **пинҳон шудан** | [pinhon ʃudan] |
| | | |
| brincar (vi) | **бозӣ кардан** | [bozi: kardan] |
| caçar (vi) | **шикор кардан** | [ʃikor kardan] |
| hibernar (vi) | **ба хоби зимистона рафтан** | [ba χobi zimistona raftan] |
| extinguir-se (vr) | **мурда рафтан** | [murda raftan] |

## 223. Animais. Habitats

| | | |
|---|---|---|
| hábitat | **муҳити ҳаёт** | [muhiti hajɔt] |
| migração (f) | **кӯчидан** | [kœʧidan] |
| montanha (f) | **кӯҳ** | [kœh] |
| recife (m) | **харсанги зериобӣ** | [χarsangi zeriobi:] |
| falésia (f) | **шух** | [ʃuχ] |
| floresta (f) | **ҷангал** | [ʤangal] |
| selva (f) | **ҷангал** | [ʤangal] |
| savana (f) | **саванна** | [savanna] |
| tundra (f) | **тундра** | [tundra] |
| estepe (f) | **дашт, чӯл** | [daʃt], [ʧœl] |
| deserto (m) | **биёбон** | [bijɔbon] |
| oásis (m) | **воҳа** | [voha] |
| mar (m) | **баҳр** | [bahr] |
| lago (m) | **кул** | [kul] |
| oceano (m) | **уқёнус** | [uqjɔnus] |
| pântano (m) | **ботлоқ, ботқоқ** | [botloq], [botqoq] |
| de água doce | **... и оби ширин** | [i obi ʃirin] |
| lagoa (f) | **сарҳавз** | [sarhavz] |
| rio (m) | **дарё** | [darjɔ] |
| toca (f) do urso | **хонаи хирс** | [χonai χirs] |
| ninho (m) | **ошёна, лона** | [oʃjɔna], [lona] |
| buraco (m) de árvore | **сӯрохи дарахт** | [sœroχi daraχt] |
| toca (f) | **хона** | [χona] |
| formigueiro (m) | **мӯрчахона** | [mœrʧaχona] |

## 224. Cuidados com os animais

| | | |
|---|---|---|
| jardim (m) zoológico | **боғи ҳайвонот** | [boʁi hajvonot] |
| reserva (f) natural | **мамнӯъгоҳ** | [mamnœ'goh] |
| viveiro (m) | **парвардахона** | [parvardaχona] |
| jaula (f) de ar livre | **қафас, катак** | [qafas], [katak] |
| jaula, gaiola (f) | **қафас** | [qafas] |
| casinha (f) de cão | **сагхона** | [sagχona] |
| pombal (m) | **кафтархона** | [kaftarχona] |
| aquário (m) | **аквариум** | [akvarium] |
| delfinário (m) | **делфинарий** | [delfinarij] |
| criar (vt) | **парвариш кардан** | [parvariʃ kardan] |
| ninhada (f) | **насл** | [nasl] |
| domesticar (vt) | **дастомӯз кардан** | [dastomœz kardan] |
| adestrar (vt) | **ром кардан** | [rom kardan] |
| ração (f) | **хӯрокворӣ** | [χœrokvori:] |
| alimentar (vt) | **хӯрок додан** | [χœrok dodan] |

| | | |
|---|---|---|
| loja (f) de animais | **мағозаи зоологӣ** | [maʁozai zoologi:] |
| açaime (m) | **пӯзбанд** | [pœzband] |
| coleira (f) | **гарданбанд** | [gardanband] |
| nome (m) | **ном** | [nom] |
| pedigree (m) | **насабнома** | [nasabnoma] |

## 225. Animais. Diversos

| | | |
|---|---|---|
| alcateia (f) | **тӯда** | [tœda] |
| bando (pássaros) | **села** | [sela] |
| cardume (peixes) | **села** | [sela] |
| manada (cavalos) | **гала** | [gala] |
| macho (m) | **нар** | [nar] |
| fêmea (f) | **мода** | [moda] |
| faminto | **гурусна** | [gurusna] |
| selvagem | **ваҳшӣ** | [vahʃi:] |
| perigoso | **хавфнок** | [χavfnok] |

## 226. Cavalos

| | | |
|---|---|---|
| cavalo (m) | **асп** | [asp] |
| raça (f) | **зот** | [zot] |
| potro (m) | **тойча, дунан** | [tojʧa], [dunan] |
| égua (f) | **модиён, байтал** | [modijɔn], [bajtal] |
| mustangue (m) | **мустанг** | [mustang] |
| pónei (m) | **аспи тоту** | [aspi totu] |
| cavalo (m) de tiro | **аспи калони боркаш** | [aspi kaloni borkaʃ] |
| crina (f) | **ёл** | [jɔl] |
| cauda (f) | **дум** | [dum] |
| casco (m) | **сум** | [sum] |
| ferradura (f) | **наъл** | [na'l] |
| ferrar (vt) | **наъл кардан** | [na'l kardan] |
| ferreiro (m) | **оҳангар** | [ohangar] |
| sela (f) | **зин** | [zin] |
| estribo (m) | **узангу** | [uzangu] |
| brida (f) | **лаҷом** | [ladʒom] |
| rédeas (f pl) | **ҷилав** | [dʒilav] |
| chicote (m) | **қамчин** | [qamʧin] |
| cavaleiro (m) | **човандоз** | [ʧovandoz] |
| colocar sela | **зин кардан** | [zin kardan] |
| montar no cavalo | **ба зин нишастан** | [ba zin niʃastan] |
| galope (m) | **чорхез** | [ʧorχez] |
| galopar (vi) | **чорхез кардан** | [ʧorχez kardan] |

| | | |
|---|---|---|
| trote (m) | **лӯкка** | [lœkka] |
| a trote | **лӯкказанон** | [lœkkazanon] |
| ir a trote | **лӯккидан** | [lœkkidan] |
| | | |
| cavalo (m) de corrida | **аспи тозӣ** | [aspi tozi:] |
| corridas (f pl) | **пойга** | [pojga] |
| | | |
| estábulo (m) | **саисхона, аспхона** | [saisχona], [aspχona] |
| alimentar (vt) | **хӯрок додан** | [χœrok dodan] |
| feno (m) | **алафи хушк** | [alafi χuʃk] |
| dar água | **об додан** | [ob dodan] |
| limpar (vt) | **тоза кардан** | [toza kardan] |
| | | |
| carroça (f) | **ароба** | [aroba] |
| pastar (vi) | **чаридан** | [ʧaridan] |
| relinchar (vi) | **шиҳа кашидан** | [ʃiha kaʃidan] |
| dar um coice | **лагат задан** | [lagat zadan] |

# Flora

## 227. Árvores

| | | |
|---|---|---|
| árvore (f) | **дарахт** | [daraχt] |
| decídua | **паҳнбарг** | [pahnbarg] |
| conífera | **... и сӯзанбарг** | [i sœzanbarg] |
| perene | **ҳамешасабз** | [hameʃasabz] |
| | | |
| macieira (f) | **дарахти себ** | [daraχti seb] |
| pereira (f) | **дарахти нок** | [daraχti nok] |
| cerejeira (f) | **дарахти гелос** | [daraχti gelos] |
| ginjeira (f) | **дарахти олуболу** | [daraχti olubolu] |
| ameixeira (f) | **дарахти олу** | [daraχti olu] |
| | | |
| bétula (f) | **тӯс** | [tœs] |
| carvalho (m) | **булут** | [bulut] |
| tília (f) | **зерфун** | [zerfun] |
| choupo-tremedor (m) | **сиёҳбед** | [sijɔhbed] |
| bordo (m) | **заранг** | [zarang] |
| espruce-europeu (m) | **коҷ, ел** | [kodʒ], [el] |
| pinheiro (m) | **санавбар** | [sanavbar] |
| alerce, lariço (m) | **коҷи баргрез** | [kodʒi bargrez] |
| abeto (m) | **пихта** | [piχta] |
| cedro (m) | **дарахти ҷалғӯза** | [daraχti dʒalʁœza] |
| | | |
| choupo, álamo (m) | **сафедор** | [safedor] |
| tramazeira (f) | **ғубайро** | [ʁubajro] |
| salgueiro (m) | **бед** | [bed] |
| amieiro (m) | **роздор** | [rozdor] |
| faia (f) | **бук, олаш** | [buk], [olaʃ] |
| ulmeiro (m) | **дарахти ларг** | [daraχti larg] |
| freixo (m) | **шумтол** | [ʃumtol] |
| castanheiro (m) | **шоҳбулут** | [ʃohbulut] |
| | | |
| magnólia (f) | **магнолия** | [magnolija] |
| palmeira (f) | **нахл** | [naχl] |
| cipreste (m) | **дарахти сарв** | [daraχti sarv] |
| | | |
| mangue (m) | **дарахти анбаҳ** | [daraχti anbah] |
| embondeiro, baobá (m) | **баобаб** | [baobab] |
| eucalipto (m) | **эвкалипт** | [ɛvkalipt] |
| sequoia (f) | **секвойя** | [sekvojja] |

## 228. Arbustos

| | | |
|---|---|---|
| arbusto (m) | **бутта** | [butta] |
| arbusto (m), moita (f) | **бутта** | [butta] |

| | | |
|---|---|---|
| videira (f) | **ток** | [tok] |
| vinhedo (m) | **токзор** | [tokzor] |
| framboeseira (f) | **тамашк** | [tamaʃk] |
| groselheira-preta (f) | **қоти сиёҳ** | [qoti sijɔh] |
| groselheira-vermelha (f) | **коти сурх** | [koti surχ] |
| groselheira (f) espinhosa | **бектошӣ** | [bektoʃi:] |
| acácia (f) | **акатсия, ақоқиё** | [akatsija], [aqoqijɔ] |
| bérberis (f) | **буттаи зирк** | [buttai zirk] |
| jasmim (m) | **ёсуман** | [jɔsuman] |
| junípero (m) | **арча, ардаҷ** | [artʃa], [ardadʒ] |
| roseira (f) | **буттаи гул** | [buttai gul] |
| roseira (f) brava | **хуч** | [χutʃ] |

## 229. Cogumelos

| | | |
|---|---|---|
| cogumelo (m) | **занбӯруғ** | [zanbœruʁ] |
| cogumelo (m) comestível | **занбӯруғи хӯрданӣ** | [zanbœruʁi χœrdani:] |
| cogumelo (m) venenoso | **занбӯруғи заҳрнок** | [zanbœruʁi zahrnok] |
| chapéu (m) | **кулоҳаки занбӯруғ** | [kulohaki zanbœruʁ] |
| pé, caule (m) | **тана** | [tana] |
| boleto (m) | **занбӯруғи сафед** | [zanbœruʁi safed] |
| boleto (m) alaranjado | **занбӯруғи сурх** | [zanbœruʁi surχ] |
| míscaro (m) das bétulas | **занбӯруғи тӯсӣ** | [zanbœruʁi tœsi:] |
| cantarela (f) | **қӯзиқандӣ** | [qœziqandi:] |
| rússula (f) | **занбӯруғи хомхӯрак** | [zanbœruʁi χomχœrak] |
| morchella (f) | **бурмазанбӯруғ** | [burmazanbœruʁ] |
| agário-das-moscas (m) | **маргимагас** | [margimagas] |
| cicuta (f) verde | **занбӯруғи заҳрнок** | [zanbœruʁi zahrnok] |

## 230. Frutos. Bagas

| | | |
|---|---|---|
| fruta (f) | **мева, самар** | [meva], [samar] |
| frutas (f pl) | **меваҳо, самарҳо** | [mevaho], [samarho] |
| maçã (f) | **себ** | [seb] |
| pera (f) | **мурӯд, нок** | [murœd], [nok] |
| ameixa (f) | **олу** | [olu] |
| morango (m) | **қулфинай** | [qulfinaj] |
| ginja (f) | **олуболу** | [olubolu] |
| cereja (f) | **гелос** | [gelos] |
| uva (f) | **ангур** | [angur] |
| framboesa (f) | **тамашк** | [tamaʃk] |
| groselha (f) preta | **қоти сиёҳ** | [qoti sijɔh] |
| groselha (f) vermelha | **коти сурх** | [koti surχ] |
| groselha (f) espinhosa | **бектошӣ** | [bektoʃi:] |

| | | |
|---|---|---|
| oxicoco (m) | **клюква** | [kljukva] |
| laranja (f) | **афлесун, пӯртахол** | [aflesun], [pœrtaχol] |
| tangerina (f) | **норанг** | [norang] |
| ananás (m) | **ананас** | [ananas] |
| banana (f) | **банан** | [banan] |
| tâmara (f) | **хурмо** | [χurmo] |
| limão (m) | **лиму** | [limu] |
| damasco (m) | **дарахти зардолу** | [daraχti zardolu] |
| pêssego (m) | **шафтолу** | [ʃaftolu] |
| kiwi (m) | **кивӣ** | [kivi:] |
| toranja (f) | **норинҷ** | [norinʤ] |
| baga (f) | **буттамева** | [buttameva] |
| bagas (f pl) | **буттамеваҳо** | [buttamevaho] |
| arando (m) vermelho | **брусника** | [brusnika] |
| morango-silvestre (m) | **тути заминӣ** | [tuti zamini:] |
| mirtilo (m) | **черника** | [ʧernika] |

## 231. Flores. Plantas

| | | |
|---|---|---|
| flor (f) | **гул** | [gul] |
| ramo (m) de flores | **дастаи гул** | [dastai gul] |
| rosa (f) | **гул, гули садбарг** | [gul], [guli sadbarg] |
| tulipa (f) | **лола** | [lola] |
| cravo (m) | **гули мехак** | [guli meχak] |
| gladíolo (m) | **гули ёқут** | [guli joqut] |
| centáurea (f) | **тугмагул** | [tugmagul] |
| campânula (f) | **гули момо** | [guli momo] |
| dente-de-leão (m) | **коқу** | [koqu] |
| camomila (f) | **бобуна** | [bobuna] |
| aloé (m) | **уд, сабр, алоэ** | [ud], [sabr], [aloɛ] |
| cato (m) | **гули ханҷарӣ** | [guli χanʤari:] |
| fícus (m) | **тутанҷир** | [tutanʤir] |
| lírio (m) | **савсан** | [savsan] |
| gerânio (m) | **анҷибар** | [anʤibar] |
| jacinto (m) | **сунбул** | [sunbul] |
| mimosa (f) | **нозгул** | [nozgul] |
| narciso (m) | **наргис** | [nargis] |
| capuchinha (f) | **настаран** | [nastaran] |
| orquídea (f) | **саҳлаб, сӯҳлаб** | [sahlab], [sœhlab] |
| peónia (f) | **гули ашрафӣ** | [guli aʃrafi:] |
| violeta (f) | **бунафша** | [bunafʃa] |
| amor-perfeito (m) | **бунафшаи фарангӣ** | [bunafʃai farangi:] |
| não-me-esqueças (m) | **марзангӯш** | [marzangœʃ] |
| margarida (f) | **гули марворидак** | [guli marvoridak] |
| papoula (f) | **кӯкнор** | [kœknor] |

| | | |
|---|---|---|
| cânhamo (m) | **бангдона, канаб** | [bangdona], [kanab] |
| hortelã (f) | **пудина** | [pudina] |
| lírio-do-vale (m) | **гули барфак** | [guli barfak] |
| campânula-branca (f) | **бойчечак** | [bojʧeʧak] |
| urtiga (f) | **газна** | [gazna] |
| azeda (f) | **шилха** | [ʃilχa] |
| nenúfar (m) | **нилуфари сафед** | [nilufari safed] |
| feto (m), samambaia (f) | **фарн** | [farn] |
| líquen (m) | **гулсанг** | [gulsang] |
| estufa (f) | **гулхона** | [gulχona] |
| relvado (m) | **чаман, сабзазор** | [ʧaman], [sabzazor] |
| canteiro (m) de flores | **гулзор** | [gulzor] |
| planta (f) | **растанӣ** | [rastani:] |
| erva (f) | **алаф** | [alaf] |
| folha (f) de erva | **хас** | [χas] |
| folha (f) | **барг** | [barg] |
| pétala (f) | **гулбарг** | [gulbarg] |
| talo (m) | **поя** | [poja] |
| tubérculo (m) | **бех, дона** | [beχ], [dona] |
| broto, rebento (m) | **неш** | [neʃ] |
| espinho (m) | **хор** | [χor] |
| florescer (vi) | **гул кардан** | [gul kardan] |
| murchar (vi) | **пажмурда шудан** | [paʒmurda ʃudan] |
| cheiro (m) | **бӯй** | [bœj] |
| cortar (flores) | **буридан** | [buridan] |
| colher (uma flor) | **кандан** | [kandan] |

## 232. Cereais, grãos

| | | |
|---|---|---|
| grão (m) | **дона, ғалла** | [dona], [ʁalla] |
| cereais (plantas) | **растаниҳои ғалладона** | [rastanihoi ʁalladona] |
| espiga (f) | **хӯша** | [χœʃa] |
| trigo (m) | **гандум** | [gandum] |
| centeio (m) | **ҷавдор** | [ʤavdor] |
| aveia (f) | **ҳуртумон** | [hurtumon] |
| milho-miúdo (m) | **арзан** | [arzan] |
| cevada (f) | **ҷав** | [ʤav] |
| milho (m) | **ҷуворимакка** | [ʤuvorimakka] |
| arroz (m) | **шолӣ, биринҷ** | [ʃoli:], [birinʤ] |
| trigo-sarraceno (m) | **марҷумак** | [marʤumak] |
| ervilha (f) | **нахӯд** | [naχœd] |
| feijão (m) | **лӯбиё** | [lœbijɔ] |
| soja (f) | **соя** | [soja] |
| lentilha (f) | **наск** | [nask] |
| fava (f) | **лӯбиё** | [lœbijɔ] |

## 233. Vegetais. Verduras

| | | |
|---|---|---|
| legumes (m pl) | **сабзавот** | [sabzavot] |
| verduras (f pl) | **сабзавот** | [sabzavot] |
| | | |
| tomate (m) | **помидор** | [pomidor] |
| pepino (m) | **бодиринг** | [bodiring] |
| cenoura (f) | **сабзӣ** | [sabzi:] |
| batata (f) | **картошка** | [kartoʃka] |
| cebola (f) | **пиёз** | [pijɔz] |
| alho (m) | **сир** | [sir] |
| | | |
| couve (f) | **карам** | [karam] |
| couve-flor (f) | **гулкарам** | [gulkaram] |
| couve-de-bruxelas (f) | **карами брусселӣ** | [karami brusseli:] |
| brócolos (m pl) | **карами брокколӣ** | [karami brokkoli:] |
| | | |
| beterraba (f) | **лаблабу** | [lablabu] |
| beringela (f) | **бодинҷон** | [bodinʤon] |
| curgete (f) | **таррак** | [tarrak] |
| abóbora (f) | **каду** | [kadu] |
| nabo (m) | **шалғам** | [ʃalʁam] |
| | | |
| salsa (f) | **ҷаъфарӣ** | [ʤa'fari:] |
| funcho, endro (m) | **шибит** | [ʃibit] |
| alface (f) | **коҳу** | [kohu] |
| aipo (m) | **карафс** | [karafs] |
| espargo (m) | **морчӯба** | [mortʃœba] |
| espinafre (m) | **испаноқ** | [ispanoq] |
| | | |
| ervilha (f) | **нахӯд** | [naχœd] |
| fava (f) | **лӯбиё** | [lœbijɔ] |
| milho (m) | **ҷуворимакка** | [ʤuvorimakka] |
| feijão (m) | **лӯбиё** | [lœbijɔ] |
| | | |
| pimentão (m) | **қаламфур** | [qalamfur] |
| rabanete (m) | **шалғамча** | [ʃalʁamtʃa] |
| alcachofra (f) | **анганор** | [anganor] |

# GEOGRAFIA REGIONAL

## Países. Nacionalidades

### 234. Europa Ocidental

| | | |
|---|---|---|
| União (f) Europeia | **Иттиҳоди Аврупо** | [ittihodi avrupo] |
| Áustria (f) | **Австрия** | [avstrija] |
| austríaco (m) | **австриягӣ** | [avstrijagi:] |
| austríaca (f) | **зани австриягӣ** | [zani avstrijagi:] |
| austríaco | **австриягӣ** | [avstrijagi:] |
| Grã-Bretanha (f) | **Инглистон** | [ingliston] |
| Inglaterra (f) | **Англия** | [anglija] |
| inglês (m) | **англис** | [anglis] |
| inglesa (f) | **англисзан** | [angliszan] |
| inglês | **англисӣ** | [anglisi:] |
| Bélgica (f) | **Белгия** | [belgija] |
| belga (m) | **белгиягӣ** | [belgijagi:] |
| belga (f) | **зани белгиягӣ** | [zani belgijagi:] |
| belga | **белгиягӣ** | [belgijagi:] |
| Alemanha (f) | **Олмон** | [olmon] |
| alemão (m) | **немис, олмонӣ** | [nemis], [olmoni:] |
| alemã (f) | **зани немис** | [zani nemis] |
| alemão | **немисӣ, олмонӣ** | [nemisi:], [olmoni:] |
| Países (m pl) Baixos | **Ҳоланд** | [holand] |
| Holanda (f) | **Ҳолландия** | [hollandija] |
| holandês (m) | **голландӣ** | [gollandi:] |
| holandesa (f) | **зани голландӣ** | [zani gollandi:] |
| holandês | **голландӣ** | [gollandi:] |
| Grécia (f) | **Юнон** | [junon] |
| grego (m) | **юнонӣ** | [junoni:] |
| grega (f) | **зани юнонӣ** | [zani junoni:] |
| grego | **юнонӣ** | [junoni:] |
| Dinamarca (f) | **Дания** | [danija] |
| dinamarquês (m) | **данияги** | [danijagi:] |
| dinamarquesa (f) | **зани даниягӣ** | [zani danijagi:] |
| dinamarquês | **даниягӣ** | [danijagi:] |
| Irlanda (f) | **Ирландия** | [irlandija] |
| irlandês (m) | **ирландӣ** | [irlandi:] |
| irlandesa (f) | **зани ирландӣ** | [zani irlandi:] |
| irlandês | **ирландӣ** | [irlandi:] |
| Islândia (f) | **Исландия** | [islandija] |

islandês (m) **исландӣ** [islandi:]
islandesa (f) **зани исландӣ** [zani islandi:]
islandês **исландӣ** [islandi:]

Espanha (f) **Испониё** [isponijɔ]
espanhol (m) **испанӣ** [ispani:]
espanhola (f) **зани испанӣ** [zani ispani:]
espanhol **испанӣ** [ispani:]

Itália (f) **Итолиё** [itolijɔ]
italiano (m) **италиявӣ** [italijavi:]
italiana (f) **зани италиявӣ** [zani italijavi:]
italiano **италиявӣ** [italijavi:]

Chipre (m) **Кипр** [kipr]
cipriota (m) **кипрӣ** [kipri:]
cipriota (f) **зани кипрӣ** [zani kipri:]
cipriota **кипрӣ** [kipri:]

Malta (f) **Малта** [malta]
maltês (m) **малтиягӣ** [maltijagi:]
maltesa (f) **зани малтиягӣ** [zani maltijagi:]
maltês **малтиягӣ** [maltijagi:]

Noruega (f) **Норвегия** [norvegija]
norueguês (m) **норвегӣ** [norvegi:]
norueguesa (f) **зани норвегӣ** [zani norvegi:]
norueguês **норвегӣ** [norvegi:]

Portugal (m) **Португалия** [portugalija]
português (m) **португалӣ** [portugali:]
portuguesa (f) **зани португалӣ** [zani portugali:]
português **португалӣ** [portugali:]

Finlândia (f) **Финланд** [finland]
finlandês (m) **фин** [fin]
finlandesa (f) **финзан** [finzan]
finlandês **... и финҳо, финӣ** [i finho], [fini:]

França (f) **Фаронса** [faronsa]
francês (m) **фаронсавӣ** [faronsavi:]
francesa (f) **зани фаронсавӣ** [zani faronsavi:]
francês **фаронсавӣ** [faronsavi:]

Suécia (f) **Шветсия** [ʃvetsija]
sueco (m) **швед** [ʃved]
sueca (f) **зани швед** [zani ʃved]
sueco **шведӣ** [ʃvedi:]

Suíça (f) **Швейсария** [ʃvejsarija]
suíço (m) **швейсариягӣ** [ʃvejsarijagi:]
suíça (f) **зани швейсариягӣ** [zani ʃvejsarijagi:]
suíço **швейсариягӣ** [ʃvejsarijagi:]

Escócia (f) **Шотландия** [ʃotlandija]
escocês (m) **шотландӣ** [ʃotlandi:]

| | | |
|---|---|---|
| escocesa (f) | **зани шотландӣ** | [zani ʃotlandi:] |
| escocês | **шотландӣ** | [ʃotlandi:] |
| | | |
| Vaticano (m) | **Вотикон** | [votikon] |
| Liechtenstein (m) | **Лихтенштейн** | [liχtenʃtejn] |
| Luxemburgo (m) | **Люксембург** | [ljuksemburg] |
| Mónaco (m) | **Монако** | [monako] |

## 235. Europa Central e de Leste

| | | |
|---|---|---|
| Albânia (f) | **Албания** | [albanija] |
| albanês (m) | **албанӣ** | [albani:] |
| albanesa (f) | **албанзан** | [albanzan] |
| albanês | **албанӣ** | [albani:] |
| | | |
| Bulgária (f) | **Булғористон** | [bulʁoriston] |
| búlgaro (m) | **булғор** | [bulʁor] |
| búlgara (f) | **булғорзан** | [bulʁorzan] |
| búlgaro | **булғорӣ** | [bulʁori:] |
| | | |
| Hungria (f) | **Маҷористон** | [madʒoriston] |
| húngaro (m) | **венгер, маҷор** | [venger], [madʒor] |
| húngara (f) | **венгерзан** | [vengerzan] |
| húngaro | **венгерӣ** | [vengeri:] |
| | | |
| Letónia (f) | **Латвия** | [latvija] |
| letão (m) | **латвиягӣ** | [latvijagi:] |
| letã (f) | **зани латвиягӣ** | [zani latvijagi:] |
| letão | **латвиягӣ** | [latvijagi:] |
| | | |
| Lituânia (f) | **Литва** | [litva] |
| lituano (m) | **литвонӣ** | [litvoni:] |
| lituana (f) | **зани литвонӣ** | [zani litvoni:] |
| lituano | **литвонӣ** | [litvoni:] |
| | | |
| Polónia (f) | **Полша, Лаҳистон** | [polʃa], [lahiston] |
| polaco (m) | **лаҳистонӣ** | [lahistoni:] |
| polaca (f) | **зани лаҳистонӣ** | [zani lahistoni:] |
| polaco | **лаҳистонӣ** | [lahistoni:] |
| | | |
| Roménia (f) | **Руминия** | [ruminija] |
| romeno (m) | **руминиягӣ** | [ruminijagi:] |
| romena (f) | **зани руминиягӣ** | [zani ruminijagi:] |
| romeno | **руминиягӣ** | [ruminijagi:] |
| | | |
| Sérvia (f) | **Сербия** | [serbija] |
| sérvio (m) | **серб** | [serb] |
| sérvia (f) | **сербзан** | [serbzan] |
| sérvio | **сербӣ** | [serbi:] |
| | | |
| Eslováquia (f) | **Словакия** | [slovakija] |
| eslovaco (m) | **словак** | [slovak] |
| eslovaca (f) | **словакзан** | [slovakzan] |
| eslovaco | **словакӣ** | [slovaki:] |

| | | |
|---|---|---|
| Croácia (f) | **Хорватия** | [χorvatija] |
| croata (m) | **хорват** | [χorvat] |
| croata (f) | **хорватзан** | [χorvatzan] |
| croata | **хорватӣ** | [χorvati:] |
| | | |
| República (f) Checa | **Чехия** | [ʧeχija] |
| checo (m) | **чех** | [ʧeχ] |
| checa (f) | **зани чех** | [zani ʧeχ] |
| checo | **чехӣ** | [ʧeχi:] |
| | | |
| Estónia (f) | **Эстония** | [ɛstonija] |
| estónio (m) | **эстонӣ** | [ɛstoni:] |
| estónia (f) | **эстонзан** | [ɛstonzan] |
| estónio | **эстонӣ** | [ɛstoni:] |
| | | |
| Bósnia e Herzegovina (f) | **Босния ва Ҳерсеговина** | [bosnija va hersegovina] |
| Macedónia (f) | **Мақдуния** | [maqdunija] |
| Eslovénia (f) | **Словения** | [slovenija] |
| Montenegro (m) | **Монтенегро** | [montenegro] |

## 236. Países da ex-URSS

| | | |
|---|---|---|
| Azerbaijão (m) | **Озарбойҷон** | [ozarbojdʒon] |
| azeri (m) | **озарбойҷонӣ, озарӣ** | [ozarbojdʒoni:], [ozari:] |
| azeri (f) | **озарбойҷонзан** | [ozarbojdʒonzan] |
| azeri, azerbaijano | **озарбойҷонӣ, озарӣ** | [ozarbojdʒoni:], [ozari:] |
| | | |
| Arménia (f) | **Арманистон** | [armaniston] |
| arménio (m) | **арманӣ** | [armani:] |
| arménia (f) | **зани арманӣ** | [zani armani:] |
| arménio | **арманӣ** | [armani:] |
| | | |
| Bielorrússia (f) | **Беларус** | [belarus] |
| bielorrusso (m) | **белорус** | [belorus] |
| bielorrussa (f) | **белорусзан** | [beloruszan] |
| bielorrusso | **белорусӣ** | [belorusi:] |
| | | |
| Geórgia (f) | **Гурҷистон** | [gurdʒiston] |
| georgiano (m) | **гурҷӣ** | [gurdʒi:] |
| georgiana (f) | **гурҷизан** | [gurdʒizan] |
| georgiano | **гурҷӣ** | [gurdʒi:] |
| | | |
| Cazaquistão (m) | **Қазоқистон** | [qazoqiston] |
| cazaque (m) | **қазоқ** | [qazoq] |
| cazaque (f) | **зани қазоқ** | [zani qazoq] |
| cazaque | **қазоқӣ** | [qazoqi:] |
| | | |
| Quirguistão (m) | **Қирғизистон** | [qirʁiziston] |
| quirguiz (m) | **қирғиз** | [qirʁiz] |
| quirguiz (f) | **зани қирғиз** | [zani qirʁiz] |
| quirguiz | **қирғизӣ** | [qirʁizi:] |
| | | |
| Moldávia (f) | **Молдова** | [moldova] |
| moldavo (m) | **молдаван** | [moldavan] |

| | | |
|---|---|---|
| moldava (f) | **зани молдаван** | [zani moldavan] |
| moldavo | **молдаванӣ** | [moldavani:] |
| | | |
| Rússia (f) | **Россия** | [rossija] |
| russo (m) | **рус** | [rus] |
| russa (f) | **зани рус** | [zani rus] |
| russo | **русӣ** | [rusi:] |
| | | |
| Tajiquistão (m) | **Тоҷикистон** | [todʒikiston] |
| tajique (m) | **тоҷик** | [todʒik] |
| tajique (f) | **тоҷикзан** | [todʒikzan] |
| tajique | **тоҷикӣ** | [todʒiki:] |
| | | |
| Turquemenistão (m) | **Туркманистон** | [turkmaniston] |
| turcomeno (m) | **туркман** | [turkman] |
| turcomena (f) | **туркманзан** | [turkmanzan] |
| turcomeno | **туркманӣ** | [turkmani:] |
| | | |
| Uzbequistão (f) | **Ӯзбакистон** | [œzbakiston] |
| uzbeque (m) | **ӯзбек** | [œzbek] |
| uzbeque (f) | **ӯзбекзан** | [œzbekzan] |
| uzbeque | **ӯзбекӣ** | [œzbeki:] |
| | | |
| Ucrânia (f) | **Украйина** | [ukrajina] |
| ucraniano (m) | **украинӣ** | [ukraini:] |
| ucraniana (f) | **украинзан** | [ukrainzan] |
| ucraniano | **украинӣ** | [ukraini:] |

## 237. Asia

| | | |
|---|---|---|
| Ásia (f) | **Осиё** | [osijɔ] |
| asiático | **осиёӣ, ... и Осиё** | [osijɔi:], [i osijɔ] |
| | | |
| Vietname (m) | **Ветнам** | [vetnam] |
| vietnamita (m) | **ветнамӣ** | [vetnami:] |
| vietnamita (f) | **зани ветнамӣ** | [zani vetnami:] |
| vietnamita | **ветнамӣ** | [vetnami:] |
| | | |
| Índia (f) | **Ҳиндустон** | [hinduston] |
| indiano (m) | **ҳинду** | [hindu] |
| indiana (f) | **зани ҳинду** | [zani hindu] |
| indiano | **ҳиндуӣ** | [hindui:] |
| | | |
| Israel (m) | **Исроил** | [isroil] |
| israelita (m) | **исроилӣ** | [isroili:] |
| israelita (f) | **зани исроилӣ** | [zani isroili:] |
| israelita | **... и исроилӣ** | [i isroili:] |
| | | |
| China (f) | **Чин** | [ʧin] |
| chinês (m) | **хитоӣ** | [χitoi:] |
| chinesa (f) | **зани хитоӣ** | [zani χitoi:] |
| chinês | **хитоӣ** | [χitoi:] |
| coreano (m) | **кореягӣ** | [korejagi:] |
| coreana (f) | **зани кореягӣ** | [zani korejagi:] |

| | | |
|---|---|---|
| coreano | **кореягӣ** | [korejagi:] |
| Líbano (m) | **Лубнон** | [lubnon] |
| libanês (m) | **лубнонӣ** | [lubnoni:] |
| libanesa (f) | **зани лубнонӣ** | [zani lubnoni:] |
| libanês | **лубнонӣ** | [lubnoni:] |
| | | |
| Mongólia (f) | **Муғулистон** | [muʁuliston] |
| mongol (m) | **муғул** | [muʁul] |
| mongol (f) | **зани муғул** | [zani muʁul] |
| mongol | **муғулӣ** | [muʁuli:] |
| | | |
| Malásia (f) | **Малайзия** | [malajzija] |
| malaio (m) | **малайзиягӣ** | [malajzijagi:] |
| malaia (f) | **зани малайзиягӣ** | [zani malajzijagi:] |
| malaio | **малайзиягӣ** | [malajzijagi:] |
| | | |
| Paquistão (m) | **Покистон** | [pokiston] |
| paquistanês (m) | **покистонӣ** | [pokistoni:] |
| paquistanesa (f) | **зани покистонӣ** | [zani pokistoni:] |
| paquistanês | **покистонӣ** | [pokistoni:] |
| | | |
| Arábia (f) Saudita | **Арабистони Саудӣ** | [arabistoni saudi:] |
| árabe (m) | **араб** | [arab] |
| árabe (f) | **арабзан** | [arabzan] |
| árabe | **арабӣ** | [arabi:] |
| | | |
| Tailândia (f) | **Таиланд** | [tailand] |
| tailandês (m) | **тайӣ** | [taji:] |
| tailandesa (f) | **зани тайӣ** | [zani taji:] |
| tailandês | **тайӣ** | [taji:] |
| | | |
| Taiwan (m) | **Тайван** | [tajvan] |
| taiwanês (m) | **тайванӣ** | [tajvani:] |
| taiwanesa (f) | **зани тайванӣ** | [zani tajvani:] |
| taiwanês | **тайванӣ** | [tajvani:] |
| | | |
| Turquia (f) | **Туркия** | [turkija] |
| turco (m) | **турк** | [turk] |
| turca (f) | **туркзан** | [turkzan] |
| turco | **туркӣ** | [turki:] |
| | | |
| Japão (m) | **Жопун, Ҷопон** | [ʒopun], [ʤopon] |
| japonês (m) | **ҷопонӣ** | [ʤoponi:] |
| japonesa (f) | **зани ҷопонӣ** | [zani ʤoponi:] |
| japonês | **ҷопонӣ** | [ʤoponi:] |
| | | |
| Afeganistão (m) | **Афғонистон** | [afʁoniston] |
| Bangladesh (m) | **Бангладеш** | [bangladeʃ] |
| Indonésia (f) | **Индонезия** | [indonezija] |
| Jordânia (f) | **Урдун** | [urdun] |
| | | |
| Iraque (m) | **Ироқ** | [iroq] |
| Irão (m) | **Эрон** | [ɛron] |
| Camboja (f) | **Камбоҷа** | [kambodʒa] |
| Kuwait (m) | **Кувайт** | [kuvajt] |
| Laos (m) | **Лаос** | [laos] |

| | | |
|---|---|---|
| Myanmar (m), Birmânia (f) | **Мянма** | [mjanma] |
| Nepal (m) | **Непал** | [nepal] |
| Emirados Árabes Unidos | **Иморатҳои Муттаҳидаи Араб** | [imorathoi muttahidai arab] |
| Síria (f) | **Сурия** | [surija] |
| Palestina (f) | **Фаластин** | [falastin] |
| Coreia do Sul (f) | **Кореяи Ҷанубӣ** | [korejai ʤanubi:] |
| Coreia do Norte (f) | **Кореяи Шимолӣ** | [korejai ʃimoli:] |

## 238. América do Norte

| | | |
|---|---|---|
| Estados Unidos da América | **Иёлоти Муттаҳидаи Америка** | [ijɔloti muttahidai amerika] |
| americano (m) | **америкой** | [amerikoi:] |
| americana (f) | **америкоизан** | [amerikoizan] |
| americano | **америкой** | [amerikoi:] |
| Canadá (m) | **Канада** | [kanada] |
| canadiano (m) | **канадагӣ** | [kanadagi:] |
| canadiana (f) | **канадагизан** | [kanadagizan] |
| canadiano | **канадагӣ** | [kanadagi:] |
| México (m) | **Мексика** | [meksika] |
| mexicano (m) | **мексикагӣ** | [meksikagi:] |
| mexicana (f) | **зани мексикагӣ** | [zani meksikagi:] |
| mexicano | **мексикагӣ** | [meksikagi:] |

## 239. América Central do Sul

| | | |
|---|---|---|
| Argentina (f) | **Аргентина** | [argentina] |
| argentino (m) | **аргентинагӣ** | [argentinagi:] |
| argentina (f) | **аргентинзан** | [argentinzan] |
| argentino | **аргентинагӣ** | [argentinagi:] |
| Brasil (m) | **Бразилия** | [brazilija] |
| brasileiro (m) | **бразилиягӣ** | [brazilijagi:] |
| brasileira (f) | **бразилиягизан** | [brazilijagizan] |
| brasileiro | **бразилиягӣ** | [brazilijagi:] |
| Colômbia (f) | **Колумбия** | [kolumbija] |
| colombiano (m) | **колумбиягӣ** | [kolumbijagi:] |
| colombiana (f) | **зани колумбиягӣ** | [zani kolumbijagi:] |
| colombiano | **колумбиягӣ** | [kolumbijagi:] |
| Cuba (f) | **Куба** | [kuba] |
| cubano (m) | **кубагӣ** | [kubagi:] |
| cubana (f) | **зани кубагӣ** | [zani kubagi:] |
| cubano | **кубагӣ** | [kubagi:] |
| Chile (m) | **Чиле** | [ʧile] |
| chileno (m) | **чилигӣ** | [ʧiligi:] |

| | | |
|---|---|---|
| chilena (f) | **зани чилигӣ** | [zani ʧiligi:] |
| chileno | **чилигӣ** | [ʧiligi:] |
| | | |
| Bolívia (f) | **Боливия** | [bolivija] |
| Venezuela (f) | **Венесуэла** | [venesuɛla] |
| Paraguai (m) | **Парагвай** | [paragvaj] |
| Peru (m) | **Перу** | [peru] |
| Suriname (m) | **Суринам** | [surinam] |
| Uruguai (m) | **Уругвай** | [urugvaj] |
| Equador (m) | **Эквадор** | [ɛkvador] |
| | | |
| Bahamas (f pl) | **Ҷазираҳои Багам** | [ʤazirahoi bagam] |
| Haiti (m) | **Гаити** | [gaiti] |
| República (f) Dominicana | **Ҷумҳурии Доминикан** | [ʤumhuri:i dominikan] |
| Panamá (m) | **Панама** | [panama] |
| Jamaica (f) | **Ямайка** | [jamajka] |

## 240. Africa

| | | |
|---|---|---|
| Egito (m) | **Миср** | [misr] |
| egípcio (m) | **мисрӣ** | [misri:] |
| egípcia (f) | **зани мисрӣ** | [zani misri:] |
| egípcio | **мисрӣ** | [misri:] |
| | | |
| Marrocos | **Марокаш** | [marokaʃ] |
| marroquino (m) | **марокашӣ** | [marokaʃi:] |
| marroquina (f) | **зани марокашӣ** | [zani marokaʃi:] |
| marroquino | **марокашӣ** | [marokaʃi:] |
| | | |
| Tunísia (f) | **Тунис** | [tunis] |
| tunisino (m) | **тунисӣ** | [tunisi:] |
| tunisina (f) | **зани тунисӣ** | [zani tunisi:] |
| tunisino | **тунисӣ** | [tunisi:] |
| | | |
| Gana (f) | **Гана** | [gana] |
| Zanzibar (m) | **Занзибар** | [zanzibar] |
| Quénia (f) | **Кения** | [kenija] |
| Líbia (f) | **Либия** | [libija] |
| Madagáscar (m) | **Мадагаскар** | [madagaskar] |
| Namíbia (f) | **Намибия** | [namibija] |
| Senegal (m) | **Сенегал** | [senegal] |
| Tanzânia (f) | **Танзания** | [tanzanija] |
| África do Sul (f) | **Африқои Ҷанубӣ** | [afriqoi ʤanubi:] |
| | | |
| africano (m) | **африкоӣ** | [afrikoi:] |
| africana (f) | **африкоизан** | [afrikoizan] |
| africano | **африкоӣ** | [afrikoi:] |

## 241. Austrália. Oceania

| | | |
|---|---|---|
| Austrália (f) | **Австралия** | [avstralija] |
| australiano (m) | **австралиягӣ** | [avstralijagi:] |

| | | |
|---|---|---|
| australiana (f) | **австралиягизан** | [avstralijagizan] |
| australiano | **австралиягӣ** | [avstralijagi:] |
| | | |
| Nova Zelândia (f) | **Зеландияи Нав** | [zelandijai nav] |
| neozelandês (m) | **новозеландӣ** | [novozelandi:] |
| neozelandesa (f) | **зани новозеландӣ** | [zani novozelandi:] |
| neozelandês | **новозеландӣ** | [novozelandi:] |
| | | |
| Tasmânia (f) | **Тасмания** | [tasmanija] |
| Polinésia Francesa (f) | **Полинезияи Фаронсавӣ** | [polinezijai faronsavi:] |

## 242. Cidades

| | | |
|---|---|---|
| Amesterdão | **Амстердам** | [amsterdam] |
| Ancara | **Анкара** | [ankara] |
| Atenas | **Афина** | [afina] |
| | | |
| Bagdade | **Бағдод** | [baʁdod] |
| Banguecoque | **Бангкок** | [bangkok] |
| Barcelona | **Барселона** | [barselona] |
| Beirute | **Бейрут** | [bejrut] |
| Berlim | **Берлин** | [berlin] |
| | | |
| Bombaim | **Бомбей** | [bombej] |
| Bona | **Бонн** | [bonn] |
| Bordéus | **Бордо** | [bordo] |
| Bratislava | **Братислава** | [bratislava] |
| Bruxelas | **Брюссел** | [brjussel] |
| Bucareste | **Бухарест** | [buχarest] |
| Budapeste | **Будапешт** | [budapeʃt] |
| | | |
| Cairo | **Қоҳира** | [qohira] |
| Calcutá | **Калкутта** | [kalkutta] |
| Chicago | **Чикаго** | [ʧikago] |
| Cidade do México | **Мехико** | [meχiko] |
| Copenhaga | **Копенҳаген** | [kopenhagen] |
| | | |
| Dar es Salaam | **Дар ес Салаам** | [dar es salaam] |
| Deli | **Деҳли** | [dehli] |
| Dubai | **Дубай** | [dubaj] |
| Dublin, Dublim | **Дублин** | [dublin] |
| Estocolmo | **Стокҳолм** | [stokholm] |
| | | |
| Florença | **Флоренсия** | [florensija] |
| Frankfurt | **Франкфурт** | [frankfurt] |
| Genebra | **Женева** | [ʒeneva] |
| Haia | **Гаага** | [gaaga] |
| Hamburgo | **Гамбург** | [gamburg] |
| Hanói | **Ҳаной** | [hanoj] |
| Havana | **Гавана** | [gavana] |
| | | |
| Helsínquia | **Ҳелсинки** | [helsinki] |
| Hiroshima | **Ҳиросима** | [hirosima] |
| Hong Kong | **Ҳонг Конг** | [hong kong] |

| | | |
|---|---|---|
| Istambul | **Истамбул** | [istambul] |
| Jerusalém | **Иерусалим** | [ierusalim] |
| Kiev | **Киев** | [kiev] |
| Kuala Lumpur | **Куала Лумпур** | [kuala lumpur] |
| Lisboa | **Лиссабон** | [lissabon] |
| Londres | **Лондон** | [london] |
| Los Angeles | **Лос-Анҷелес** | [los-andʒeles] |
| Lion | **Лион** | [lion] |
| Madrid | **Мадрид** | [madrid] |
| Marselha | **Марсел** | [marsel] |
| Miami | **Майами** | [majami] |
| Montreal | **Монреал** | [monreal] |
| Moscovo | **Москва** | [moskva] |
| Munique | **Мюнхен** | [mjunχen] |
| Nairóbi | **Найроби** | [najrobi] |
| Nápoles | **Неапол** | [neapol] |
| Nice | **Нитсса** | [nitssa] |
| Nova York | **Ню Йорк** | [nju jɔrk] |
| Oslo | **Осло** | [oslo] |
| Ottawa | **Оттава** | [ottava] |
| Paris | **Париж** | [pariʒ] |
| Pequim | **Пекин** | [pekin] |
| Praga | **Прага** | [praga] |
| Rio de Janeiro | **Рио-де-Жанейро** | [rio-de-ʒanejro] |
| Roma | **Рим** | [rim] |
| São Petersburgo | **Санкт-Петербург** | [sankt-peterburg] |
| Seul | **Сеул** | [seul] |
| Singapura | **Сингапур** | [singapur] |
| Sydney | **Сидней** | [sidnej] |
| Taipé | **Тайпей** | [tajpej] |
| Tóquio | **Токио** | [tokio] |
| Toronto | **Торонто** | [toronto] |
| Varsóvia | **Варшава** | [varʃava] |
| Veneza | **Венетсия** | [venetsija] |
| Viena | **Вена** | [vena] |
| Washington | **Вашингтон** | [vaʃington] |
| Xangai | **Шанҳай** | [ʃanhaj] |

## 243. Política. Governo. Parte 1

| | | |
|---|---|---|
| política (f) | **сиёсат** | [sijɔsat] |
| político | **сиёсӣ** | [sijɔsi:] |
| político (m) | **сиёсатмадор** | [sijɔsatmador] |
| estado (m) | **давлат** | [davlat] |
| cidadão (m) | **гражданин** | [graʒdanin] |
| cidadania (f) | **гражданият** | [graʒdanijat] |

| | | |
|---|---|---|
| brasão (m) de armas | **нишони миллӣ** | [niʃoni milli:] |
| hino (m) nacional | **гимн** | [gimn] |
| | | |
| governo (m) | **ҳукумат** | [hukumat] |
| Chefe (m) de Estado | **раиси кишвар** | [raisi kiʃvar] |
| parlamento (m) | **маҷлис** | [maʤlis] |
| partido (m) | **ҳизб** | [hizb] |
| | | |
| capitalismo (m) | **капитализм** | [kapitalizm] |
| capitalista | **капиталистӣ** | [kapitalisti:] |
| | | |
| socialismo (m) | **сотсиализм** | [sotsializm] |
| socialista | **сотсиалистӣ** | [sotsialisti:] |
| | | |
| comunismo (m) | **коммунизм** | [kommunizm] |
| comunista | **коммунистӣ** | [kommunisti:] |
| comunista (m) | **коммунист** | [kommunist] |
| | | |
| democracia (f) | **демократия** | [demokratija] |
| democrata (m) | **демократ** | [demokrat] |
| democrático | **демократӣ** | [demokrati:] |
| Partido (m) Democrático | **ҳизби демократӣ** | [hizbi demokrati:] |
| | | |
| liberal (m) | **либерал** | [liberal] |
| liberal | **либералӣ, ... и либерал** | [liberali:], [i liberal] |
| | | |
| conservador (m) | **консерватор** | [konservator] |
| conservador | **консервативӣ** | [konservativi:] |
| | | |
| república (f) | **ҷумҳурият** | [ʤumhurijat] |
| republicano (m) | **ҷумҳурихоҳ** | [ʤumhuriχoh] |
| Partido (m) Republicano | **ҳизби ҷумҳурихоҳон** | [hizbi ʤumhuriχohon] |
| | | |
| eleições (f pl) | **интихобот** | [intiχobot] |
| eleger (vt) | **интихоб кардан** | [intiχob kardan] |
| | | |
| eleitor (m) | **интихобкунанда** | [intiχobkunanda] |
| campanha (f) eleitoral | **маъракаи интихоботӣ** | [ma'rakai intiχoboti:] |
| | | |
| votação (f) | **овоздиҳӣ** | [ovozdihi:] |
| votar (vi) | **овоз додан** | [ovoz dodan] |
| direito (m) de voto | **ҳуқуқи овоздиҳӣ** | [huquqi ovozdihi:] |
| | | |
| candidato (m) | **номзад** | [nomzad] |
| candidatar-se (vi) | **номзад интихоб шудан** | [nomzad intiχob ʃudan] |
| campanha (f) | **маърака** | [ma'raka] |
| | | |
| da oposição | **мухолиф** | [muχolif] |
| oposição (f) | **оппозитсия** | [oppozitsija] |
| | | |
| visita (f) | **ташриф** | [taʃrif] |
| visita (f) oficial | **ташрифи расмӣ** | [taʃrifi rasmi:] |
| internacional | **байналхалқӣ** | [bajnalχalqi:] |
| | | |
| negociações (f pl) | **гуфтугузор** | [guftuguzor] |
| negociar (vi) | **гуфтушунид гузарондан** | [guftuʃunid guzarondan] |

## 244. Política. Governo. Parte 2

| | | |
|---|---|---|
| sociedade (f) | **ҷамъият** | [ʤam'ijat] |
| constituição (f) | **конститутсия** | [konstitutsija] |
| poder (ir para o ~) | **ҳокимият** | [hokimijat] |
| corrupção (f) | **ришватхӯрӣ** | [riʃvatχœri:] |
| | | |
| lei (f) | **қонун** | [qonun] |
| legal | **конунӣ, … и конун** | [konuni:], [i konun] |
| | | |
| justiça (f) | **ҳаққоният** | [haqqonijat] |
| justo | **ҳаққонӣ** | [haqqoni:] |
| | | |
| comité (m) | **комитет** | [komitet] |
| projeto-lei (m) | **лоиҳаи қонун** | [loihai qonun] |
| orçamento (m) | **буҷет** | [buʤet] |
| política (f) | **сиёсат** | [sijɔsat] |
| reforma (f) | **ислоҳот** | [islohot] |
| radical | **радикалӣ** | [radikali:] |
| | | |
| força (f) | **қувва** | [quvva] |
| poderoso | **тавоно** | [tavono] |
| partidário (m) | **тарафдор** | [tarafdor] |
| influência (f) | **таъсир, нуфуз** | [ta'sir], [nufuz] |
| | | |
| regime (m) | **тартибот** | [tartibot] |
| conflito (m) | **низоъ** | [nizo'] |
| conspiração (f) | **суиқасд** | [suiqasd] |
| provocação (f) | **иғво** | [iʁvo] |
| | | |
| derrubar (vt) | **сарнагун кардан** | [sarnagun kardan] |
| derrube (m), queda (f) | **сарнагун кардани** | [sarnagun kardani] |
| revolução (f) | **инқилоб** | [inqilob] |
| | | |
| golpe (m) de Estado | **табаддулот** | [tabaddulot] |
| golpe (m) militar | **табаддулоти ҳарби** | [tabadduloti harbi] |
| | | |
| crise (f) | **бӯҳрон** | [bœhron] |
| recessão (f) económica | **таназзули иқтисодӣ** | [tanazzuli iqtisodi:] |
| manifestante (m) | **намоишгар** | [namoiʃgar] |
| manifestação (f) | **намоиш** | [namoiʃ] |
| | | |
| lei (f) marcial | **вазъияти ҷанг** | [vaz'ijati ʤang] |
| base (f) militar | **пойгоҳи ҳарбӣ** | [pojgohi harbi:] |
| | | |
| estabilidade (f) | **устуворӣ** | [ustuvori:] |
| estável | **устувор** | [ustuvor] |
| | | |
| exploração (f) | **истисмор** | [istismor] |
| explorar (vt) | **истисмор кардан** | [istismor kardan] |
| | | |
| racismo (m) | **нажодпарастӣ** | [naʒodparasti:] |
| racista (m) | **нажодпараст** | [naʒodparast] |
| fascismo (m) | **фашизм** | [faʃizm] |
| fascista (m) | **фашист** | [faʃist] |

## 245. Países. Diversos

| | | |
|---|---|---|
| estrangeiro (m) | **хориҷӣ** | [χoriʤi:] |
| estrangeiro | **хориҷӣ** | [χoriʤi:] |
| no estrangeiro | **дар хориҷа** | [dar χoriʤa] |
| emigrante (m) | **муҳоҷир** | [muhoʤir] |
| emigração (f) | **муҳоҷират** | [muhoʤirat] |
| emigrar (vi) | **муҳоҷират кардан** | [muχoʤirat kardan] |
| Ocidente (m) | **Ғарб** | [ʁarb] |
| Oriente (m) | **Шарқ** | [ʃarq] |
| Extremo Oriente (m) | **Шарқи Дур** | [ʃarqi dur] |
| civilização (f) | **тамаддун** | [tamaddun] |
| humanidade (f) | **башарият** | [baʃarijat] |
| mundo (m) | **дунё** | [dunjɔ] |
| paz (f) | **сулҳ** | [sulh] |
| mundial | **ҷаҳонӣ** | [ʤahoni:] |
| pátria (f) | **ватан** | [vatan] |
| povo (m) | **халқ** | [χalq] |
| população (f) | **аҳолӣ** | [aholi:] |
| gente (f) | **одамон** | [odamon] |
| nação (f) | **миллат** | [millat] |
| geração (f) | **насл** | [nasl] |
| território (m) | **хок** | [χok] |
| região (f) | **минтақа** | [mintaqa] |
| estado (m) | **штат** | [ʃtat] |
| tradição (f) | **анъана** | [an'ana] |
| costume (m) | **одат** | [odat] |
| ecologia (f) | **экология** | [ɛkologija] |
| índio (m) | **ҳиндуи Америка** | [hindui amerika] |
| cigano (m) | **лӯлӣ** | [lœli:] |
| cigana (f) | **лӯлизан** | [lœlizan] |
| cigano | **... и лӯлӣ** | [i lœli:] |
| império (m) | **империя** | [imperija] |
| colónia (f) | **мустамлика** | [mustamlika] |
| escravidão (f) | **ғуломӣ** | [ʁulomi:] |
| invasão (f) | **тохтутоз** | [toχtutoz] |
| fome (f) | **гуруснагӣ** | [gurusnagi:] |

## 246. Grupos religiosos mais importantes. Confissões

| | | |
|---|---|---|
| religião (f) | **дин** | [din] |
| religioso | **динӣ** | [dini:] |

| | | |
|---|---|---|
| crença (f) | **ақоиди динӣ** | [aqoidi dini:] |
| crer (vt) | **бовар доштан** | [bovar doʃtan] |
| crente (m) | **имондор** | [imondor] |
| ateísmo (m) | **атеизм, бединӣ** | [ateizm], [bedini:] |
| ateu (m) | **атеист, бедин** | [ateist], [bedin] |
| | | |
| cristianismo (m) | **масеҳият** | [masehijat] |
| cristão (m) | **масеҳӣ** | [masehi:] |
| cristão | **масеҳӣ** | [masehi:] |
| | | |
| catolicismo (m) | **мазҳаби католикӣ** | [mazhabi katoliki:] |
| católico (m) | **католик** | [katolik] |
| católico | **католикӣ** | [katoliki:] |
| | | |
| protestantismo (m) | **Мазҳаби протестантӣ** | [mazhabi protestanti:] |
| Igreja (f) Protestante | **Калисои протестантӣ** | [kalisoi protestanti:] |
| protestante (m) | **протестант** | [protestant] |
| | | |
| ortodoxia (f) | **Православӣ** | [pravoslavi:] |
| Igreja (f) Ortodoxa | **Калисои православӣ** | [kalisoi pravoslavi:] |
| ortodoxo (m) | **православӣ** | [pravoslavi:] |
| | | |
| presbiterianismo (m) | **Мазҳаби пресвитерӣ** | [mazhabi presviteri:] |
| Igreja (f) Presbiteriana | **Калисои пресвитерӣ** | [kalisoi presviteri:] |
| presbiteriano (m) | **пресвитерӣ** | [presviteri:] |
| | | |
| Igreja (f) Luterana | **калисои лютеранӣ** | [kalisoi ljuterani:] |
| luterano (m) | **лютермазҳаб** | [ljutermazhab] |
| | | |
| Igreja (f) Batista | **баптизм** | [baptizm] |
| batista (m) | **баптист, пайрави баптизм** | [baptist], [pajravi baptizm] |
| | | |
| Igreja (f) Anglicana | **калисои англиканӣ** | [kalisoi anglikani:] |
| anglicano (m) | **англиканӣ** | [anglikani:] |
| | | |
| mormonismo (m) | **мазҳаби мормонӣ** | [mazhabi mormoni:] |
| mórmon (m) | **мормон** | [mormon] |
| | | |
| Judaísmo (m) | **яҳудият** | [jahudijat] |
| judeu (m) | **яҳуди** | [jahudi] |
| | | |
| budismo (m) | **буддизм** | [buddizm] |
| budista (m) | **буддоӣ** | [buddoi:] |
| | | |
| hinduísmo (m) | **Ҳиндуия** | [hinduija] |
| hindu (m) | **ҳиндуӣ** | [hindui:] |
| | | |
| Islão (m) | **Ислом** | [islom] |
| muçulmano (m) | **мусулмон** | [musulmon] |
| muçulmano | **мусулмонӣ** | [musulmoni:] |
| | | |
| Xiismo (m) | **Мазҳаби шиа** | [mazhabi ʃia] |
| xiita (m) | **шиа** | [ʃia] |
| | | |
| sunismo (m) | **Мазҳаби суннӣ** | [mazhabi sunni:] |
| sunita (m) | **сунниён** | [sunnijɔn] |

## 247. Religiões. Padres

| | | |
|---|---|---|
| padre (m) | **рӯҳонӣ** | [rœhoni:] |
| Papa (m) | **папаи Рим** | [papai rim] |
| monge (m) | **роҳиб** | [rohib] |
| freira (f) | **роҳиба** | [rohiba] |
| pastor (m) | **пастор** | [pastor] |
| abade (m) | **аббат** | [abbat] |
| vigário (m) | **викарий** | [vikarij] |
| bispo (m) | **епископ** | [episkop] |
| cardeal (m) | **кардинал** | [kardinal] |
| pregador (m) | **воиз** | [voiz] |
| sermão (m) | **ваъз** | [va'z] |
| paroquianos (pl) | **аҳли калисо** | [ahli kaliso] |
| crente (m) | **имондор** | [imondor] |
| ateu (m) | **атеист, бедин** | [ateist], [bedin] |

## 248. Fé. Cristianismo. Islão

| | | |
|---|---|---|
| Adão | **Одам** | [odam] |
| Eva | **Ҳавво** | [havvo] |
| Deus (m) | **Худо, Оллоҳ** | [χudo], [olloh] |
| Senhor (m) | **Худо** | [χudo] |
| Todo Poderoso (m) | **қодир** | [qodir] |
| pecado (m) | **гуноҳ** | [gunoh] |
| pecar (vi) | **гуноҳ кардан** | [gunoh kardan] |
| pecador (m) | **гунаҳкор** | [gunahkor] |
| pecadora (f) | **зани гунаҳгор** | [zani gunahgor] |
| inferno (m) | **дӯзах, ҷаҳаннам** | [dœzaχ], [dʒahannam] |
| paraíso (m) | **биҳишт** | [bihiʃt] |
| Jesus | **Исо** | [iso] |
| Jesus Cristo | **Исои Масеҳ** | [isoi maseh] |
| Espírito (m) Santo | **Рӯҳулқудс** | [rœhulquds] |
| Salvador (m) | **Наҷоткор** | [nadʒotkor] |
| Virgem Maria (f) | **Бибӣ Марям** | [bibi: marjam] |
| Satanás (m) | **Шайтон** | [ʃajton] |
| satânico | **шайтонӣ** | [ʃajtoni:] |
| anjo (m) | **малак, фаришта** | [malak], [fariʃta] |
| anjo (m) da guarda | **фариштаи нигаҳбон** | [fariʃtai nigahbon] |
| angélico | **... и малак, ... и фаришта** | [i malak], [i fariʃta] |
| apóstolo (m) | **апостол, ҳаворӣ** | [apostol], [havori:] |
| arcanjo (m) | **малоикаи муқарраб** | [maloikai muqarrab] |

| | | |
|---|---|---|
| anticristo (m) | **даҷҷол, хари даҷҷол** | [dadʒdʒol], [χari dadʒdʒol] |
| Igreja (f) | **Калисо** | [kaliso] |
| Bíblia (f) | **Таврот ва Инҷил** | [tavrot va indʒil] |
| bíblico | **Навиштаҷотӣ** | [naviʃtadʒoti:] |
| | | |
| Velho Testamento (m) | **Аҳди қадим** | [ahdi qadim] |
| Novo Testamento (m) | **Аҳди Ҷадид** | [ahdi dʒadid] |
| Sagradas Escrituras (f pl) | **Навиштаҷоти Илоҳӣ** | [naviʃtadʒoti ilohi:] |
| Céu (m) | **Осмон, Подшоҳии Худо** | [osmon], [podʃohi:i χudo] |
| | | |
| mandamento (m) | **фармон** | [farmon] |
| profeta (m) | **пайғамбар** | [pajʁambar] |
| profecia (f) | **пайғамбарӣ** | [pajʁambari:] |
| | | |
| Alá | **Оллоҳ** | [olloh] |
| Maomé | **Муҳаммад** | [muhammad] |
| Corão, Alcorão (m) | **қуръон** | [qur'on] |
| | | |
| mesquita (f) | **масҷид** | [masdʒid] |
| mulá (m) | **мулло** | [mullo] |
| oração (f) | **намозхонӣ** | [namozχoni:] |
| rezar, orar (vi) | **намоз хондан** | [namoz χondan] |
| | | |
| peregrinação (f) | **зиёрат** | [zijɔrat] |
| peregrino (m) | **зиёраткунанда** | [zijɔratkunanda] |
| Meca (f) | **Макка** | [makka] |
| | | |
| igreja (f) | **калисо** | [kaliso] |
| templo (m) | **ибодатгоҳ** | [ibodatgoh] |
| catedral (f) | **собор** | [sobor] |
| gótico | **готики** | [gotiki] |
| sinagoga (f) | **каниса** | [kanisa] |
| mesquita (f) | **масҷид** | [masdʒid] |
| | | |
| capela (f) | **калисои хурд** | [kalisoi χurd] |
| abadia (f) | **аббатӣ** | [abbati:] |
| convento (m) | **дайр** | [dajr] |
| mosteiro (m) | **дайри мардон** | [dajri mardon] |
| | | |
| sino (m) | **ноқус, зангӯла** | [noqus], [zangœla] |
| campanário (m) | **зангӯлахона** | [zangœlaχona] |
| repicar (vi) | **занг задан** | [zang zadan] |
| | | |
| cruz (f) | **салиб** | [salib] |
| cúpula (f) | **гунбаз** | [gunbaz] |
| ícone (m) | **икона** | [ikona] |
| | | |
| destino (m) | **тақдир** | [taqdir] |
| mal (m) | **бадӣ** | [badi:] |
| bem (m) | **некӣ** | [neki:] |
| | | |
| vampiro (m) | **вампир** | [vampir] |
| bruxa (f) | **ҷодугарзан, албастӣ** | [dʒodugarzan], [albasti:] |
| demónio (m) | **азозил** | [azozil] |
| redenção (f) | **кафорат** | [kaforat] |
| redimir (vt) | **кафорат кардан** | [kaforat kardan] |

| | | |
|---|---|---|
| missa (f) | **ибодат** | [ibodat] |
| celebrar a missa | **ибодат кардан** | [ibodat kardan] |
| confissão (f) | **омурзиш** | [omurziʃ] |
| confessar-se (vr) | **омурзиш хостан** | [omurziʃ χostan] |
| | | |
| santo (m) | **муқаддас** | [muqaddas] |
| sagrado | **муқаддас** | [muqaddas] |
| água (f) benta | **оби муқаддас** | [obi muqaddas] |
| | | |
| ritual (m) | **маросим** | [marosim] |
| ritual | **маросимӣ** | [marosimi:] |
| sacrifício (m) | **қурбонӣ** | [qurboni:] |
| | | |
| superstição (f) | **хурофот** | [χurofot] |
| supersticioso | **хурофотпараст** | [χurofotparast] |
| vida (f) depois da morte | **охират** | [oχirat] |
| vida (f) eterna | **ҳаёти абадӣ** | [hajɔti abadi:] |

# TEMAS DIVERSOS

## 249. Várias palavras úteis

| | | |
|---|---|---|
| ajuda (f) | **кумак** | [kumak] |
| barreira (f) | **сад, монеа** | [sad], [monea] |
| base (f) | **асос** | [asos] |
| categoria (f) | **категория** | [kategorija] |
| causa (f) | **сабаб** | [sabab] |
| coincidência (f) | **рост омадани** | [rost omadani] |
| coisa (f) | **шайъ** | [ʃaj'] |
| começo (m) | **сар** | [sar] |
| cómodo (ex. poltrona ~a) | **бароҳат** | [barohat] |
| comparação (f) | **муқоисакунӣ** | [muqoisakuni:] |
| compensação (f) | **товон** | [tovon] |
| crescimento (m) | **афзоиш, зиёдшавӣ** | [afzoiʃ], [zijɔdʃavi:] |
| desenvolvimento (m) | **пешравӣ** | [peʃravi:] |
| diferença (f) | **фарқ, тафриқа** | [farq], [tafriqa] |
| efeito (m) | **таъсир** | [ta'sir] |
| elemento (m) | **элемент** | [ɛlement] |
| equilíbrio (m) | **мизон** | [mizon] |
| erro (m) | **хато** | [χato] |
| esforço (m) | **саъю кӯшиш** | [sa'ju kœʃiʃ] |
| estilo (m) | **услуб** | [uslub] |
| exemplo (m) | **мисол, назира** | [misol], [nazira] |
| facto (m) | **факт** | [fakt] |
| fim (m) | **анҷом** | [anʤom] |
| forma (f) | **шакл** | [ʃakl] |
| frequente | **зуд-зуд** | [zud-zud] |
| fundo (ex. ~ verde) | **таг** | [tag] |
| género (tipo) | **навъ** | [nav'] |
| grau (m) | **дараҷа** | [daraʤa] |
| ideal (m) | **идеал** | [ideal] |
| labirinto (m) | **лабиринт** | [labirint] |
| modo (m) | **тарз** | [tarz] |
| momento (m) | **лаҳза, дам** | [lahza], [dam] |
| objeto (m) | **объект** | [ob'ekt] |
| obstáculo (m) | **монеа** | [monea] |
| original (m) | **нусхаи асл** | [nusχai asl] |
| padrão | **стандартӣ** | [standarti:] |
| padrão (m) | **стандарт** | [standart] |
| paragem (pausa) | **танаффус** | [tanaffus] |
| parte (f) | **қисм** | [qism] |

| | | |
|---|---|---|
| partícula (f) | **зарра** | [zarra] |
| pausa (f) | **фосила** | [fosila] |
| posição (f) | **мавқеъ** | [mavqe'] |
| princípio (m) | **принсип** | [prinsip] |
| | | |
| problema (m) | **масъала** | [mas'ala] |
| processo (m) | **ҷараён** | [ʤarajɔn] |
| progresso (m) | **тараққӣ** | [taraqqi:] |
| propriedade (f) | **хосият** | [χosijat] |
| | | |
| reação (f) | **аксуламал** | [aksulamal] |
| risco (m) | **хатар, таваккал** | [χatar], [tavakkal] |
| ritmo (m) | **суръат** | [sur'at] |
| segredo (m) | **сир, роз** | [sir], [roz] |
| série (f) | **силсила** | [silsila] |
| | | |
| sistema (m) | **тартиб** | [tartib] |
| situação (f) | **вазъият** | [vaz'ijat] |
| solução (f) | **ҳал** | [hal] |
| tabela (f) | **ҷадвал** | [ʤadval] |
| termo (ex. ~ técnico) | **истилоҳ** | [istiloh] |
| | | |
| tipo (m) | **хел** | [χel] |
| urgente | **зуд, фаврӣ** | [zud], [favri:] |
| urgentemente | **зуд, фавран** | [zud], [favran] |
| utilidade (f) | **фоида** | [foida] |
| | | |
| variante (f) | **вариант** | [variant] |
| variedade (f) | **интихоб** | [intiχob] |
| verdade (f) | **ҳақиқат** | [haqiqat] |
| vez (f) | **навбат** | [navbat] |
| zona (f) | **минтақа** | [mintaqa] |

## 250. Modificadores. Adjetivos. Parte 1

| | | |
|---|---|---|
| aberto | **кушод** | [kuʃod] |
| afiado | **тез** | [tez] |
| agradável | **хуш** | [χuʃ] |
| agradecido | **сипосгузор** | [siposguzor] |
| alegre | **хушҳол** | [χuʃhol] |
| | | |
| alto (ex. voz ~a) | **баланд** | [baland] |
| amargo | **талх** | [talχ] |
| amplo | **васеъ** | [vase'] |
| antigo | **қадим** | [qadim] |
| apertado (sapatos ~s) | **танг** | [tang] |
| | | |
| apropriado | **боб** | [bob] |
| arriscado | **хатарнок** | [χatarnok] |
| artificial | **сунъӣ** | [sun'i:] |
| azedo | **турш** | [turʃ] |
| | | |
| baixo (voz ~a) | **паст** | [past] |
| barato | **арзон** | [arzon] |

| | | |
|---|---|---|
| belo | **зебо** | [zebo] |
| bom | **хуб** | [χub] |
| bondoso | **нек** | [nek] |
| bonito | **зебо** | [zebo] |
| bronzeado | **гандумгун** | [gandumgun] |
| burro, estúpido | **аҳмак, аблаҳ** | [ahmak], [ablah] |
| calmo | **ором** | [orom] |
| cansado | **мондашуда** | [mondaʃuda] |
| cansativo | **хастакунанда** | [χastakunanda] |
| carinhoso | **ғамхор** | [ʁamχor] |
| caro | **қимат** | [qimat] |
| cego | **кӯр** | [kœr] |
| central | **марказӣ** | [markazi:] |
| cerrado (ex. nevoeiro ~) | **зич, ғафс** | [zitʃ], [ʁafs] |
| cheio (ex. copo ~) | **пур** | [pur] |
| civil | **граждани** | [graʒdani] |
| clandestino | **пинҳонӣ** | [pinhoni:] |
| claro | **кушод** | [kuʃod] |
| claro (explicação ~a) | **фаҳмо** | [fahmo] |
| compatível | **мутобиқ** | [mutobiq] |
| comum, normal | **оддӣ, одатӣ** | [oddi:], [odati:] |
| congelado | **яхкарда** | [jaχkarda] |
| conjunto | **якҷоя** | [jakdʒoja] |
| considerável | **бисёр** | [bisjɔr] |
| contente | **хурсанд** | [χursand] |
| contínuo | **давомнок** | [davomnok] |
| contrário (ex. o efeito ~) | **муқобил** | [muqobil] |
| correto (resposta ~a) | **дуруст** | [durust] |
| cru (não cozinhado) | **хом** | [χom] |
| curto | **кӯтоҳ** | [kœtoh] |
| de curta duração | **кӯтоҳмуддат** | [kœtohmuddat] |
| de sol, ensolarado | **... и офтоб** | [i oftob] |
| de trás | **... и ақиб, ... и охир** | [i aqib], [i oχir] |
| denso (fumo, etc.) | **зич** | [zitʃ] |
| desanuviado | **беабр** | [beabr] |
| descuidado | **мусоҳилакор** | [musohilakor] |
| diferente | **гуногун** | [gunogun] |
| difícil | **душвор** | [duʃvor] |
| difícil, complexo | **мураккаб** | [murakkab] |
| direito | **рост** | [rost] |
| distante | **дур** | [dur] |
| diverso | **мухталиф** | [muχtalif] |
| doce (açucarado) | **ширин** | [ʃirin] |
| doce (água) | **ширин** | [ʃirin] |
| doente | **касал, бемор** | [kasal], [bemor] |
| duro (material ~) | **сахт** | [saχt] |
| educado | **боадаб, боназокат** | [boadab], [bonazokat] |

| | | |
|---|---|---|
| encantador | **хуб, нағз** | [χub], [naʁz] |
| enigmático | **асроромез** | [asroromez] |
| enorme | **бузург** | [buzurg] |
| escuro (quarto ~) | **торик** | [torik] |
| especial | **махсус** | [maχsus] |
| esquerdo | **чап** | [ʧap] |
| estrangeiro | **хориҷӣ** | [χoridʒi:] |
| estreito | **танг** | [tang] |
| exato | **аниқ** | [aniq] |
| excelente | **хуб** | [χub] |
| excessivo | **аз ҳад зиёд** | [az had zijɔd] |
| externo | **берунӣ, зоҳирӣ** | [beruni:], [zohiri:] |
| fácil | **осон** | [oson] |
| faminto | **гурусна** | [gurusna] |
| fechado | **пӯшида, баста** | [pœʃida], [basta] |
| feliz | **хушбахт** | [χuʃbaχt] |
| fértil (terreno ~) | **серҳосил** | [serhosil] |
| forte (pessoa ~) | **зӯр, бақувват** | [zœr], [baquvvat] |
| fraco (luz ~a) | **хира** | [χira] |
| frágil | **зудшикан** | [zudʃikan] |
| fresco | **салқин** | [salqin] |
| fresco (pão ~) | **тоза** | [toza] |
| frio | **хунук, сард** | [χunuk], [sard] |
| gordo | **серравған** | [serravʁan] |
| gostoso | **бомаза** | [bomaza] |
| grande | **калон, бузург** | [kalon], [buzurg] |
| gratuito, grátis | **бепул** | [bepul] |
| grosso (camada ~a) | **ғафс** | [ʁafs] |
| hostil | **душманона** | [duʃmanona] |
| húmido | **намнок** | [namnok] |

## 251. Modificadores. Adjetivos. Parte 2

| | | |
|---|---|---|
| igual | **баробар** | [barobar] |
| imóvel | **беҳаракат** | [beharakat] |
| importante | **муҳим, зарур** | [muhim], [zarur] |
| impossível | **номумкин** | [nomumkin] |
| incompreensível | **номафҳум** | [nomafhum] |
| indigente | **гадо** | [gado] |
| indispensável | **зарурӣ** | [zaruri:] |
| inexperiente | **бетаҷриба** | [betadʒriba] |
| infantil | **бачагона, кӯдакона** | [baʧagona], [kœdakona] |
| ininterrupto | **бе танаффус** | [be tanaffus] |
| insignificante | **андак** | [andak] |
| inteiro (completo) | **бутун, яклухт** | [butun], [jakluχt] |
| inteligente | **оқил** | [oqil] |

| | | |
|---|---|---|
| interno | **даруни̅** | [daruni:] |
| jovem | **ҷавон** | [dʒavon] |
| largo (caminho ~) | **васеъ** | [vase'] |
| legal | **конуни̅, … и конун** | [konuni:], [i konun] |
| leve | **сабук** | [sabuk] |
| limitado | **маҳдуд** | [mahdud] |
| limpo | **тоза** | [toza] |
| líquido | **моеъ** | [moe'] |
| liso | **ҳамвор** | [hamvor] |
| liso (superfície ~a) | **ҳамвор** | [hamvor] |
| livre | **озод** | [ozod] |
| longo (ex. cabelos ~s) | **дур** | [dur] |
| maduro (ex. fruto ~) | **пухта** | [puχta] |
| magro | **лоғар, камгӯшт** | [loʁar], [kamgœʃt] |
| magro (pessoa) | **лоғар** | [loʁar] |
| mais próximo | **аз ҳама наздик** | [az hama nazdik] |
| mais recente | **гузашта** | [guzaʃta] |
| mate, baço | **беҷило** | [bedʒilo] |
| mau | **бад** | [bad] |
| meticuloso | **покиза** | [pokiza] |
| míope | **наздикбин** | [nazdikbin] |
| mole | **нарм, мулоим** | [narm], [muloim] |
| molhado | **тар** | [tar] |
| moreno | **сабзина** | [sabzina] |
| morto | **мурда** | [murda] |
| não difícil | **сабук, осон** | [sabuk], [oson] |
| não é clara | **норавшан** | [noravʃan] |
| não muito grande | **хурдакак** | [χurdakak] |
| natal (país ~) | **… и ватан** | [i vatan] |
| necessário | **даркори̅** | [darkori:] |
| negativo | **манфи̅** | [manfi:] |
| nervoso | **асабони̅** | [asaboni:] |
| normal | **мӯътадил** | [mœ'tadil] |
| novo | **нав** | [nav] |
| o mais importante | **аз ҳама муҳим** | [az hama muhim] |
| obrigatório | **ҳатми̅** | [hatmi:] |
| original | **бикр** | [bikr] |
| passado | **гузашта** | [guzaʃta] |
| pequeno | **хурд** | [χurd] |
| perigoso | **хатарнок** | [χatarnok] |
| permanente | **доимо, ҳамеша** | [doimo], [hameʃa] |
| perto | **наздик, қариб** | [nazdik], [qarib] |
| pesado | **вазнин** | [vaznin] |
| pessoal | **шахси̅** | [ʃaχsi:] |
| plano (ex. ecrã ~ a) | **ҳамвор** | [hamvor] |
| pobre | **камбағал** | [kambaʁal] |
| pontual | **ботартиб** | [botartib] |

| | | |
|---|---|---|
| possível | **имконпазир** | [imkonpazir] |
| pouco fundo | **камоб, пастоб** | [kamob], [pastob] |
| presente (ex. momento ~) | **ҳозира** | [hozira] |
| prévio | **мутақаддим** | [mutaqaddim] |
| primeiro (principal) | **асосӣ** | [asosi:] |
| principal | **асосӣ, муҳим** | [asosi:], [muhim] |
| privado | **шахсӣ, хусусӣ** | [ʃaχsi:], [χususi:] |
| provável | **эҳтимолӣ** | [ɛhtimoli:] |
| próximo | **наздик** | [nazdik] |
| público | **ҷамъиятӣ, оммавӣ** | [ʤam'ijati:], [ommavi:] |
| quente (cálido) | **гарм** | [garm] |
| quente (morno) | **гарм** | [garm] |
| rápido | **босуръат** | [bosur'at] |
| raro | **нодир** | [nodir] |
| remoto, longínquo | **дур** | [dur] |
| reto | **рост** | [rost] |
| salgado | **шӯр** | [ʃœr] |
| satisfeito | **қонеъ, қаноатманд** | [qone'], [qanoatmand] |
| seco | **хушк** | [χuʃk] |
| seguinte | **оянда, навбатӣ** | [ojanda], [navbati:] |
| seguro | **бехатар** | [beχatar] |
| similar | **монанд, шабеҳ** | [monand], [ʃabeh] |
| simples | **осон** | [oson] |
| soberbo | **олӣ** | [oli:] |
| sólido | **мустаҳкам** | [mustahkam] |
| sombrio | **торик, тира** | [torik], [tira] |
| sujo | **чиркин** | [ʧirkin] |
| superior | **баландтарин** | [balandtarin] |
| suplementar | **иловагӣ** | [ilovagi:] |
| terno, afetuoso | **меҳрубон** | [mehrubon] |
| tranquilo | **ором** | [orom] |
| transparente | **соф, шаффоф** | [sof], [ʃaffof] |
| triste (pessoa) | **ғамгинона** | [ʁamginona] |
| triste (um ar ~) | **ғамгин** | [ʁamgin] |
| último | **охирин** | [oχirin] |
| único | **беҳамто, нодир** | [behamto], [nodir] |
| usado | **истифодабурдашуда** | [istifodaburdaʃuda] |
| vazio (meio ~) | **холӣ** | [χoli:] |
| velho | **кӯҳна** | [kœhna] |
| vizinho | **... и ҳамсоя** | [i hamsoja] |

# 500 VERBOS PRINCIPAIS

## 252. Verbos A-B

| | | |
|---|---|---|
| aborrecer-se (vr) | **дилтанг шудан** | [diltang ʃudan] |
| abraçar (vt) | **оғуш кардан** | [oʁuʃ kardan] |
| abrir (~ a janela) | **кушодан** | [kuʃodan] |
| acalmar (vt) | **ором кардан** | [orom kardan] |
| acariciar (vt) | **навозиш кардан** | [navoziʃ kardan] |
| acenar (vt) | **афшондан** | [afʃondan] |
| acender (~ uma fogueira) | **алов кардан** | [alov kardan] |
| achar (vt) | **ҳисоб кардан** | [hisob kardan] |
| acompanhar (vt) | **ҳамроҳӣ кардан** | [hamrohi: kardan] |
| aconselhar (vt) | **маслиҳат додан** | [maslihat dodan] |
| acordar (despertar) | **бедор кардан** | [bedor kardan] |
| acrescentar (vt) | **илова кардан** | [ilova kardan] |
| acusar (vt) | **айбдор кардан** | [ajbdor kardan] |
| adestrar (vt) | **ром кардан** | [rom kardan] |
| adivinhar (vt) | **ёфтан** | [jɔftan] |
| admirar (vt) | **ба шавқ омадан** | [ba ʃavq omadan] |
| advertir (vt) | **танбеҳ додан** | [tanbeh dodan] |
| afirmar (vt) | **тасдиқ кардан** | [tasdiq kardan] |
| afogar-se (pessoa) | **ғарк шудан** | [ʁark ʃudan] |
| afugentar (vt) | **ҳай кардан** | [haj kardan] |
| agir (vi) | **амал кардан** | [amal kardan] |
| agitar, sacudir (objeto) | **ҷунбондан** | [dʒunbondan] |
| agradecer (vt) | **сипосгузорӣ кардан** | [siposguzori: kardan] |
| ajudar (vt) | **кумак кардан** | [kumak kardan] |
| alcançar (objetivos) | **расидан** | [rasidan] |
| alimentar (dar comida) | **хӯрок додан** | [χœrok dodan] |
| almoçar (vi) | **хӯроки пешин хӯрдан** | [χœroki peʃin χœrdan] |
| alugar (~ o barco, etc.) | **киро кардан** | [kiro kardan] |
| alugar (~ um apartamento) | **ба иҷора гирифтан** | [ba idʒora giriftan] |
| amar (pessoa) | **дӯст доштан** | [dœst doʃtan] |
| amarrar (vt) | **васл кардан** | [vasl kardan] |
| ameaçar (vt) | **дӯғ задан** | [dœʁ zadan] |
| amputar (vt) | **ампутатсия кардан** | [amputatsija kardan] |
| anotar (escrever) | **қайд кардан** | [qajd kardan] |
| anular, cancelar (vt) | **бекор кардан** | [bekor kardan] |
| apagar (com apagador, etc.) | **пок кардан** | [pok kardan] |
| apagar (um incêndio) | **хомӯш кардан** | [χomœʃ kardan] |
| apaixonar-se de ... | **ошиқ шудан** | [oʃiq ʃudan] |

| | | |
|---|---|---|
| aparecer (vi) | **намоён шудан** | [namojɔn ʃudan] |
| aplaudir (vi) | **чапак задан** | [ʧapak zadan] |
| apoiar (vt) | **тарафдорӣ кардан** | [tarafdori: kardan] |
| apontar para … | **нишон гирифтан** | [niʃon giriftan] |
| apresentar (alguém a alguém) | **шинос кардан** | [ʃinos kardan] |
| apresentar (Gostaria de ~) | **муаррифӣ кардан** | [muarrifi: kardan] |
| apressar (vt) | **шитоб кунондан** | [ʃitob kunondan] |
| apressar-se (vr) | **шитоб кардан** | [ʃitob kardan] |
| aproximar-se (vr) | **наздик омадан** | [nazdik omadan] |
| aquecer (vt) | **гарм кардан** | [garm kardan] |
| arrancar (vt) | **кандан** | [kandan] |
| arranhar (gato, etc.) | **харошидан** | [χaroʃidan] |
| arrepender-se (vr) | **таассуф хӯрдан** | [taassuf χœrdan] |
| arriscar (vt) | **таваккал кардан** | [tavakkal kardan] |
| arrumar, limpar (vt) | **рӯбучин кардан** | [rœbuʧin kardan] |
| aspirar a … | **орзу кардан** | [orzu kardan] |
| assinar (vt) | **имзо кардан** | [imzo kardan] |
| assistir (vt) | **ассистентӣ кардан** | [assistenti: kardan] |
| atacar (vt) | **ҳуҷум кардан** | [hudʒum kardan] |
| atar (vt) | **барбастан** | [barbastan] |
| atirar (vi) | **тир задан** | [tir zadan] |
| atracar (vi) | **ба соҳил овардан** | [ba sohil ovardan] |
| aumentar (vi) | **калон шудан** | [kalon ʃudan] |
| aumentar (vt) | **калон кардан** | [kalon kardan] |
| avançar (sb. trabalhos, etc.) | **ҷунбидан** | [dʒunbidan] |
| avistar (vt) | **дида мондан** | [dida mondan] |
| baixar (guindaste) | **фуровардан** | [furovardan] |
| barbear-se (vr) | **риш гирифтан** | [riʃ giriftan] |
| basear-se em … | **асос ёфтан** | [asos jɔftan] |
| bastar (vi) | **кофӣ будан** | [kofi: budan] |
| bater (espancar) | **задан** | [zadan] |
| bater (vi) | **тақ-тақ кардан** | [taq-taq kardan] |
| bater-se (vr) | **занозанӣ кардан** | [zanozani: kardan] |
| beber, tomar (vt) | **нӯшидан** | [nœʃidan] |
| brilhar (vi) | **нурафшонӣ кардан** | [nurafʃoni: kardan] |
| brincar, jogar (crianças) | **бозӣ кардан** | [bozi: kardan] |
| buscar (vt) | **ҷустан** | [dʒustan] |

## 253. Verbos C-D

| | | |
|---|---|---|
| caçar (vi) | **шикор кардан** | [ʃikor kardan] |
| calar-se (parar de falar) | **хомӯш шудан** | [χomœʃ ʃudan] |
| calcular (vt) | **шумурдан** | [ʃumurdan] |
| carregar (o caminhão) | **бор кардан** | [bor kardan] |
| carregar (uma arma) | **тир пур кардан** | [tir pur kardan] |

| | | |
|---|---|---|
| casar-se (vr) | **зан гирифтан** | [zan giriftan] |
| causar (vt) | **сабаб шудан** | [sabab ʃudan] |
| cavar (vt) | **кофтан** | [koftan] |
| ceder (não resistir) | **гузашт кардан** | [guzaʃt kardan] |
| cegar, ofuscar (vt) | **чашмро хира кардан** | [ʧaʃmro χira kardan] |
| censurar (vt) | **таъна задан** | [ta'na zadan] |
| cessar (vt) | **бас кардан** | [bas kardan] |
| chamar (~ por socorro) | **чеғ задан** | [ʤeʁ zadan] |
| chamar (dizer em voz alta o nome) | **чеғ задан** | [ʤeʁ zadan] |
| chegar (a algum lugar) | **рафта расидан** | [rafta rasidan] |
| chegar (sb. comboio, etc.) | **омадан** | [omadan] |
| cheirar (tem o cheiro) | **бӯй додан** | [bœj dodan] |
| cheirar (uma flor) | **буй кардан** | [buj kardan] |
| chorar (vi) | **гиря кардан** | [girja kardan] |
| citar (vt) | **иктибос овардан** | [iktibos ovardan] |
| colher (flores) | **кандан** | [kandan] |
| colocar (vt) | **мондан** | [mondan] |
| combater (vi, vt) | **ҷангидан** | [ʤangidan] |
| começar (vt) | **сар кардан** | [sar kardan] |
| comer (vt) | **хӯрдан** | [χœrdan] |
| comparar (vt) | **муқоиса кардан** | [muqoisa kardan] |
| compensar (vt) | **товон додан** | [tovon dodan] |
| competir (vi) | **рақобат кардан** | [raqobat kardan] |
| complicar (vt) | **мураккаб кардан** | [murakkab kardan] |
| compor (vt) | **тасниф кардан** | [tasnif kardan] |
| comportar-se (vr) | **рафтор кардан** | [raftor kardan] |
| comprar (vt) | **харидан** | [χaridan] |
| compreender (vt) | **фаҳмидан** | [fahmidan] |
| comprometer (vt) | **обрӯ резондан** | [obrœ rezondan] |
| concentrar-se (vr) | **ҷамъ шудан** | [ʤam' ʃudan] |
| concordar (dizer "sim") | **розигӣ додан** | [rozigi: dodan] |
| condecorar (dar medalha) | **мукофот додан** | [mukofot dodan] |
| conduzir (~ o carro) | **мошин рондан** | [moʃin rondan] |
| confessar-se (criminoso) | **иқрор шудан** | [iqror ʃudan] |
| confiar (vt) | **бовар кардан** | [bovar kardan] |
| confundir (equivocar-se) | **иштибоҳ кардан** | [iʃtiboh kardan] |
| conhecer (vt) | **донистан** | [donistan] |
| conhecer-se (vr) | **шинос шудан** | [ʃinos ʃudan] |
| consertar (vt) | **ба тартиб андохтан** | [ba tartib andoχtan] |
| consultar … | **маслиҳат пурсидан** | [maslihat pursidan] |
| contagiar-se com … | **мубтало шудан** | [mubtalo ʃudan] |
| contar (vt) | **нақл кардан** | [naql kardan] |
| contar com … | **умед бастан** | [umed bastan] |
| continuar (vt) | **давомат кардан** | [davomat kardan] |
| contratar (vt) | **ба кор гирифтан** | [ba kor giriftan] |

| | | |
|---|---|---|
| controlar (vt) | **назорат кардан** | [nazorat kardan] |
| convencer (vt) | **бовар кунондан** | [bovar kunondan] |
| convidar (vt) | **даъват кардан** | [da'vat kardan] |
| cooperar (vi) | **ҳамкорӣ кардан** | [hamkori: kardan] |
| coordenar (vt) | **координатсия кардан** | [koordinatsija kardan] |
| corar (vi) | **сурх шудан** | [surχ ʃudan] |
| correr (vi) | **давидан** | [davidan] |
| corrigir (vt) | **ислоҳ кардан** | [isloh kardan] |
| cortar (com um machado) | **бурида гирифтан** | [burida giriftan] |
| cortar (vt) | **буридан** | [buridan] |
| cozinhar (vt) | **пухтан** | [puχtan] |
| crer (pensar) | **бовар кардан** | [bovar kardan] |
| criar (vt) | **сохтан** | [soχtan] |
| cultivar (vt) | **парвариш кардан** | [parvariʃ kardan] |
| cuspir (vi) | **туф кардан** | [tuf kardan] |
| custar (vt) | **арзидан** | [arzidan] |
| dar (vt) | **додан** | [dodan] |
| dar banho, lavar (vt) | **оббозӣ дорондан** | [obbozi: dorondan] |
| datar (vi) | **сана гузоштан** | [sana guzoʃtan] |
| decidir (vt) | **қарор додан** | [qaror dodan] |
| decorar (enfeitar) | **оростан** | [orostan] |
| dedicar (vt) | **бахшидан** | [baχʃidan] |
| defender (vt) | **муҳофиза кардан** | [muhofiza kardan] |
| defender-se (vr) | **худро муҳофиза кардан** | [χudro muhofiza kardan] |
| deixar (~ a mulher) | **ҷое барбастан** | [dʒoe barbastan] |
| deixar (esquecer) | **мондан** | [mondan] |
| deixar (permitir) | **иҷозат додан** | [idʒozat dodan] |
| deixar cair (vt) | **афтондан** | [aftondan] |
| denominar (vt) | **номидан** | [nomidan] |
| denunciar (vt) | **хабар расондан** | [χabar rasondan] |
| depender de … (vi) | **мутеъ будан** | [mute' budan] |
| derramar (vt) | **резондан** | [rezondan] |
| derramar-se (vr) | **рехтан** | [reχtan] |
| desaparecer (vi) | **гум шудан** | [gum ʃudan] |
| desatar (vt) | **кушодан** | [kuʃodan] |
| desatracar (vi) | **ҳаракат кардан** | [harakat kardan] |
| descansar (um pouco) | **дам гирифтан** | [dam giriftan] |
| descer (para baixo) | **фуромадан** | [furomadan] |
| descobrir (novas terras) | **кашф кардан** | [kaʃf kardan] |
| descolar (avião) | **парвоз кардан** | [parvoz kardan] |
| desculpar (vt) | **афв кардан** | [afv kardan] |
| desculpar-se (vr) | **узр пурсидан** | [uzr pursidan] |
| desejar (vt) | **хостан** | [χostan] |
| desempenhar (vt) | **бозидан** | [bozidan] |
| desligar (vt) | **куштан** | [kuʃtan] |
| desprezar (vt) | **ҳақорат кардан** | [haqorat kardan] |

| | | |
|---|---|---|
| destruir (documentos, etc.) | **нобуд кардан** | [nobud kardan] |
| dever (vi) | **қарздор будан** | [qarzdor budan] |
| devolver (vt) | **гардонда фиристодан** | [gardonda firistodan] |
| direcionar (vt) | **фиристодан** | [firistodan] |
| dirigir (~ uma empresa) | **сардорӣ кардан** | [sardori: kardan] |
| dirigir-se (a um auditório, etc.) | **мурочиат кардан** | [murodʒiat kardan] |
| discutir (notícias, etc.) | **муҳокима кардан** | [muhokima kardan] |
| distribuir (folhetos, etc.) | **пахн кардан** | [pahn kardan] |
| distribuir (vt) | **тақсим карда додан** | [taqsim karda dodan] |
| divertir (vt) | **машғул кардан** | [maʃʁul kardan] |
| divertir-se (vr) | **хурсандӣ кардан** | [χursandi: kardan] |
| dividir (mat.) | **тақсим кардан** | [taqsim kardan] |
| dizer (vt) | **гуфтан** | [guftan] |
| dobrar (vt) | **дучанда кардан** | [dutʃanda kardan] |
| duvidar (vt) | **шак доштан** | [ʃak doʃtan] |

## 254. Verbos E-J

| | | |
|---|---|---|
| elaborar (uma lista) | **тартиб додан** | [tartib dodan] |
| elevar-se acima de … | **боло, баланд шудан** | [bolo], [baland ʃudan] |
| eliminar (um obstáculo) | **бартараф кардан** | [bartaraf kardan] |
| embrulhar (com papel) | **печондан** | [petʃondan] |
| emergir (submarino) | **ба рӯи об баромадан** | [ba rœi ob baromadan] |
| emitir (vt) | **пахн кардан** | [pahn kardan] |
| empreender (vt) | **иқдом кардан** | [iqdom kardan] |
| empurrar (vt) | **тела додан** | [tela dodan] |
| encabeçar (vt) | **сардорӣ кардан** | [sardori: kardan] |
| encher (~ a garrafa, etc.) | **пур кардан** | [pur kardan] |
| encontrar (achar) | **ёфтан** | [joftan] |
| enganar (vt) | **фирефтан** | [fireftan] |
| ensinar (vt) | **таълим додан** | [ta'lim dodan] |
| entrar (na sala, etc.) | **даромадан** | [daromadan] |
| enviar (uma carta) | **ирсол кардан** | [irsol kardan] |
| equipar (vt) | **таҷҳиз кардан** | [tadʒhiz kardan] |
| errar (vi) | **хато кардан** | [χato kardan] |
| escolher (vt) | **интихоб кардан** | [intiχob kardan] |
| esconder (vt) | **пинҳон кардан** | [pinhon kardan] |
| escrever (vt) | **навиштан** | [naviʃtan] |
| escutar (vt) | **гӯш кардан** | [gœʃ kardan] |
| escutar atrás da porta | **пинҳонӣ гӯш кардан** | [pinhoni: gœʃ kardan] |
| esmagar (um inseto, etc.) | **торумор кардан** | [torumor kardan] |
| esperar (contar com) | **умедвор шудан** | [umedvor ʃudan] |
| esperar (o autocarro, etc.) | **поидан** | [poidan] |
| esperar (ter esperança) | **умед доштан** | [umed doʃtan] |

| | | |
|---|---|---|
| espreitar (vi) | **пинҳонӣ нигоҳ кардан** | [pinhoni: nigoh kardan] |
| esquecer (vt) | **фаромӯш кардан** | [faromœʃ kardan] |
| estar | **хобида** | [χobida] |
| estar convencido | **мӯътақид будан** | [mœ'taqid budan] |
| estar deitado | **хоб кардан** | [χob kardan] |
| estar perplexo | **таaччуб кардан** | [taaʧʤub kardan] |
| estar sentado | **нишастан** | [niʃastan] |
| estremecer (vi) | **як қад ларидан** | [jak qad laridan] |
| estudar (vt) | **омӯхтан** | [omœχtan] |
| evitar (vt) | **гурехтан** | [gureχtan] |
| examinar (vt) | **матраҳ кардан** | [matrah kardan] |
| exigir (vt) | **талаб кардан** | [talab kardan] |
| existir (vi) | **зиндагӣ кардан** | [zindagi: kardan] |
| explicar (vt) | **шарҳ додан** | [ʃarh dodan] |
| expressar (vt) | **баён кардан** | [bajɔn kardan] |
| expulsar (vt) | **баровардан** | [barovardan] |
| facilitar (vt) | **сабук кардан** | [sabuk kardan] |
| falar com … | **гап задан бо …** | [gap zadan bo] |
| faltar a … | **набудан** | [nabudan] |
| fascinar (vt) | **ҷоду кардан** | [ʤodu kardan] |
| fatigar (vt) | **хаста кардан** | [χasta kardan] |
| fazer (vt) | **кардан** | [kardan] |
| fazer lembrar | **ба ёди касе овардан** | [ba jɔdi kase ovardan] |
| fazer piadas | **шӯхӣ кардан** | [ʃœχi: kardan] |
| fazer uma tentativa | **кӯшиш кардан** | [kœʃiʃ kardan] |
| fechar (vt) | **пӯшидан, бастан** | [pœʃidan], [bastan] |
| felicitar (dar os parabéns) | **муборакбод гуфтан** | [muborakbod guftan] |
| ficar cansado | **монда шудан** | [monda ʃudan] |
| ficar em silêncio | **хомӯш будан** | [χomœʃ budan] |
| ficar pensativo | **ба фикр рафтан** | [ba fikr raftan] |
| forçar (vt) | **маҷбур кардан** | [maʤbur kardan] |
| formar (vt) | **ташкил додан** | [taʃkil dodan] |
| fotografar (vt) | **сурат гирифтан** | [surat giriftan] |
| gabar-se (vr) | **худситоӣ кардан** | [χudsitoi: kardan] |
| garantir (vt) | **зомин шудан** | [zomin ʃudan] |
| gostar (apreciar) | **форидан** | [foridan] |
| gostar (vt) | **дӯст доштан** | [dœst doʃtan] |
| gritar (vi) | **дод задан** | [dod zadan] |
| guardar (cartas, etc.) | **нигоҳ доштан** | [nigoh doʃtan] |
| guardar (no armário, etc.) | **баровардан** | [barovardan] |
| guerrear (vt) | **ҷангидан** | [ʤangidan] |
| herdar (vt) | **мерос гирифтан** | [meros giriftan] |
| iluminar (vt) | **равшан кардан** | [ravʃan kardan] |
| imaginar (vt) | **тасаввур кардан** | [tasavvur kardan] |
| imitar (vt) | **таклид кардан** | [taklid kardan] |
| implorar (vt) | **таваллову зорӣ кардан** | [tavallovu zori: kardan] |

| | | |
|---|---|---|
| importar (vt) | **ворид кардан** | [vorid kardan] |
| indicar (orientar) | **нишон додан** | [niʃon dodan] |
| indignar-se (vr) | **ба ғазаб омадан** | [ba ʁazab omadan] |
| infetar, contagiar (vt) | **мубтало кардан** | [mubtalo kardan] |
| influenciar (vt) | **таъсир кардан** | [ta'sir kardan] |
| informar (fazer saber) | **хабар додан** | [χabar dodan] |
| informar (vt) | **ахборот додан** | [aχborot dodan] |
| informar-se (~ sobre) | **донистан** | [donistan] |
| inscrever (na lista) | **навишта даровардан** | [naviʃta darovardan] |
| inserir (vt) | **даровардан** | [darovardan] |
| insinuar (vt) | **ишора кардан** | [iʃora kardan] |
| insistir (vi) | **сахт истодан** | [saχt istodan] |
| inspirar (vt) | **рӯҳбаланд кардан** | [rœhbaland kardan] |
| instruir (vt) | **дастуруламал додан** | [dasturulamal dodan] |
| insultar (vt) | **таҳқир кардан** | [tahqir kardan] |
| interessar (vt) | **ҳаваснок кардан** | [havasnok kardan] |
| interessar-se (vr) | **ҳавас кардан** | [havas kardan] |
| intervir (vi) | **дахолат кардан** | [daχolat kardan] |
| invejar (vt) | **ҳасад хурдан** | [hasad χurdan] |
| inventar (vt) | **ихтироъ кардан** | [iχtiro' kardan] |
| ir (a pé) | **рафтан** | [raftan] |
| ir (de carro, etc.) | **рафтан** | [raftan] |
| ir nadar | **оббозӣ кардан** | [obbozi: kardan] |
| ir para a cama | **хоб рафтан** | [χob raftan] |
| irritar (vt) | **ранҷондан** | [randʒondan] |
| irritar-se (vr) | **ранҷидан** | [randʒidan] |
| isolar (vt) | **ҷудо нигоҳ доштан** | [dʒudo nigoh doʃtan] |
| jantar (vi) | **хӯроки шом хӯрдан** | [χœroki ʃom χœrdan] |
| jogar, atirar (vt) | **андохтан** | [andoχtan] |
| juntar, unir (vt) | **якҷоя кардан** | [jakdʒoja kardan] |
| juntar-se a … | **мулҳақ шудан** | [mulhaq ʃudan] |

## 255. Verbos L-P

| | | |
|---|---|---|
| lançar (novo projeto) | **сар кардан** | [sar kardan] |
| lavar (vt) | **шустан** | [ʃustan] |
| lavar a roupa | **ҷомашӯӣ кардан** | [dʒomaʃœi: kardan] |
| lavar-se (vr) | **шустушӯ кардан** | [ʃustuʃœ kardan] |
| lembrar (vt) | **ҳифз кардан** | [hifz kardan] |
| ler (vt) | **хондан** | [χondan] |
| levantar-se (vr) | **аз ҷойгаҳ хестан** | [az dʒojgah χestan] |
| levar (ex. leva isso daqui) | **гирифта бурдан** | [girifta burdan] |
| libertar (cidade, etc.) | **озод кардан** | [ozod kardan] |
| ligar (o radio, etc.) | **даргирондан** | [dargirondan] |
| limitar (vt) | **маҳдуд кардан** | [mahdud kardan] |

| | | |
|---|---|---|
| limpar (eliminar sujeira) | **тоза кардан** | [toza kardan] |
| limpar (vt) | **тоза кардан** | [toza kardan] |
| | | |
| lisonjear (vt) | **хушомадгӯй кардан** | [χuʃomadgœj kardan] |
| livrar-se de … | **аз … халос шудан** | [az χalos ʃudan] |
| lutar (combater) | **ҷанг кардан** | [ʤang kardan] |
| lutar (desp.) | **гӯштин гирифтан** | [gœʃtin giriftan] |
| marcar (com lápis, etc.) | **ишора кардан** | [iʃora kardan] |
| | | |
| matar (vt) | **куштан** | [kuʃtan] |
| memorizar (vt) | **ёд доштан** | [jɔd doʃtan] |
| mencionar (vt) | **гуфта гузаштан** | [gufta guzaʃtan] |
| mentir (vi) | **дурӯғ гуфтан** | [durœʁ guftan] |
| | | |
| merecer (vt) | **сазовори шудан** | [sazovori ʃudan] |
| mergulhar (vi) | **ғӯта задан** | [ʁœta zadan] |
| misturar (combinar) | **аралаш кардан** | [aralaʃ kardan] |
| morar (vt) | **зистан** | [zistan] |
| | | |
| mostrar (vt) | **нишон додан** | [niʃon dodan] |
| mover (arredar) | **кӯчондан** | [kœtʃondan] |
| mudar (modificar) | **иваз кардан** | [ivaz kardan] |
| multiplicar (vt) | **зарб задан** | [zarb zadan] |
| | | |
| nadar (vi) | **шино кардан** | [ʃino kardan] |
| negar (vt) | **инкор кардан** | [inkor kardan] |
| negociar (vi) | **гуфтушунид гузарондан** | [guftuʃunid guzarondan] |
| nomear (função) | **таъйин кардан** | [ta'jin kardan] |
| | | |
| obedecer (vt) | **зердаст шудан** | [zerdast ʃudan] |
| objetar (vt) | **зид баромадан** | [zid baromadan] |
| observar (vt) | **назорат кардан** | [nazorat kardan] |
| ofender (vt) | **озурда кардан** | [ozurda kardan] |
| | | |
| olhar (vt) | **нигоҳ кардан** | [nigoh kardan] |
| omitir (vt) | **партофта гузаштан** | [partofta guzaʃtan] |
| ordenar (mil.) | **фармон додан** | [farmon dodan] |
| organizar (evento, etc.) | **оростан** | [orostan] |
| | | |
| ousar (vt) | **ҷуръат кардан** | [ʤur'at kardan] |
| ouvir (vt) | **шунидан** | [ʃunidan] |
| pagar (vt) | **пул додан** | [pul dodan] |
| parar (para descansar) | **истодан** | [istodan] |
| parecer-se (vr) | **монанд будан** | [monand budan] |
| | | |
| participar (vi) | **иштирок кардан** | [iʃtirok kardan] |
| partir (~ para o estrangeiro) | **рафтан** | [raftan] |
| passar (vt) | **роҳ паймудан** | [roh pajmudan] |
| passar a ferro | **уттӣ кардан** | [utti: kardan] |
| | | |
| pecar (vi) | **гуноҳ кардан** | [gunoh kardan] |
| pedir (comida) | **супоридан, фармудан** | [suporidan], [farmudan] |
| pedir (um favor, etc.) | **пурсидан** | [pursidan] |
| pegar (tomar com a mão) | **доштан** | [doʃtan] |
| pegar (tomar) | **гирифтан** | [giriftan] |
| pendurar (cortinas, etc.) | **овехтан** | [oveχtan] |

| | | |
|---|---|---|
| penetrar (vt) | **даромадан** | [daromadan] |
| pensar (vt) | **фикр кардан** | [fikr kardan] |
| pentear-se (vr) | **шона кардан** | [ʃona kardan] |
| perceber (ver) | **дида мондан** | [dida mondan] |
| perder (o guarda-chuva, etc.) | **гум кардан** | [gum kardan] |
| perdoar (vt) | **бахшидан** | [baχʃidan] |
| permitir (vt) | **иҷозат додан** | [idʒozat dodan] |
| pertencer a ... | **таалуқ доштан** | [taaluq doʃtan] |
| perturbar (vt) | **ташвиш додан** | [taʃviʃ dodan] |
| pesar (ter o peso) | **вазн доштан** | [vazn doʃtan] |
| pescar (vt) | **моҳӣ гирифтан** | [mohi: giriftan] |
| planear (vt) | **нақша кашидан** | [naqʃa kaʃidan] |
| poder (vi) | **тавонистан** | [tavonistan] |
| pôr (posicionar) | **ҷойгир кардан** | [dʒojgir kardan] |
| possuir (vt) | **соҳиб будан** | [sohib budan] |
| predominar (vi, vt) | **бартарӣ доштан** | [bartari: doʃtan] |
| preferir (vt) | **бехтар донистан** | [beχtar donistan] |
| preocupar (vt) | **безобита кардан** | [bezobita kardan] |
| preocupar-se (vr) | **нороҳат шудан** | [norohat ʃudan] |
| preocupar-se (vr) | **ошуфта шудан** | [oʃufta ʃudan] |
| preparar (vt) | **тайёр кардан** | [tajjɔr kardan] |
| preservar (ex. ~ a paz) | **муҳофизат кардан** | [muhofizat kardan] |
| prever (vt) | **пешбинӣ кардан** | [peʃbini: kardan] |
| privar (vt) | **маҳрум кардан** | [mahrum kardan] |
| proibir (vt) | **манъ кардан** | [man' kardan] |
| projetar, criar (vt) | **лоиҳа кашидан** | [loiha kaʃidan] |
| prometer (vt) | **ваъда додан** | [va'da dodan] |
| pronunciar (vt) | **талаффуз кардан** | [talaffuz kardan] |
| propor (vt) | **таклиф кардан** | [taklif kardan] |
| proteger (a natureza) | **нигоҳбонӣ кардан** | [nigohboni: kardan] |
| protestar (vi) | **эътироз баён кардан** | [ɛ'tiroz bajɔn kardan] |
| provar (~ a teoria, etc.) | **исбот кардан** | [isbot kardan] |
| provocar (vt) | **иғво додан** | [iʁvo dodan] |
| publicitar (vt) | **эълон кардан** | [ɛ'lon kardan] |
| punir, castigar (vt) | **ҷазо додан** | [dʒazo dodan] |
| puxar (vt) | **кашидан** | [kaʃidan] |

## 256. Verbos Q-Z

| | | |
|---|---|---|
| quebrar (vt) | **шикастан** | [ʃikastan] |
| queimar (vt) | **сӯхтан** | [sœχtan] |
| queixar-se (vr) | **шикоят кардан** | [ʃikojat kardan] |
| querer (desejar) | **хостан** | [χostan] |
| rachar-se (vr) | **кафидан** | [kafidan] |
| realizar (vt) | **иҷро кардан** | [idʒro kardan] |

| | | |
|---|---|---|
| recomendar (vt) | **маслиҳат додан** | [maslihat dodan] |
| reconhecer (identificar) | **шинохтан** | [ʃinoχtan] |
| reconhecer (o erro) | **ба гардан гирифтан** | [ba gardan giriftan] |
| recordar, lembrar (vt) | **ба ёд овардан** | [ba jɔd ovardan] |
| recuperar-se (vr) | **сиҳат шудан** | [sihat ʃudan] |
| recusar (vt) | **рад кардан** | [rad kardan] |
| reduzir (vt) | **камтар кардан** | [kamtar kardan] |
| refazer (vt) | **дубора хохтан** | [dubora χoχtan] |
| reforçar (vt) | **мустаҳкам кардан** | [mustahkam kardan] |
| refrear (vt) | **намондан** | [namondan] |
| regar (plantas) | **об мондан** | [ob mondan] |
| remover (~ uma mancha) | **тоза кардан** | [toza kardan] |
| reparar (vt) | **дуруст кардан** | [durust kardan] |
| repetir (dizer outra vez) | **такрор кардан** | [takror kardan] |
| reportar (vt) | **маълумот додан** | [ma'lumot dodan] |
| repreender (vt) | **дашном додан** | [daʃnom dodan] |
| reservar (~ um quarto) | **ҷудо карда мондан** | [dʒudo karda mondan] |
| resolver (o conflito) | **баробар кардан** | [barobar kardan] |
| resolver (um problema) | **ҳал кардан** | [hal kardan] |
| responder (vt) | **ҷавоб додан** | [dʒavob dodan] |
| rezar, orar (vi) | **намоз хондан** | [namoz χondan] |
| rir (vi) | **хандидан** | [χandidan] |
| romper-se (corda, etc.) | **даридан** | [daridan] |
| roubar (vt) | **дуздидан** | [duzdidan] |
| saber (vt) | **донистан** | [donistan] |
| sair (~ de casa) | **баромадан** | [baromadan] |
| sair (livro) | **нашр шудан** | [naʃr ʃudan] |
| salvar (vt) | **наҷот додан** | [nadʒot dodan] |
| satisfazer (vt) | **қонеъ кардан** | [qone' kardan] |
| saudar (vt) | **вохӯрдӣ кардан** | [voχœrdi: kardan] |
| secar (vt) | **хушк кардан** | [χuʃk kardan] |
| seguir ... | **рафтан** | [raftan] |
| selecionar (vt) | **ҷудо карда гирифтан** | [dʒudo karda giriftan] |
| semear (vt) | **коштан, коридан** | [koʃtan], [koridan] |
| sentar-se (vr) | **нишастан** | [niʃastan] |
| sentenciar (vt) | **ҳукм кардан** | [hukm kardan] |
| sentir (~ perigo) | **ҳис кардан** | [his kardan] |
| ser diferente | **фарқ доштан** | [farq doʃtan] |
| ser indispensável | **даркор будан** | [darkor budan] |
| ser necessário | **даркор будан** | [darkor budan] |
| ser preservado | **маҳфуз мондан** | [mahfuz mondan] |
| ser, estar | **будан** | [budan] |
| servir (restaurant, etc.) | **хизмат кардан** | [χizmat kardan] |
| servir (roupa) | **мувофиқ омадан** | [muvofiq omadan] |
| significar (palavra, etc.) | **маънӣ доштан** | [ma'ni: doʃtan] |

| | | |
|---|---|---|
| significar (vt) | **маъно доштан** | [ma'no doʃtan] |
| simplificar (vt) | **соддатар кардан** | [soddatar kardan] |
| sobrestimar (vt) | **аз будаш зиёд қадр кардан** | [az budaʃ zijɔd qadr kardan] |
| sofrer (vt) | **алам кашидан** | [alam kaʃidan] |
| sonhar (vi) | **хоб дидан** | [χob didan] |
| sonhar (vt) | **орзу доштан** | [orzu doʃtan] |
| sorrir (vi) | **табассум кардан** | [tabassum kardan] |
| subestimar (vt) | **хунукназарӣ кардан** | [χunuknazari: kardan] |
| sublinhar (vt) | **хат кашидан** | [χat kaʃidan] |
| sujar-se (vr) | **олуда шудан** | [oluda ʃudan] |
| supor (vt) | **гумон доштан** | [gumon doʃtan] |
| suportar (as dores) | **тоб овардан** | [tob ovardan] |
| surpreender (vt) | **ба ҳайрат андохтан** | [ba hajrat andoχtan] |
| surpreender-se (vr) | **ба ҳайрат афтодан** | [ba hajrat aftodan] |
| suspeitar (vt) | **шубҳа кардан** | [ʃubha kardan] |
| suspirar (vi) | **нафас рост кардан** | [nafas rost kardan] |
| tentar (vt) | **кӯшидан** | [kœʃidan] |
| ter (vt) | **доштан** | [doʃtan] |
| ter medo | **тарсидан** | [tarsidan] |
| terminar (vt) | **тамом кардан** | [tamom kardan] |
| tirar (vt) | **гирифтан** | [giriftan] |
| tirar cópias | **бисёр кардан** | [bisjɔr kardan] |
| tirar uma conclusão | **хулоса баровардан** | [χulosa barovardan] |
| tocar (com as mãos) | **расидан** | [rasidan] |
| tomar emprestado | **қарз гирифтан** | [qarz giriftan] |
| tomar nota | **навиштан** | [naviʃtan] |
| tomar o pequeno-almoço | **ноништа кардан** | [noniʃta kardan] |
| tornar-se (ex. ~ conhecido) | **шудан** | [ʃudan] |
| trabalhar (vi) | **кор кардан** | [kor kardan] |
| traduzir (vt) | **тарҷума кардан** | [tardʒuma kardan] |
| transformar (vt) | **табдил кардан** | [tabdil kardan] |
| tratar (a doença) | **табобат кардан** | [tabobat kardan] |
| trazer (vt) | **овардан** | [ovardan] |
| treinar (pessoa) | **машқ додан** | [maʃq dodan] |
| treinar-se (vr) | **машқ кардан** | [maʃq kardan] |
| tremer (de frio) | **ларзидан** | [larzidan] |
| trocar (vt) | **додугирифт кардан** | [dodugirift kardan] |
| trocar, mudar (vt) | **иваз кардан** | [ivaz kardan] |
| usar (uma palavra, etc.) | **истеъмол кардан** | [iste'mol kardan] |
| utilizar (vt) | **истеъмол кардан** | [iste'mol kardan] |
| vacinar (vt) | **эмгузаронӣ кардан** | [ɛmguzaroni: kardan] |
| vender (vt) | **фурӯхтан** | [furœχtan] |
| verter (encher) | **рехтан** | [reχtan] |
| vingar (vt) | **интиқом гирифтан** | [intiqom giriftan] |
| virar (ex. ~ à direita) | **гардонидан** | [gardonidan] |

| | | |
|---|---|---|
| virar (pedra, etc.) | **чаппа кардан** | [ʧappa kardan] |
| virar as costas | **рӯ гардондан** | [rœ gardondan] |
| viver (vi) | **зистан** | [zistan] |
| voar (vi) | **паридан** | [paridan] |
| voltar (vi) | **баргаштан** | [bargaʃtan] |
| votar (vi) | **овоз додан** | [ovoz dodan] |
| zangar (vt) | **бадқаҳр кардан** | [badqahr kardan] |
| zangar-se com … | **қаҳр кардан** | [qahr kardan] |
| zombar (vt) | **масхара кардан** | [masχara kardan] |

www.ingramcontent.com/pod-product-compliance
Lightning Source LLC
Chambersburg PA
CBHW071329090426
42738CB00012B/2830
* 9 7 8 1 7 8 4 0 0 8 6 3 5 *